KUWASHII

ENGLISH

くわしい
中1英語

金谷憲　編著

JN092394

文英堂

本書の特色と使い方

圧倒的な「くわしさ」で，考える力が身につく

本書は，豊富な情報量を，わかりやすい文章でまとめています。丸暗記ではなく，しっかりと理解しながら学習を進められるので，知識がより深まります。

本文

学習しやすいよう，見開き構成にしています。重要用語や大事なことがらには色をつけているので，要点がおさえられます。また，豊富な図や写真でしっかりと理解することができます。

基本例文

この単元で学ぶ英語表現が，**実際の場面ではどのように使われるか**を示しています。各章扉のQRコードから，英語音声もチェックしておきましょう。

章の整理

各章の学習内容のまとめです。**例文＆ひとこと解説**で，この章で学んだことをふり返り，頭の中を整理しましょう。

あるある誤答ランキング

中学校の先生方がテストなどで実際に見かける，"ありがちなまちがい"を紹介しています。**まちがい防止**に役立てましょう。

HOW TO USE

くーくん

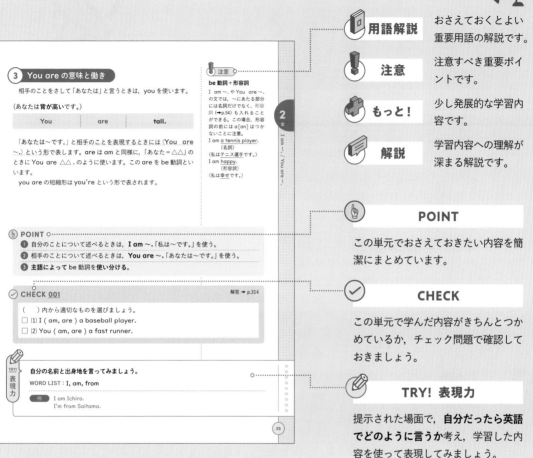

用語解説 — おさえておくとよい重要用語の解説です。

注意 — 注意すべき重要ポイントです。

もっと! — 少し発展的な学習内容です。

解説 — 学習内容への理解が深まる解説です。

POINT — この単元でおさえておきたい内容を簡潔にまとめています。

CHECK — この単元で学んだ内容がきちんとつかめているか,チェック問題で確認しておきましょう。

TRY! 表現力 — 提示された場面で,**自分だったら英語でどのように言うか考え**,学習した内容を使って表現してみましょう。

定期テスト対策問題

現役の中学校の先生方が作った,定期テストの対策問題です。テスト前に取り組んで,知識が身についているかを確かめましょう。

実力完成問題

巻末には,総合問題を掲載しています。中1英語の**総仕上げ**として,挑戦してみましょう。

もくじ
CONTENTS

音声の再生方法について

HOW TO PLAY SOUNDS

各章，各 UNIT の最初に掲載された「基本例文」（ ◀)) マークがついています）は，
以下の 3 つの方法で，ネイティブ・スピーカーによる英語音声を聞くことができます。

TYPE 1　スマートフォン・タブレットで手軽に再生!

各章の扉に掲載された **QR コード**をお手持ちのスマートフォンなどで読みとり，表示される URL にアクセスすると，メニュー画面が表示されます。聞きたい音声の ▶ ボタンをタップして，再生を開始してください。**第 1 章「小学英語の復習と中学英語の基礎」，第 21 章「会話表現」，巻末の「発音の仕方」**では，それぞれのタイトル部分に掲載された **QR コード**を読みとって，該当ページだけの英語音声を聞くこともできます。

TYPE 2　無料リスニングアプリで便利に再生!

音声再生用無料アプリ「**シグマプレーヤー 2**」を使えば，音声を一括ダウンロードできます。音声は「はやい」「ふつう」「ゆっくり」の 3 段階の速度で再生可能です。

リスニングアプリ（音声再生用）　　**SigmaPlayer2**

無料アプリで文英堂の参考書・問題集の音声を聞くことができます。
音声の速度を 3 段階に調整できます。
App Store，Google Play で「シグマプレーヤー」を検索!
● 通信料は別途必要です。動作環境は弊社ホームページをご覧ください。● App Store は Apple Inc. のサービスマークです。● Google Play は Google Inc. の商標です。

TYPE 3　パソコンでも再生できる!

文英堂 **Web サイト**から，MP3 ファイルを一括ダウンロードできますので，スマートフォンやタブレットがなくても，パソコンで音声を聞くことができます。

文英堂 Web サイト　　**www.bun-eido.co.jp**

● 音声およびアプリは無料でご利用いただけますが，通信料金はお客様のご負担となります。● すべての機器での動作を保証するものではありません。● やむを得ずサービス内容に変更が生じる場合があります。● QR コードは㈱デンソーウェーブの登録商標です。

1章

小学英語の復習と

中学英語の基礎

小学校では，「聞くこと」と「話すこと」を中心に英語の学習に取り組んできたと思いますが，中学校では，それに「読むこと」と「書くこと」が加わります。「英語」という言語の仕組みをよりくわしく学び，「聞く・話す・読む・書く」という4つの技能をバランスよく身につけて，英語での表現力を伸ばすことを目指します。

英語音声

はこちらから

001

それぞれの英語表現が，実際の場面ではどのように使われるのかチェックしておこう！

小学英語の復習

アルファベット

音声を聞いて，発音もチェックしよう♪

002

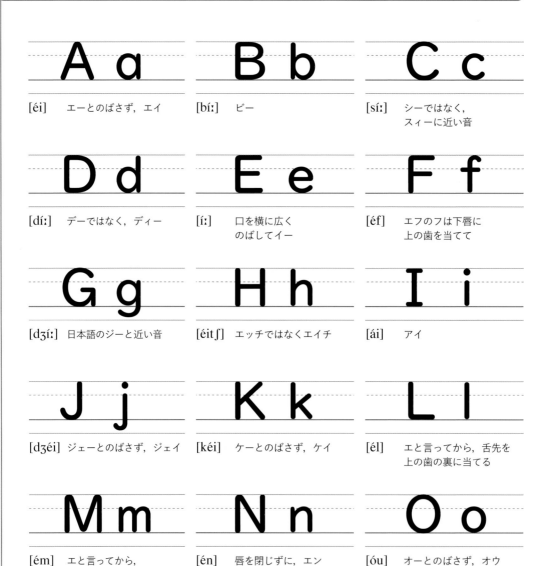

A a
[éi] エーとのばさず，エイ

B b
[bí:] ビー

C c
[sí:] シーではなく，スィーに近い音

D d
[dí:] デーではなく，ディー

E e
[í:] 口を横に広くのばしてイー

F f
[éf] エフのフは下唇に上の歯を当てて

G g
[dʒí:] 日本語のジーと近い音

H h
[éitʃ] エッチではなくエイチ

I i
[ái] アイ

J j
[dʒéi] ジェーとのばさず，ジェイ

K k
[kéi] ケーとのばさず，ケイ

L l
[él] エと言ってから，舌先を上の歯の裏に当てる

M m
[ém] エと言ってから，唇を閉じる

N n
[én] 唇を閉じずに，エン

O o
[óu] オーとのばさず，オウ

大文字と小文字

英語で使う「アルファベット」は，大文字と小文字がワンセットで，全部で26セットあります。これから中学校で英語を学習するとき，もっとも基本になるものですので，正しく読んだり書いたりできるようになりましょう。

P p

[pí:]　空気を破裂させる
　　　　イメージでピー

Q q

[kjú:]　日本語のキューに近い音

R r

[á:r]　アーと言いながら
　　　　舌を上に

S s

[és]　エスのスは空気を
　　　　抜く感じで

T t

[tí:]　日本語のティーに近い音

U u

[jú:]　口先を突き出してユー

V v

[ví:]　下唇に上の前歯を当ててヴ

W w

[dʌ́blju:]　　ダブリュー

X x

[éks]　エクスのクスは
　　　　空気を抜く感じで

Y y

[wái]　ワイ

Z z

[zí:]　ジーではなく，
　　　　ズィーに近い音

小学校で習った
アルファベットの
読み方と書き方を
復習しよう。

大文字　小文字

A a

基線

4線の上に書く

大文字は必ず「基線と一番上の線の間」に書きますが，小文字はそれぞれ大きさが異なり，「真ん中に小さくまとまっているもの」「上のほうに飛び出ているもの」「下のほうに飛び出ているもの」の3パターンがあるので，注意が必要です。

UNIT 2

小学英語から中学英語へ①

あいさつと自己紹介

---

① 初対面のあいさつ | はじめまして。

CHECK !

Nice to meet you.
はじめまして。

Nice to meet you, too.
こちらこそ，はじめまして。

21章
会話表現

UNIT 1
あいさつをする

p.290

---

② 日常のあいさつ | おはようございます。

CHECK !

Good morning, Mr. Tanaka.
おはようございます，タナカ先生。

Good morning, Nanako.
おはようございます，ナナコ。

21章
会話表現

UNIT 1
あいさつをする

p.291

---

③ 日常のあいさつ | さようなら。

CHECK !

Goodbye.
さようなら。

See you later.
またあとで。

21章
会話表現

UNIT 1
あいさつをする

p.291

ここでは，小学校で出会ったいろいろな表現をふり返りながら，中学校ではそれをどのように学ぶのか，ちょっとだけ未来をのぞいてみましょう。英語音声を聞いてそれぞれの表現を確認したら，➡ の先のページを見て，中学校での学習内容を先どりチェック！

青い文字の英文が小学校で出会った表現だよ。

---

④ 自己紹介 | 私は〜です。

I'm Ken.
I'm from Japan.

私はケンです。日本出身です。

CHECK！

2章
I am 〜． /
You are 〜．

UNIT 1

I am 〜． /
You are 〜．

p.24

---

⑤ 調子をたずねる | 元気ですか。／元気です。あなたは？

How are you?
元気ですか。

I'm good, thank you.
And you?

元気です，ありがとう。あなたは？

CHECK！

14章
How 〜？

UNIT 1

How 〜？
（様子・状態・手段・方法をたずねる）

p.188

---

⑥ いろいろなあいさつ | ごめんなさい。／心配しないで。

I'm sorry.
ごめんなさい。

Don't worry. It's OK.

心配しないで。大丈夫です。

CHECK！

8章
命令文

UNIT 2

否定の命令文
Don't 〜．

p.110

UNIT

3

小学英語から中学英語へ②

自分のこと・相手のこと

音声を聞いて,
発音もチェック
しよう♪

004

1 自分のこと | 私は〜が好きです。

I like cats.

私はネコが好きです。

CHECK !

6章
I play 〜. など
（一般動詞の現在形）
UNIT 1
一般動詞とは

p.78

2 相手のこと | あなたは〜が好きですか。

Do you like cats?

あなたはネコが好きですか。

CHECK !

6章
I play 〜. など
（一般動詞の現在形）
UNIT 4
Do you 〜 ?

p.84

3 あの人のこと | 彼女は／彼は〜です。

She is my hero.

彼女はぼくのヒーローです。

CHECK !

5章
He [She] is 〜. /
We [They] are 〜.
UNIT 1
He is 〜. /
She is 〜.

p.62

どれも小学校で出会った表現です。覚えているかな？

青い文字の英文が小学校で出会った表現だよ。

4 自分のこと ｜ 私は〜ができます。

I can sleep with my cats.

私は我が家のネコたちといっしょに寝ることができます。

CHECK！

15章

can

UNIT 1

can の意味と形

p.202

5 相手のこと ｜ あなたの誕生日はいつですか。

When is your birthday?
I have a present for you.

あなたの誕生日はいつですか。
あなたへのプレゼントがあるんです。

CHECK！

13章

Where, When,
Why 〜 ?

UNIT 2

When 〜 ?

p.178

6 あの人のこと ｜ だれが〜をしますか。

Who plays with me?

私と遊ぶのはだれかな？

CHECK！

11章

What, Who,
Whose, Which 〜 ?

UNIT 2

Who plays 〜 ? /
Who is 〜 ?

p.148

音声を聞いて,
発音もチェック
しよう♪

005

UNIT
4

小学英語から中学英語へ③
....

思い出・ほしいものなど

---

1 思い出 | 私は〜を楽しみました。

CHECK !

I enjoyed Hawaiian pancakes yesterday.

私は昨日, ハワイアン・パンケーキを楽しみました。

→

18章
一般動詞の
過去形

UNIT 2

規則動詞の
過去形の作り方

p.244

---

2 ほしいもの・持っているもの | 私は〜がほしいです。

CHECK !

I want some fresh eggs and milk.

私は新鮮な卵をいくつかと牛乳がほしいです。

→

6章
I play 〜. など
（一般動詞の現在形）

UNIT 2

一般動詞の種類

p.80

---

3 これからのこと | 私は〜ができます。

CHECK !

**I can be a great patissier.
I'm going to start
an Instagram page.**

私は偉大なパティシエになることができます。
私はインスタグラムのページを開設するつもりです。

→

15章
can

UNIT 1

can の意味と形

p.202

/ p.272 20章「未来を表す文」UNIT 1 もチェック！ \

過去のできごとや体験を伝える表現を，思い出そう。

青い文字の英文が小学校で出会った表現だよ。

④ 思い出 ｜ 私は〜を見ました。

I saw Billie Eilish's concert last year.

私は昨年，ビリー・アイリッシュのコンサートを見ました。

CHECK！

18章
一般動詞の
過去形

UNIT 3

不規則動詞の
過去形

p.246

⑤ ほしいもの・持っているもの ｜ 私は〜を持っています。

I can sing, too.
I have talent.

私も歌うことができます。
私には才能があります。

CHECK！

6章
I play 〜. など
（一般動詞の現在形）

UNIT 2

一般動詞の種類

p.81

⑥ これからのこと ｜ 私は〜です。

I am the next big star!
I will be famous.

私が，次の大スターです！
私は有名になるでしょう。

CHECK！

2章
I am 〜. /
You are 〜.

UNIT 1

I am 〜. /
You are 〜.

p.24

p.278　20章「未来を表す文」UNIT 4 もチェック！

音声を聞いて，発音もチェックしよう♪

006

UNIT
5 | 中学英語の基礎①

英語の発音と書き方

① 英語を英語らしく発音するコツ

❶ アクセントの位置に注意

英語は日本語とちがって，**強弱がはっきりしたことば**です。英語の単語では，特に強く発音するところ（アクセントの位置）は決まっているので，その部分を他よりもしっかり強く発音し，他は弱く発音します。**強弱のメリハリをつける**だけで，ぐんと英語らしい響きになります。アクセントは母音の上にあり，発音記号では〈´〉で示します。

●は強く読むところ

 apple
[ǽpl]

 box
[báks]

 Japan
[dʒəpǽn]

 guitar
[gitáːr]

❷ 要らない母音を入れない

日本語にも英語にも「母音」（アイウエオに近い音）と「子音」（[k ク][s ス] など長くのばせない音）がありますが，**日本語は母音がとても多い言語**です。英語を読むとき，日本語のカタカナ語のように，すべての音にいちいち母音を入れてしまうと，日本語のような音の響きになってしまいます。**英語のネイティブ・スピーカーの発音をしっかり聞いて，聞こえたままに発音**する練習をしましょう。

英語の場合 **mask**
子母子子

日本語の場合 **ma su ku**
マ ス ク
子母 子母 子母

ここに母音が入ると日本語っぽく聞こえます。

❸ 強弱のリズムやイントネーションに気をつける

英語では，文を読むときにも**強弱のリズム**があります。**強く読む単語と弱く読む単語の強弱をしっかりつけて発音**すると，英語らしい響きになってきます。また，**声の上げ下げ（イントネーション）**にも注意しましょう。一般的に，ふつうの文や疑問詞で始まる文は下げ調子（↘），Yes, No で答えられるような疑問文のときは上げ調子（↗）で読みます。

「発音の仕方」については，p.308〜311の解説も参考に。

I'm good, thank you. ↘

私は元気です，ありがとう。

And you? ↗

あなたは？

英語と日本語は,「**文字**」も「**発音**」も「**文の構造**」もまったくちがう別の言語です。ここでは日本語と英語のちがいにも気を配りながら,**英語を英語らしく発音するコツと,正しくきれいに書くポイント**をチェックしておきましょう。基礎を押さえておけば,自信をもって,積極的に授業に参加することができます。

② 英語を正しく書くポイント

❶ 文字と文字の間の空きに注意

文字と文字の間は,くっつけすぎても空けすぎてもいけません。**ちょうどよい空き方**になるよう注意しましょう。

○ star
よい例

✕ star
悪い例　くっつけすぎ

✕ s t a r
悪い例　空けすぎ

❷ 固有名詞の最初の文字は大文字で

人名,地名,曜日の名,月の名は,最初の文字を大文字にします。また **I「私は」**はいつでも**大文字**です。

Mori Mari
森 マリ

China
中国

Monday
月曜日

July
7月

❸ 英文は,大文字で始めてピリオドで終える

文の始めの単語の**最初の一文字は大文字**で書き,**文の終わりにはピリオド〈.〉**をつけます。単語と単語の間は一文字分くらい空けます。

She is a student.
大文字　彼女は生徒です。　ピリオド

❹ いろいろな記号の使い方に注意

疑問文の最後には**クエスチョンマーク〈?〉**をつけます。Yes や No のあとには**コンマ〈,〉**を入れます。単語を短く縮めた場合には,縮めたところに**アポストロフィー〈'〉**を入れます。よろこびやおどろきなどの強い感情を表すときは**エクスクラメーションマーク〈!〉**を使います。

クエスチョンマーク　コンマ　アポストロフィー　エクスクラメーションマーク

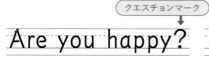

Are you happy?
あなたは幸せですか。

Yes, I am.　I'm happy!
ええ,そうです。私は幸せです!

UNIT
6 中学英語の基礎②

教室で使われる英語

音声を聞いて，発音もチェックしよう♪ 007

中学校の英語の授業で使われるいろいろな表現を覚えておこう。

始まりのあいさつ

Good morning, everyone.
おはようございます，みなさん。

Good morning, Ms. Aoki.
おはようございます，アオキ先生。

出席をとる

Mr. Suzuki?
スズキくん。

Here.
はい。

曜日をたずねる

What day is today?
今日は何曜日ですか。

It's Monday.
月曜日です。

授業開始

Let's begin today's lesson.
今日の授業を始めましょう。

いろいろな指示

Open your textbooks to page seven.
教科書の 7 ページを開きなさい。

Please read, Ms. Sato.
サトウさん，読んでください。

Listen to me carefully.
私の言うことをよく聞きなさい。

Repeat after me.
私のあとについて言いなさい。

Look at the blackboard.
黒板を見なさい。

Make pairs.
ペアを作りなさい。

授業の終わり

That's all for today.
今日はこれでおしまいです。

中1
英語

2 章

I am ~. / You are ~.

基本例文
の音声はこちらから

008

それぞれの英語表現が、
実際の場面ではどのよ
うに使われるのかチェ
ックしておこう!

UNIT

1

I am 〜. / You are 〜.

Can-Do ▶ 自分のことや相手のことを「〜です」と説明できる。

基本例文

A: I am a soccer fan.
B: Oh, you are a soccer fan. I'm a soccer fan, too.

意味

A：私は**サッカーファン**なんです。
B：へぇ，きみは**サッカーファン**なんだね。ぼくも**サッカーファン**だよ。

1 I am の意味と働き

自分のことを「私は」と言うとき，英語ではIを使います。「私は」を表すIは文の途中でも常に大文字で書きます。

（私は**生徒**です。）

	I	am	a student.
=		I'm	a student.

「私は〜です。」と自分のことを表現するときには，〈I am 〜.〉という形で表します。「私＝○○」のように使い，I am ○○. となります。このときの am を **be 動詞**といいます。

I am の短縮形の **I'm** もよく使われます。

2 I am from 〜. の文

（私は**カナダ**出身です。）

I	am	from	Canada.

「私は〜出身です。」と自分の出身を表現するときは，from を使い，〈I am from 〜.〉という形で表します。

📖 用語解説

be 動詞

am, are, is のようにイコールと同じような働きをする動詞を，be 動詞という。

主語	be 動詞
I（私は）	am
you（あなたは）	are
he（彼は） she（彼女は） it（それは）	is

主語によって，be 動詞が変わるので，注意しよう。
（He is 〜. と She is 〜. については→p.62）
例：
I am a doctor.
（私は医者です。）
You are tall.
（あなたは背が高いです。）
He is a student.
（彼は生徒です。）
She is my friend.
（彼女は私の友だちです。）

3 You are の意味と働き

相手のことをさして「あなたは」と言うときは，you を使います。

（あなたは**背が高い**です。）

You	are	tall.

「あなたは〜です。」と相手のことを表現するときには〈You are 〜.〉という形で表します。are は am と同様に，「あなた＝△△」のときに You are △△ . のように使います。この are を be 動詞といいます。

you are の短縮形は **you're** という形で表されます。

注意

be 動詞＋形容詞

I am 〜. や You are 〜. の文では，〜にあたる部分には名詞だけでなく，形容詞（➡p.54）も入れることができる。この場合，形容詞の前には a [an] はつかないことに注意。

I am <u>a tennis player</u>.
　　　（名詞）
（私はテニス選手です。）

I am <u>happy</u>.
　　　（形容詞）
（私は幸せです。）

POINT

1 自分のことについて述べるときは，**I am 〜.**「私は〜です。」を使う。

2 相手のことについて述べるときは，**You are 〜.**「あなたは〜です。」を使う。

3 **主語によって be 動詞を使い分ける。**

CHECK 001

解答 ➡ p.314

（　　）内から適切なものを選びましょう。

☐ (1) I (am, are) a baseball player.

☐ (2) You (am, are) a fast runner.

TRY!
表現力

自分の名前と出身地を言ってみましょう。

WORD LIST : I, am, from

例　I am Ichiro.
　　I'm from Saitama.

UNIT

2

I am not 〜. / You are not 〜.

Can-Do ▶ 自分のことや相手のことを,「〜ではありません」と説明できる。

基本例文

A: I am a soccer fan.
B: I'm not a soccer fan. I'm a baseball fan.

意味

A：ぼくはサッカーファンなんだ。
B：私はサッカーファンではないわ。私は野球ファンなの。

1 I am 〜. の否定文

ふつうの文　（私はサッカーファンです。）

I	am		a soccer fan.

否定文　（私はサッカーファンではありません。）

I	am	not	a soccer fan.

　I am 〜. の文を「私は〜ではない。」という否定文にするには，am のあとに not を置きます。not は「〜ではない」という意味の語で，否定文で使われます。

　また，I am not 〜. の文では，短縮形の I'm not 〜. の形もよく使われます。

（私は大阪出身ではありません。）

I	am	not	from Osaka.

=	I'm	not	from Osaka.

 用語解説

否定文

「〜ではありません」と打ち消しの意味を表す文を否定文という。否定文では，打ち消しを表す not を be 動詞の後ろに置いて表す。ちなみに，すでに学習した「〜です」というふつうの文は，肯定文という。

 注意

（×）amn't とは言わない

I am not の短縮形は，
（○）I'm not となる。
（×）I amn't とは言わないので注意。

② You are 〜 . の否定文

ふつうの文 （あなたはサッカーファンです。）

| You | are | | a soccer fan. |

否定文 （あなたは**サッカーファン**ではありません。）

| You | are | not | a soccer fan. |

| = | You | aren't | | a soccer fan. |

be 動詞の
あとに not
だね！

　相手のことについて「あなたは〜ではない。」という**否定文**にするには，I am 〜 . の否定文と同じように，be 動詞の are のあとに **not** を置きます。You are not 〜 . の短縮形は，You **aren't** 〜 . とします。

🖐 POINT

❶ 自分のことについて「私は〜ではない。」と述べるとき **I am not 〜 .** を使う。

❷ 相手のことについて「あなたは〜ではない。」と述べるとき **You are not 〜 .** を使う。

❸ I am not 〜 . は **I'm** not 〜 ., You are not 〜 . は You **aren't** 〜 . と**短縮形**が使われることもある。

✓ CHECK 002

解答 ➡ p.314

（　　）内から適切なものを選びましょう。

☐ ⑴ I (am not, not am) a baseball player.

☐ ⑵ You (are not, not are) a fast runner.

TRY!
表現力

「私は〜ではありません。私は〜です。」と表現してみましょう。

WORD LIST : soccer player, tennis player, from Hokkaido, from Tokyo

`例` I am not a soccer player. I am a tennis player.

UNIT 3 Are you 〜 ?

Can-Do ▸ 相手に「〜ですか？」とたずねたり，答えたりすることができる。

基本例文

🔊))

A: **Are you** a soccer fan?
B: No, I'm not. I'm a baseball fan.

意味

A：きみは**サッカーファンなの？**
B：いや，ちがうよ。**ぼくは野球ファンだよ。**

1 Are you 〜 ? の意味と働き

ふつうの文　（あなたはカナダ出身です。）

	You	are	from Canada.

疑問文　（あなたはカナダ出身ですか。）

Are	you		from Canada?

　「あなたは〜ですか。」と相手に質問するときには，be 動詞の are を文のはじめに出して，〈**Are you 〜 ?**〉という形で表します。これを**疑問文**といいます。主語と動詞の語順が変わること，文の最初の文字は大文字にすることに注意しましょう。
　疑問文では，文の終わりはピリオド（**.**）ではなく**クエスチョンマーク（?）** をつけます。

2 Are you 〜 ? の答え方

疑問文　（あなたはカナダ出身ですか。）

Are	you	from Canada?

📖 用語解説

疑問文

「〜ですか」と質問する文を疑問文という。ふつうの文や否定文では文の終わりにピリオドをつけるが，疑問文では文の終わりにピリオドではなく〈**?**〉（クエスチョンマーク）をつけるので注意しよう。

Are you 〜 ?
と聞かれたら，
どう答える？

答えの文　　（はい，そうです。）

— | Yes, | I | am. | ⟋

（いいえ，ちがいます。）

| No, | I | am | not. |

　Are you～？の疑問文には，**Yes, I am. / No, I am not.** と答えます。**Are you～？** は「あなたは～ですか。」とたずねているので，答えには **I**「私は」を使います。Yes/No のあとにはコンマ (,) をつけます。

　No, I am not. は短縮形を使って No, I'm not. と答えることもできますが，Yes, I am. は短縮形を使って答えることはできません。

もっと！

Am I ～?

「私は～ですか？」

上のような疑問文は一見使い道がないように思えるが，実は場面によっては使い勝手のいい言い回しだ。たとえば，相手に

You are a good player!

（あなたはいい選手ね！）

などとほめられた時に

Am I a good player?

（ぼくがいい選手だって？）

のように謙遜して聞き返すことができる。

また，英語でよくあるクイズとして，ヒントを挙げて

Who am I?

「私はだーれ？」

と問うものがある。

2 章

I am ～. / You are ～.

👆 POINT

① 相手のことについてたずねるときは **Are you～？** を使って質問する。

② Are you～？は「**あなたは～ですか。**」という意味になる。

③ Are you～？を使った質問には，**Yes, I am.** または **No, I'm not.** で答える。

✓ CHECK 003

解答 ➡ p.314

（　　）内を正しく並べかえましょう。

☐ (1) (you / are) a baseball player?　（きみは野球の選手なの？）

☐ (2) (am / , / I / yes).　（上の質問に，「はい，そうです。」と答える）

TRY! 表現力

外国人の先生に「あなたは〇〇出身ですか。」と出身地をたずねてみましょう。

WORD LIST： America, Canada, the U.K., Australia, China, Singapore

　例　Are you from Australia?

CHAPTER 2　I am 〜. / You are 〜.

UNIT 1 ┊ I am 〜. / You are 〜.

I am a soccer fan.　　　　私はサッカーファンです。

- 「私」=「○○」であることを示す。

I am from Canada.　　　　私はカナダ出身です。

- I am from 〜 で, 「私」が「〜出身」であることを示す。

You are tall.　　　　あなたは背が高いですね。

- 「あなた」=「○○」であることを示す。
- be動詞 (am, are) は, 主語によって使い分ける。

UNIT 2 ┊ I am not 〜. / You are not 〜.

I am not a soccer fan.　　　　私はサッカーファンではありません。

- 「私は〜ではない。」と, I am 〜. の文を否定文にするには, am のあとに not を置く。

You are not a soccer fan.　　　　あなたはサッカーファンではありませんね。

- 「あなたは〜ではない。」と, You are 〜. の文を否定文にするには, are のあとに not を置く。

I'm not from Osaka.　　　　私は大阪出身ではありません。
You aren't tall.　　　　あなたは背が高くないですね。

- (×) amn't という形はないので注意！

UNIT 3 ┊ Are you 〜？

> **You are a soccer fan.**
> **Are you a soccer fan?**

あなたはサッカーファンですね。

あなたはサッカーファンですか。

● I am 〜. / You are 〜. という be 動詞を使ったふつうの文に対し，「あなたは〜ですか。」と相手にたずねる疑問文を作るには，be 動詞（are）を文頭に出して，主語と動詞を逆転させ，Are you 〜？という形にする。

● 疑問文の最後は，ピリオド（.）ではなくクエスチョンマーク（?）にする。

> **Are you from Canada?**
> ▸ **Yes, I am.**
> ▸ **No, I'm not.**

あなたはカナダ出身ですか。

はい，そうです。

いいえ，ちがいます。

● Are you 〜？「あなたは〜ですか。」とたずねられているので，答えは I「私は〜」を使い，Yes, I am. または No, I'm not. で答える。

● Yes や No のあとにはコンマ（,）をつける。

英語には「てにをは」がない?!

I am a student.

　上の英文を，そのまま日本語に直してみましょう。辞書を見ると I は「私」，am は「〜です」，(a) student「（1人の）生徒」の意味が載っているから，「私生徒です。」……？

　変な日本語ですね。実は，日本語は「私は」のように，「てにをは」をつけるのに対し，英語には「てにをは」にあたることばがないのです。だから，英語を日本語に直すときには「てにをは」をつける必要があるのですね。

定期テスト対策問題

解答 → p.314

 1 **be 動詞の区別**

次の文の（　　）内のうち適当なものを選び，〇で囲みなさい。

(1) You (am, are) kind.

(2) I (am, are) Eri.

(3) (Am, Are) you a soccer fan?

(4) I (am, are) not from Osaka.

問 2 **疑問文 / 否定文**

次の文を（　　）内の指示にしたがって書きかえなさい。

(1) You are a tennis fan.　（疑問文に）

_____

(2) I am a high school student.　（否定文に）

_____

(3) I am not Japanese.　（「私は日本人です。」の文に）

_____

問 3 **am, are を含む文**

日本語に合うように，（　　）内の語句を並べかえなさい。ただし，不要の語が1語ずつあります。

(1) 私はカナダ出身です。

(from / are / Canada / am / I).

_____

(2) あなたは高校生ですか。

(high school / am / you / a / student / are)?

_____

(3) 私は野球ファンではありません。

(a / am / fan / I / not / are / baseball).

_____

問 **4** 疑問文の答え方

次の絵を見て，意味が通じる対話になるように，____ に質問に対する答えを書きなさい。

(1)　Are you from Australia?

_____

(2)　Are you a soccer player?

_____

(3)　Are you a high school student?

_____

問 **5** 自己紹介

次の絵を参考にして，ケンになったつもりで自己紹介の文を書きなさい。

Hi, I'm Ken.

(1)　_____

(2)　_____

(3)　_____

あるある 誤答 ランキング

中学校の先生方が，「あるある！」と思ってしまう，生徒たちのよくありがちな誤答例です。「自分は大丈夫？」としっかり確認して，まちがい防止に役立ててください。

第1位　**問題**　次の日本文を英語に直しなさい。
私はカナダ出身です。

~~I from Canada.~~

あるある！

正しい英文：　**I am from Canada.**

自分の出身をいうときには，I am from ○○. となります。from は「〜から」という意味で，動詞ではないので，出身をいうときには be 動詞といっしょに使うこと。

第2位　**問題**　次の日本文を英語に直しなさい。
私は高校生ではありません。

~~I not a high school student.~~

あるある！

正しい英文：　**I am not a high school student.**

否定文で not に注意を向けるあまり，be 動詞を忘れてしまうことも。am のように発音するときに弱くなるものは，書くときに忘れがちなので気をつけましょう。

第3位　**問題**　次の日本文を英語に直しなさい。
あなたは野球ファンではありません。

~~You arent a baseball fan.~~

あるある！

正しい英文：　**You aren't a baseball fan.**

何かを省略したときにつけるアポストロフィー（'）をつけ忘れないようにしましょう。

KUWASHII

ENGLISH

中1
英語

3 章

This is ~ . / That is ~ .

基本例文
の音声はこちらから

009

それぞれの英語表現が,
実際の場面ではどのよ
うに使われるのかチェ
ックしておこう!

This is 〜. / That is 〜.

UNIT 1

Can-Do → まわりの人やものを「これは〜です」「あれは〜です」と説明できる。

基本例文

A: **This is my book.**
B: **No. That is your book.**

意味
A：これは**私の本**よ。
B：いや。**あれがきみの本**だよ。

1 This is 〜. の意味と働き

（これは**ぼくの部屋**です。）

| This | is | my room. |

「これは〜です。」と近くのものについていうときは，〈This is 〜.〉という形で表します。「私の〜」は my，「あなたの〜」は your で表します。

2 近くにいる人を紹介する

（こちらは**佐藤先生**です。）

| This | is | Mr. Sato. |

（こちらは**姉のユイ**です。）

| This | is | my sister, Yui. |

〈This is 〜.〉の文は，〜に人の名前を入れて「こちらは○○です。」と人を紹介するときにも使う表現です。人を紹介するときには，その人の名前とともに自分との関係（my sister など）を紹介することもあります。

もっと！

Mr. や Ms.

〈Mr. [Ms.] ＋姓〉は，日本語の「〜さん，〜先生」のようにていねいに敬称をつけて呼びたいときに使う。相手が男性なら Mr.，女性なら Ms. をつける。ピリオド（.）を忘れないこと。かつては，結婚している女性は Mrs.，していない女性は Miss と区別するのが主流だったが，今はどちらも Ms. とするほうがふつう。

③ That is 〜. の意味と働き

（あれは**私の家**です。）

That	is	my house.

That's		my house.

　遠くにあるもの［人］や離れているもの［人］をさして「あれは［あちらは］〜です。」というときは，〈That is 〜.〉と言います。that is は短縮形の **that's** を使うこともあります。

This は近くにあるもの，That は遠くにあるものについて言うときだよ！

🖐 POINT

❶ 近くのものや人を紹介するときは **This is 〜.** を使って表現する。

❷ 離れた場所にあるものや人を紹介するときは **That is 〜.** を使って表現する。

❸ That is 〜. は短縮形の **That's 〜.** を使うこともある。

✓ CHECK 004

解答 ➔ p.315

（　　）内から適切なものを選びましょう。

☐ ⑴ (This, That) is my friend, Ken.　（こちらはぼくの友だちのケンです。）

☐ ⑵ (This, That) is my bicycle.　（あれは私の自転車です。）

TRY!
表現力

近くにある文房具について「これは私の〜です。」と言ってみましょう。

WORD LIST : pencil, eraser, notebook, pen, ruler

例　This is my pencil.

UNIT 2 This is not 〜. / That is not 〜.

 まわりの人やものについて「〜ではありません」と説明できる。

基本例文

🔊

This is not **my cap. That is my cap.**

意味　これは**ぼくの帽子**ではないよ。**あれがぼくの帽子**だよ。

1 This is 〜. の否定文の作り方

ふつうの文　（これは私の帽子です。）

This	is		my cap.

否定文　（これは**私の帽子ではありません**。）

This	is	not	my cap.

　「これは〜ではありません。」「あれは〜ではありません。」と打ち消す文を否定文といいます。否定文は，打ち消しの意味を表す語 not を be 動詞 is のあとに置いて，〈This is not 〜.〉や〈That is not 〜.〉という形で表します。not の位置に注意しましょう。

2 is not の短縮形

（これは**アツシの自転車ではありません**。）

This	is	not	Atsushi's bike.
This	isn't		Atsushi's bike.

 注意

否定文と肯定文

「〜ではありません」と打ち消しの意味を表す文を否定文という。「〜です」というふつうの文は，肯定文ともいう（➡p.26）。

肯定文
　This is my hat.
否定文
　This is not my hat.

肯定文
　That is Jim's bag.
否定文
　That is not Jim's bag.

〈This is not 〜.〉〈That is not 〜.〉の文は，is not の短縮形 isn't を使って，〈This isn't 〜.〉〈That isn't 〜.〉と表されることもあります。

「アツシの」などというときは，名前［名詞］に〈's〉（アポストロフィーエス）をつけて表します。

用語解説

アポストロフィー
短縮形の isn't の〈'〉をアポストロフィーという。何かを省略したことを表す。

That is not の短縮形は，That isn't のほかに That's not もあるよ。どちらを使っても OK！

POINT

❶ 近くのものや人について「〜ではない。」というときは **This is not 〜.** を使う。

❷ 離れた場所にあるものや人について「〜ではない。」というときは **That is not 〜.** を使う。

❸ is not は**短縮形 isn't** を使うことがある。

CHECK 005

解答 ➡ p.315

（　　）内を正しい順に並べかえましょう。

☐ (1) (this / not / is) my bike.　（これはぼくの自転車ではありません。）

☐ (2) (is / that / not) my bicycle.　（あれは私の自転車ではありません。）

TRY!
表現力

離れた場所にあるものについて，自分のものではないと言ってみましょう。

WORD LIST : pencil, eraser, notebook, pen, ruler

例　That is not my notebook.

Is this ～ ? / Is that ～ ?

UNIT 3

Can-Do ▶ まわりの人やものについて「これは～?」とたずねたり, 答えたりできる。

基本例文

A: Is this your textbook?
B: No, it isn't. It's Hiro's.

意味

A : これはあなたの教科書なの?
B : いや, ちがうよ。それはヒロのだよ。

1 This is ～. / That is ～. の疑問文の作り方

ふつうの文　（これはあなたの自転車です。）

	This	is		your bike.

疑問文　（これはあなたの自転車ですか。）

Is	this		your bike?

「これは[こちらは]～ですか。」「あれは[あちらは]～ですか。」とたずねる疑問文を作るときには, be 動詞 is を this[that] の前に出して, 〈Is this ～ ?〉〈Is that ～ ?〉という形にします。

疑問文なので, 〈.〉（ピリオド）ではなく〈?〉（クエスチョンマーク）をつけます。

文のはじめは大文字にしなければならないので, is を Is とし, This[That] は文の途中にくるので this[that] と小文字にします。

2 Is this [that] ～ ? の答え方

疑問文　　（あれはあなたのギターですか。）

Is	that		your guitar?

注意

That's の疑問文

短縮形の That's を疑問文にする場合は, That's を That is に戻してから疑問文にすればよい。

短縮形は, まず元に戻してから考えればいいんだね。

答えの文 　　（はい，**そうです。**）

—

Yes,	it	is.	╱

（いいえ，**ちがいます。**）

No,	it	is	not.

　Is this 〜 ? や Is that 〜 ? には，**Yes, it is. / No, it is not.** と答えます。is not は短縮形 **isn't** を使うこともできます。
　疑問文の this や that は，答えの文では **it** になり，**Yes, it is.** または No, it isn't. となります。

注意

答え方
Yes や No のあとに，〈,〉（コンマ）をつけるのを忘れないように気をつけること。ただし，Yes. や No. のように 1 語で言い切る場合（文が終わる場合）には〈.〉（ピリオド）をつける。

3
章

This is 〜 . / That is 〜 .

POINT
① 近くのものや人について「これは〜ですか。」とたずねるときは **Is this 〜 ?** を使う。
② 離れているものや人について「あれは〜ですか。」とたずねるときは **Is that 〜 ?** を使う。
③ Is this [that] 〜 ? の質問には，**Yes, it is. / No, it is not.** で答える。

CHECK 006
解答 ➡ p.315

（　　）内を正しい順に並べかえましょう。
☐ ⑴ (this / is) your brother?　（こちらはあなたのお兄さん [弟さん] ですか。）
☐ ⑵ (is / that) your bag?　（あれはあなたのバッグですか。）

TRY!
表現力

だれのものかわからないものを見つけました。「これはあなたの〜ですか。」と質問してみましょう。

WORD LIST：bag, bike, cap, dog, notebook, pencil

例　Is this your dog?

UNIT
4

What is this? / What is that?

Can-Do わからないものについて，「何ですか？」とたずねることができる。

基本例文

A: What is this?
B: It's a camera.

意味

A：これは何？
B：それはカメラよ。

1 What の文の作り方

（これはバラです。）

| This | is | a rose. |

（これはバラですか。）

| Is | this | / | a rose? |

（これは何ですか。）

| What | is | this? |

　「これ［あれ］は何ですか。」とたずねるときには，〈What is this［that］?〉という形で表します。

　what は「何」という疑問を表す語（疑問詞）です。what を使った疑問文では，what は文のはじめにくるので大文字ではじめます。そのあとにふつうの疑問文の形〈is（be 動詞）＋this［that］（主語）〉を続けます。文の終わりには，〈.〉（ピリオド）ではなく〈?〉（クエスチョンマーク）をつけます。

　What is のあとには this や that だけでなく，いろいろなものを入れて「～は何ですか」とたずねることができます。

用語解説

疑問詞

この what のような語を疑問詞という。疑問詞は他に次のようなものがある。
who（だれ）　→ p.148
when（いつ）　→ p.178
where（どこ）　→ p.176
which（どちら）　→ p.150
whose（だれの）　→ p.154
why（なぜ）　→ p.180
how（どのように，どんな）
　　　　　　　→ p.188
疑問詞を使った疑問文では，疑問詞のあとの語順にも気をつけること。疑問詞のあとは，ふつうの疑問文と同じように，is this と，主語と動詞が逆の語順になる。

注意

what's

what is を短縮して what's の形もよく使われる。

（あの建物は何ですか。）

What	is	that building?

② What is this [that]? の答え方

疑問文　　（あれは何ですか。）

What	is	that?

答えの文　　（（それは）図書館です。）

—	It	is	a library.

　What の疑問文では「〜は何ですか。」とたずねているので，Yes や No では答えずに，〈It is 〜.〉または短縮形を使った〈It's 〜.〉で「何か」を答えます。

 注意

答えるときは it！
What is this? や What is that? と質問されても，答えるときには this や that は使わずに，it を使って答えるのがふつう。

3 章

This is 〜. / That is 〜.

POINT

❶ わからないものについて「〜は何ですか。」とたずねるときは，**What is 〜?** と表す。

❷ **what** は**疑問詞**という。疑問詞のあとは疑問文の語順になる。

❸ What is this [that]? の質問には，**It's 〜.** で答える。

CHECK 007

解答 ➡ p.315

（　　）内を正しい順に並べかえましょう。

☐ (1) (this / is / what)?　（これは何ですか。）

☐ (2) (is / that / what / animal)?　（あの動物は何ですか。）

TRY!
表現力

What is this? とたずねられました。答えてみましょう。

WORD LIST：pen, camera, computer, chair, telephone

例　It is a computer.

This is 〜. / That is 〜.

UNIT 1 | This is 〜. / That is 〜.

This is **my book.**
これは私の本です。

This is **Atsushi.**
こちらはアツシです。

● 近くのものや人を「これは [こちらは] 〜です。」と紹介するときは，This is 〜. を使う。

That is **your book.**
あれはあなたの本です。

● 遠くのものや人を「あれは [あちらは] 〜です。」と紹介するときは，That is 〜. を使う。
● That is は短縮形の That's を使うこともある。

UNIT 2 | This is not 〜. / That is not 〜.

This is not **my cap.**
これは私の帽子ではありません。

● 近くのものや人について「これは [こちらは] 〜ではありません。」というときは This is not 〜. を使う。

That is not **my cap.**
あれは私の帽子ではありません。

● 遠くのものや人について「あれは [あちらは] 〜ではありません。」というときは That is not 〜. を使う。

This [That] isn't **my cap.**
これは [あれは] 私の帽子ではありません。

● is not は短縮形 isn't を使うことがある。

UNIT 3 ｜ Is this 〜？ / Is that 〜？

Is this [that] your textbook?　これは [あれは] あなたの教科書ですか。

● 「これは [こちらは] 〜ですか。」「あれは [あちらは] 〜ですか。」とたずねる疑問文を作るには，Is this 〜？ / Is that 〜？ を使う。
● 疑問文の最後は，ピリオド (.) ではなくクエスチョンマーク (?) にする。

Is this [that] your textbook?　これは [あれは] あなたの教科書ですか。
▸ **Yes, it is.**　はい，そうです。
▸ **No, it isn't [is not].**　いいえ，ちがいます。

● Is this [that] 〜？「これは [あれは] 〜ですか。」とたずねられているので，答えは it を使い，Yes, it is. / No, it is not. で答える。
● No の文では，is not に短縮形 isn't を使って，No, it isn't. と答えることができる。
● Yes や No のあとにはコンマ (,) をつける。

UNIT 4 ｜ What is this? / What is that?

What is this [that]?　これは [あれは] 何ですか。

● 「これは [あれは] 何ですか。」とたずねる疑問文は，What is this [that]? と表す。
● What は疑問詞で，疑問詞のあとは，is が前にくる疑問文の語順になる。
● 疑問文の最後は，ピリオド (.) ではなくクエスチョンマーク (?) にする。
● What is のあとには this や that だけでなく，いろいろなものを入れて「〜は何ですか。」とたずねることができる。

What is this [that]?　これは [あれは] 何ですか。
▸ **It is [It's] a camera.**　それはカメラです。

● What の疑問文では「〜は何ですか。」とたずねられているので，Yes や No では答えずに，It is [It's] 〜. で「何か」を答える。

定期テスト対策問題

解答 ➡ p.315

 1 **be 動詞の区別**

次の文の（　）内のうち適当なものを選び，〇で囲みなさい。

(1) You (am, are, is) kind.

(2) This (am, are, is) my sister, Yui.

(3) (Am, Are, Is) that your cap?

(4) What (am, are, is) this?

問 2 **疑問文 / 否定文**

次の文を（　）内の指示にしたがって書きかえなさい。

(1) This is your bag. （疑問文に）

_____

(2) That is my brother. （否定文に）

_____

(3) That is an amusement park. （下線部が答えの中心になる疑問文に）

_____

問 3 **this / that を含む文**

日本語に合うように，（　）内の語句を並べかえなさい。ただし，不要の語が1語ずつあります。

(1) こちらは私の祖父です。

(my / are / this / grandfather / is).

_____

(2) これは何ですか。

(is / what / am / this)?

_____

(3) あれは美術館ですか。

(an / am / is / art museum / that)?

_____

(4) あれは何ですか。

(is / what / are / that)?

_____

問 **4** 疑問文の答え方

次の絵を見て，意味が通じる対話になるように，＿＿にもっとも適当な語を1語書きなさい。

(1) A: ＿＿＿＿＿＿＿＿ is this?

　　 B: It is an ＿＿＿＿＿＿＿ .

(2) A: ＿＿＿＿＿＿＿＿ that?

　　 B: ＿＿＿＿＿＿＿＿ a long pencil.

(3) A: Is that a watermelon?

　　 B: No, it isn't.

　　 A: What is ＿＿＿＿＿＿＿ , then?

　　 B: ＿＿＿＿＿＿＿＿ a big ball.

問 **5** 文の書きかえ

次の文を（　　）内の指示にしたがって書きかえなさい。

(1) This is a computer. （疑問文に）

＿＿＿＿＿＿＿＿＿＿＿＿＿＿＿＿＿＿＿＿＿＿＿＿＿＿＿＿＿

(2) This is my bike. （否定文に）

＿＿＿＿＿＿＿＿＿＿＿＿＿＿＿＿＿＿＿＿＿＿＿＿＿＿＿＿＿

(3) Is that your school? （「はい，そうです。」と答える文に）

＿＿＿＿＿＿＿＿＿＿＿＿＿＿＿＿＿＿＿＿＿＿＿＿＿＿＿＿＿

(4) This is a pencil. （下線部が答えの中心になる疑問文に）

＿＿＿＿＿＿＿＿＿＿＿＿＿＿＿＿＿＿＿＿＿＿＿＿＿＿＿＿＿

(5) This is my bike. （「あれは私の自転車です。」という文に）

＿＿＿＿＿＿＿＿＿＿＿＿＿＿＿＿＿＿＿＿＿＿＿＿＿＿＿＿＿

\ 現役先生方に聞いた！/

あるある 誤答 ランキング

中学校の先生方が，「あるある！」と思ってしまう，生徒たちのよくありがちな誤答例です。「自分は大丈夫？」としっかり確認して，まちがい防止に役立ててください。

第 **1** 位 **問題** 次の日本文を英語に直しなさい。
これは私のペンではありません。

This ~~not~~ my pen.

あるある！

正しい英文： **This is not my pen.**

This is / That is の否定文は，be 動詞＋not で作ります。be 動詞が抜けてしまわないように，注意しましょう。

第 **2** 位 **問題** 次の日本文を英語に直しなさい。
あれは，あなたの帽子ですか？ ―いいえ，ちがいます。

Is that your cap? ― No, ~~I'm not.~~

あるある！

正しい英文： **Is that your cap? ― No, it isn't.**

この疑問文の答え方は，Yes, it is. または，No, it isn't. となります。疑問文の形によって，どのような答え方になるか，しっかりと確認しておきましょう。

第 **3** 位 **問題** 次の質問に英語で答えなさい。
Is that your guitar? （あれは，あなたのギターですか。）

~~Yes~~ it is.

あるある！

正しい英文： **Yes, it is.**

Yes や No のあとに，コンマ (,) をつけるのを忘れないこと。ただし，Yes.[No.] のようにいったん言い切るときには，ピリオド (.) になります。

4章

a, an, the と形容詞

基本例文
の音声はこちらから

010

それぞれの英語表現が,
実際の場面ではどのよ
うに使われるのかチェ
ックしておこう!

a, an

Can-Do ▶ 正しく a または an をつけて名詞を使うことができる。

基本例文

This is a bear. That is an elephant.

意味 これは（1頭の）熊です。あれは（1頭の）象です。

1 a [an]＋名詞

（これは机です。）

This	is	a	desk.

「1冊の本」や「1匹の犬」のように「1つ」を表す場合は，名詞（ものの名前）の前に a をつけます。

a や an は book, pencil, apple, eraser などのように 1つ，2つ…と数えられるものの前につきます。water（水）や sugar（砂糖）のように数えずに量で表すものの前にはつけません。また peace（平和）や love（愛）などのように，目に見えない性質や状態を表すものにもつけません。

a は「（ある）1つの」という意味ですが，ふつう日本語では言いません。

名詞の前に my（私の）や your（あなたの）などがある場合には，a はつきません。my や your が a の代わりで，あとの名詞を特定していると考えます。

（これは私の机です。）

This	is	my	desk.

解説

a がつかない名詞

人名や国名などの前にも a [an] はつかない。人は 1人，2人…と数えられるが，名前は個人を特定するものなので，ふつう a [an] をつけることはない。その他の固有名詞（1つしかなく，特定できるものの名前）にも a [an] はつかない。

（×）a Mr. Suzuki
（×）a Korea
（×）a Tokyo Station

a は，my や your とはいっしょに使えないよ！

② a と an の区別

a の代わりに **an** が使われることがあります。a と an の使い分けは，あとにくる語の最初の音によって決まります。

あとにくる語の最初の音が**母音**（日本語のアイウエオに似た音）の場合に **an** を使います。

- あとにくる語の最初の音が母音のとき→ an
  an umbrella（1本のかさ）　an egg（1個の卵）
- あとにくる語の最初の音が子音のとき→ a
  a book（1冊の本）　a cat（1匹のネコ）

③ a[an]＋形容詞＋名詞

名詞の前に形容詞があるときは，〈a[an]＋形容詞＋名詞〉の語順になります。a と an の使い分けは形容詞の最初の音で区別します。

注意

a と an の使い分け

a と an の使い分けは，単語の最初の「音」で区別する。uniform（制服）という語は u で始まっているが，最初の音は「ユ」であって母音の「ウ」ではないので，an ではなく a がつく。
（○）a uniform
（×）an uniform

☞ POINT

① 数えられる名詞が1つであることを表す場合，**名詞の前に a[an]** がつく。

② 名詞が母音で始まる場合は，a の代わりに **an** がつく。

③ 形容詞がつくときは，**a[an]＋形容詞＋名詞**という語順になる。

✓ CHECK 008

解答 ➡ p.316

（　　）内から適切なものを選びましょう。

☐ (1) That is (a, an) elephant.（あれは象です。）

☐ (2) I have (a, an) blue umbrella.（ぼくは青いかさを持っています。）

TRY!
表現力

身の回りのものについて「これ[あれ]は（1つの）〜です。」と言ってみましょう。

WORD LIST : desk, eraser, ruler, pen, egg, cat

例　This is an eraser.

UNIT

2

the

Can-Do ➤ 正しく the をつけて名詞を使うことができる。

基本例文

My pet is a dog. This is the dog.

意味　私のペットは犬なの。これがその犬よ。

1 the＋名詞

（私のプレゼントは車です。）

My present	is	a car.

（これがその車です。）

This	is	the car.

　すでに述べたもののことについて改めて話す場合や，何について述べられているかがわかっている場合は，名詞には a[an] ではなく，the をつけます。

　〈the＋名詞〉は「その～」の意味を表しますが，日本語に直すときは「その」を日本語では言わないこともよくあります。

2 the を使わなければならない場合

　次のようなときには必ず the をつけます。

⑴　一度出てきた名詞

　It is a ball in my picture. This is the ball.

　（私の写真の中にあるのはボールです。これがそのボールです。）

⑵　話している人と聞いている人の間で，何について話しているかわかっている場合

　Your book is on the desk.　（あなたの本は机の上にあります。）

用語解説

不定冠詞と定冠詞

名詞の前につける a，an，the を冠詞という。a，an のように特定の何かをささないときに使う冠詞を不定冠詞という。これに対して，the は特定の何かをさすので，定冠詞という。

解説

the の発音

the は母音の前と子音の前で発音が異なる。
・the[ザ]＋子音
　the car
・the[ズィ]＋母音
　the earth

(3) **first, second** のような順序を表す語の前

the first visit（初めての訪問）

(4) 天体や方角などのただ１つしかないもの

the earth（地球）　the north（北）

(5) 「楽器を演奏する」という意味の場合

楽器を表す語の前につけて，play the ～ の形で表現する。

I play **the** piano.（私はピアノを演奏します。）

※ play the piano「ピアノを演奏する」（→p.79）

(6) 決まった表現

in the morning [afternoon]（午前中 [午後] に）

 もっと！

the がつかない表現

a [an]，the をつけない決まり文句もある。

go to work
（職場へ通う）

go to church
（教会へ行く）

この場合の work（職場）や church（教会）には，その場所だけでなく，「通勤」や「教会に通うこと」のように，そこに行くための目的も含まれている（→p.57 コラム）。

4
章

a, an, the と形容詞

👆 POINT

❶ すでに述べられている場合など，**特定できる名詞の前**には **the** がつく。

❷ 常に **the** をつける名詞もある。

❸ 名詞の前に **the** をつけない決まり文句もある。

✓ CHECK 009

解答 ➡ p.316

（　　）内から適切なものを選びましょう。

☐ (1) My pet is a cat. This is (a, the) cat.

　（私のペットはネコです。これがそのネコです。）

☐ (2) That is (a, the) moon in the sky.（あれは空にある月です。）

TRY!
表現力

自分のペットについて，「私のペットは〇〇です。これがその〇〇です。」と言ってみましょう。

WORD LIST：cat, dog, bird, rabbit, fish, frog, hamster

例　My pet is a bird. This is the bird.

形容詞の用法

Can-Do ▶ 形容詞を使ってまわりのものの特徴などを説明することができる。

 基本例文

① **This is a new bike.**
② **My bike is old.**

意味
① これは新しい自転車だよ。
② 私の自転車は古いんです。

1 形容詞──名詞を説明する

（これは白いウサギです。）

This	is	a	white	rabbit.

new（新しい），white（白い），big（大きい）など，あるものの性質・形・色・状態などを説明する語を形容詞といいます。

日本語と同じく，形容詞はふつう名詞の前にきて名詞を修飾します。

2 a [an]＋形容詞＋名詞

疑問文 （これは新しいノートですか。）

Is	this	a new notebook?

否定文 （これは新しいノートではありません。）

This	isn't	a new notebook.

名詞につく形容詞は，ほとんどの場合，a [an] と名詞の間に置かれ，〈a [an]＋形容詞＋名詞〉の語順になります。

上の例のように，a new notebook はひとまとまりのものとして扱われ，疑問文や否定文になっても a new notebook の語順は変わりません。

📖 **用語解説**

「修飾する」とは？

よりくわしくその状態を説明することを「修飾する」といい，これらの語を修飾語という。修飾語には名詞を修飾する形容詞の他に，動詞や形容詞を修飾する副詞がある。

③ 主語＋is〔am, are〕＋形容詞 ── 主語を説明

（あのボールは大きいです。）

That ball	is	big.

「大きいボール」と言うようなときは a big ball ですが，「あのボールは大きい」などと言うときは That ball is big. のように，〈**主語＋is〔am, are〕＋形容詞.**〉の形になります。

be 動詞（is, am, are）のあとに形容詞だけがくる場合は，形容詞の前には a〔an〕や the をつけません。

④ 形容詞を使った文の疑問文・否定文

疑問文・否定文の作り方は，ふつうの be 動詞の文と同じです。
Is this hot?　（これは熱いですか。）

もっと！

重要な形容詞を覚えよう
形容詞を覚えるときは，反対の意味を持つ形容詞も同時に覚えると忘れにくい。
big（大きい）
　⇔ small（小さい）
tall（〈背が〉高い）
　⇔ short（〈背が〉低い）
long（長い）
　⇔ short（短い）
new（新しい）
　⇔ old（古い）
young（若い）
　⇔ old（年をとった）
hot（熱い，暑い）
　⇔ cold（冷たい，寒い）

 POINT

❶ 名詞について状態・色・性質などを説明する語を**形容詞**という。

❷ 〈**a〔an〕＋形容詞＋名詞**〉は1つの意味のまとまりを表し，**いつも同じ語順**。

❸ 〈**主語＋be 動詞＋形容詞.**〉の語順で，**be 動詞のあとで形容詞が単独で使われることもある。**

✓ **CHECK 010**

解答 ➡ p.316

is が入る場所を番号で答えなさい。
- □ (1) That ₁ picture ₂ very ₃ beautiful.　（あの絵はとても美しい。）
- □ (2) My ₁ bike ₂ not ₃ new.　（私の自転車は新しくない。）

TRY! 表現力

自分の持ち物について，「この○○は～です。」と説明してみましょう。

WORD LIST：pen, eraser, ruler, notebook, new, old, small, long, short

例　This ruler is long.

4章　a, an, the と形容詞

a, an, the と形容詞

UNIT 1 ｜ a, an

This is a bear.
That is an elephant.

これは（1頭の）熊です。

あれは（1頭の）象です。

- 数えられる名詞が1つであることを表す場合，名詞の前に a[an] をつける。

a book / an umbrella

（1冊の）本 /（1本の）かさ

- あとにくる語の最初の音が母音で始まる場合は，a の代わりに an を使う。

a popular book /
an interesting book

（1冊の）人気のある本 /

（1冊の）おもしろい本

- 名詞の前に形容詞がつくときは，〈a[an] ＋形容詞＋名詞〉という語順になる。
- a と an の使い分けは，形容詞の最初の音が子音か母音かで区別する。

UNIT 2 ｜ the

I have a dog. This is the dog.

私は犬を飼っています。これがその犬です。

- すでに述べられている場合など，特定できる名詞の前には the をつける。

the first day / the last day

最初の日 / 最後の日

- first, second のような順序を表す語の前に the をつける。

the earth / the moon /
the north / the south

地球 / 月 /

北 / 南

- 天体や方角などのただ1つしかないものに the をつける。

I play the piano in the morning.

私は午前中にピアノを演奏します。

- 楽器，時間帯を表す語句など，決まった表現に the を使う。

UNIT **3** 形容詞の用法

This is a new bike.
これは新しい自転車です。

● 名詞について，状態・色・性質などを説明する語を形容詞という。ふつう，名詞を前から修飾する。

Is this a new bike?
This isn't a new bike.
これは新しい自転車ですか。

これは新しい自転車ではありません。

● 〈a[an] ＋形容詞＋名詞〉は１つの意味のまとまりを表し，疑問文・否定文になっても語順は変わらない。

My bike is old.
私の自転車は古いです。

● 形容詞は〈主語＋be 動詞＋形容詞.〉の語順で，be 動詞のあとに単独で使われることもある。
● be 動詞のあとに形容詞が単独でくる場合は，形容詞の前には a[an] や the はつけない。

Is my bike old?
私の自転車は古いですか。

● 〈主語＋be 動詞＋形容詞.〉の疑問文を作るには，be 動詞を主語の前に出す。

My bike isn't old.
私の自転車は古くありません。

● 〈主語＋be 動詞＋形容詞.〉の否定文を作るには，be 動詞のあとに not を置く。

COLUMN
(コラム)

go to school

　go to school は「学校へ行く」というよく使われる表現ですが，よく見ると school の前には a も the もついていません。これには次のような理由があります。
　英語では，場所や建物を表す名詞が，場所や建物そのものではなく，それらの本来の目的や機能を表すときには，冠詞はつけないのです。

　go to school は，「校舎という建物に行く」ことを表しているのではなく，「登校し，授業を受ける」ことを表していますので，school の前に a や the をつけない go to school が決まり文句になっているのです。

定期テスト対策問題

解答 ➡ p.316

問 1　a, an, the の区別

次の文の ＿＿ に a, an, the のうち適切なものを入れなさい。何も入れる必要のない場合には ×印を書きなさい。

(1) This is ＿＿＿＿＿＿ my friend.

(2) This is my brother. He is ＿＿＿＿＿＿ high school student.

(3) I have ＿＿＿＿＿＿ new book in my bag. This is ＿＿＿＿＿＿ book.

(4) Oh, you play ＿＿＿＿＿＿ piano very well.

(5) I like ＿＿＿＿＿＿ Yuka's dress.

(6) ＿＿＿＿＿＿ earth is ＿＿＿＿＿＿ blue.

(7) My uncle is ＿＿＿＿＿＿ English teacher.

(8) Do you have ＿＿＿＿＿＿ umbrella today?

問 2　a, an, the の用法

日本語を参考にして，＿＿ に a, an, the のいずれか適切な語を入れなさい。

(1) 私は時計を持っています。これがその時計です。

I have ＿＿＿＿＿＿ watch. This is ＿＿＿＿＿＿ watch.

(2) これはノートではありません。アルバムです。

This is not ＿＿＿＿＿＿ notebook. It's ＿＿＿＿＿＿ album.

(3) 私は午前中に勉強します。

I study in ＿＿＿＿＿＿ morning.

問 3　形容詞

次の形容詞の反対語を書きなさい。

(1) long (長い)　　＿＿＿＿＿＿

(2) cold (冷たい，寒い)　＿＿＿＿＿＿

(3) small (小さい)　＿＿＿＿＿＿

(4) old (古い)　　＿＿＿＿＿＿

(5) young (若い)　＿＿＿＿＿＿

問 4 **a [an] ＋形容詞＋名詞**

日本語を参考にして，＿＿＿に適当な1語を入れなさい。

(1) 京都は古い都市です。

Kyoto is ＿＿＿＿＿＿＿＿ ＿＿＿＿＿＿＿＿ city.

(2) 鈴木先生は英語の先生ですか。

Is Mr. Suzuki ＿＿＿＿＿＿＿＿ ＿＿＿＿＿＿＿＿ teacher?

(3) 私は新しい傘を持っています。

I have ＿＿＿＿＿＿＿＿ ＿＿＿＿＿＿＿＿ umbrella.

問 5 **並べかえ**

日本語に合うように，（　　）内の語を並べかえなさい。

(1) ニューヨークは大きな都市です。

New York (city / is / big / a).

New York ＿＿＿＿＿＿＿＿＿＿＿＿＿＿＿＿＿＿＿＿ .

(2) 私はあの白いネコが好きです。

(like / that / I / cat / white).

＿＿＿＿＿＿＿＿＿＿＿＿＿＿＿＿＿＿＿＿＿＿＿＿＿＿

(3) あの女の子は親切です。

(kind / girl / is / that).

＿＿＿＿＿＿＿＿＿＿＿＿＿＿＿＿＿＿＿＿＿＿＿＿＿＿

(4) 私は午後に図書館へ行きます。

I go to (afternoon / the / library / in / the).

I go to ＿＿＿＿＿＿＿＿＿＿＿＿＿＿＿＿＿＿＿＿ .

(5) あなたの自転車は新しいですか。

(new / your / bike / is)?

＿＿＿＿＿＿＿＿＿＿＿＿＿＿＿＿＿＿＿＿＿＿＿＿ ?

(6) あの背の高い男の子はあなたのお兄さんですか。

(brother / your / boy / is / tall / that)?

＿＿＿＿＿＿＿＿＿＿＿＿＿＿＿＿＿＿＿＿＿＿＿＿ ?

現役先生方に聞いた！

あるある 誤答ランキング

中学校の先生方が，「あるある！」と思ってしまう，生徒たちのよくありがちな誤答例です。「自分は大丈夫？」としっかり確認して，まちがい防止に役立ててください。

第 1 位　**問題**　次の日本文を英語に直しなさい。
私には兄が１人います。

I have brother.

あるある！

正しい英文：　**I have a brother.**

数えられる名詞（単数）の前には，ふつう，a か，an か，the がつきます。その名詞が数えられるかどうか，もし数えられるなら何をつければよいか，いつも意識してください。

第 2 位　**問題**　次の日本文を英語に直しなさい。
あなたは今日，かさを持っていますか。

Do you have a umbrella today?

あるある！

正しい英文：　**Do you have an umbrella today?**

母音で始まる名詞の場合，a ではなく an をつけます。

第 3 位　**問題**　次の日本文を英語に直しなさい。
私の自転車は新しいです。

My bike is a new.

あるある！

正しい英文：　**My bike is new.**

〈主語 is 形容詞.〉の形の文では，形容詞の前には a，an はつけません。ただし，形容詞＋名詞になるときは，a new bike のようになります。

中1
英語

5
章

He [She] is ～. /
We [They] are ～.

基本例文
の音声はこちらから

011

それぞれの英語表現が,
実際の場面ではどのよ
うに使われるのかチェ
ックしておこう!

He is 〜. / She is 〜.

Can-Do ▶ まわりの人を「彼は〜」「彼女は〜」と説明することができる。

基本例文

This is Mr. Green. He is my English teacher.

意味 こちらはグリーン先生です。彼は私の英語の先生です。

 1 代名詞の he と she

　自分や相手以外で，すでに話題にのぼった人のことをさす場合，くり返しをさけるために，その人が**男性なら he** を，**女性なら she** を使って表現します。

（こちらは私の兄［弟］です。）

| This | is | my brother. |

　　　　　　　　　　　　　　　　　　　　　　　男性は he

（彼はサッカー選手です。）

→ He is a soccer player.

（こちらはエレンです。）

| This | is | Ellen. |

　　　　　　　　　　　　　　　　　　　　　　　女性は she

（彼女はアメリカ人です。）

→ She is an American.

用語解説

代名詞

人の名前や，that girl，my brother など人をさす名詞，the desk などの名詞は，一度使ったあとはくり返しをさけるため別の語で表す。そのような語のことを代名詞という。I（私は），you（あなたは），he（彼は），she（彼女は），it（それは）などが代名詞にあたる。

英語は，同じ単語を何度もくり返して使うことをきらうから，代名詞をよく使うよ。

2 He is 〜. / She is 〜.

（彼は**学生**です。）

He	is	a student.

（彼女は**看護師**です。）

She	is	a nurse.

　he, she を主語にして「彼は〜です。」「彼女は〜です。」と言うときには，be 動詞 is を使い，〈He is 〜.〉〈She is 〜.〉と表します。短縮形の〈He's 〜.〉〈She's 〜.〉もよく使われます。

 解説

人名＋is 〜.

主語が he や she だけでなく，Ken などの人名や my sister などの語句のときも，be 動詞は is を使う。
Ken is my classmate.
（ケンは私のクラスメートです。）
My sister is a doctor.
（私の姉は医師です。）

POINT

❶ すでに話題にのぼった人をさすときは，**代名詞の he や she** を使って表す。

❷ 「彼は」（男性）は **he**，「彼女は」（女性）は **she** で表す。

❸ 「彼［彼女］は〜です。」というときは，**He is 〜. / She is 〜.** で表す。

CHECK 011

解答 ➡ p.317

（　　）内から適切なものを選びましょう。

□ ⑴ That is Ms. Baker. (He, She) is my English teacher.

□ ⑵ This is my brother. (He, She) is a good tennis player.

TRY!
表現力

友だちや家族について，「こちらは〇〇です。彼女［彼］は〜です。」と紹介してみましょう。

WORD LIST : sister, brother, student, teacher, soccer player, baseball fan

例 This is my brother. He is a soccer player.

We are 〜. / They are 〜.

Can-Do ▸ 複数の人やものについて説明することができる。

基本例文

This is Tom. We are good friends.

意味 　こちらはトムだよ。ぼくたちはよい友だちなんだ。

1 代名詞の we, they, you

　自分を含む複数の人について「私たちは」というとき，代名詞 **we** を使って表します。「彼らは」「彼女らは」は，代名詞 **they** を使って表します。相手を含む複数の人を「あなたたちは」というときは，代名詞の **you** を使って表します。

1人（単数）	2人以上（複数）
I（私は）	we（私たちは）
you（あなたは）	you（あなたたちは）
he（彼は），she（彼女は） it（それは）	they （彼らは・彼女らは・それらは）

　they は人だけでなく，2つ以上のものをさして「それらは」という意味も表します。they は人にもものにも使える代名詞です。

2 We are 〜. / They are 〜.

（私たちは**幸せ**です。）

We	are	happy.

 解説

単数と複数

I（私は）は，自分1人をさす単数の主語。we（私たちは）は自分を含む2人以上の人をさすので複数の主語。

you は，相手1人をさすとき（あなたは）も，相手を含む2人以上のとき（あなたたちは）も，同じ形で表す。単数の主語としても，複数の主語としても使う。

they（彼らは・彼女らは・それらは）は複数の主語。

 解説

人称

I（私は）や
we（私たちは）
のように，「自分を含むもの」を1人称と言う。
you（あなたは，あなたたちは）のように「相手をさすもの」を2人称と言う。
he（彼は），she（彼女は），they（彼らは）のように，「自分と相手以外をさすもの」を3人称と言う。

（彼らは**カナダ出身**です。）

They	are	from Canada.

　主語が複数のときには，be 動詞は are を使います。短縮形の〈We're ～.〉や〈They're ～.〉もよく使われます。

3　ものが主語のとき

（このカメラとこの本は古いです。）

This camera and this book	are	old.

　they は「それらは」と複数のものを表すこともあります。上の文のカメラと本を「それら」と言うとき，they を使い，この場合も be 動詞は are を使います。

解説

人名＋are ～.
主語が Jim and Karen（ジムとカレン）などのように複数の人のときも，we や they と同じように be 動詞は are を使う。
Jim and Karen are from the U.S.
（ジムとカレンは合衆国出身です。）

👉 POINT

❶「私たちは」は **we,**「彼ら・彼女らは」は **they** を使って表す。

❷ **we** や **they** など主語が複数のときは，be 動詞は **are** を使う。

❸ **they** は複数の人だけでなく，複数の**もの**も表し，be 動詞は **are** を使う。

✓ CHECK 012

解答 ➡ p.317

（　　）内から適切なものを選びましょう。

☐ (1) They (is, are, am) my classmates.

☐ (2) We (is, are, am) soccer fans.

TRY!
表現力

複数の友だちの共通点を見つけて，「彼女［彼］らは～です。」と紹介してみましょう。

WORD LIST : soccer player, baseball fan, good student, from Kyoto

例　They are soccer players.

UNIT
3

He [She] is not 〜. / We [They] are not 〜.

Can-Do まわりの人について「〜ではない」と説明することができる。

基本例文

A: Is Ms. Tanaka a music teacher?

B: No. She is not a music teacher. She's an art teacher.

意味
A：田中先生は音楽の先生なの？
B：いいや。彼女は音楽の先生ではないよ。美術の先生だよ。

1 He is 〜. / She is 〜. などの否定文

ふつうの文　（彼女は歌手です。）

She	is		a singer.

否定文　（彼女は歌手ではありません。）

She	is	not	a singer.

「彼は〜ではありません。」「彼女は〜ではありません。」と否定を表す場合は，〈He is 〜. / She is 〜.〉の is のあとに not を入れます。

〈He is 〜. / She is 〜.〉の否定文は，〈This is 〜. / That is 〜.〉の否定文と同じ形です。he や she の代わりに人の名前や my sister のような I, you 以外の単数［1人］の主語がきても同じです。

否定文のつくり方
は be 動詞のあと
に not だね。

 解説

is not の短縮形

is not の短縮形 isn't もよく使われる。
Ms.Tanaka isn't a music teacher.
（田中先生は音楽の先生ではありません。）

もっと！

否定文と人称・単複

否定文の主語と〈be 動詞＋not〉の組み合わせは，次のようになる。（→p.120）

3人称・単数	
This That He She My brother	is not
you と複数	
You We They	are not

2 We are 〜. / They are 〜. の否定文

ふつうの文　（私たちはサッカーファンです。）

| We | are | | soccer fans. |

否定文　（私たちはサッカーファンではありません。）

| We | are | not | soccer fans. |

ふつうの文　（彼らはカナダ出身です。）

| They | are | | from Canada. |

否定文　（彼らはカナダ出身ではありません。）

| They | are | not | from Canada. |

「私たちは〜ではありません。」など，主語が複数の場合にも，be動詞 are のあとに not を入れて否定文を作ります。

解説

are not の短縮形

are not の短縮形 aren't もよく使われる。
My brothers aren't soccer fans.
（私の兄弟たちはサッカーファンではありません。）

👆 POINT

❶ He is 〜. / She is 〜. の否定文は **is のあとに not** を入れて表す。

❷ We are 〜. / They are 〜. の否定文は **are のあとに not** を入れて表す。

✓ CHECK 013

解答 ➡ p.317

（　　）内を正しい順に並べかえましょう。

☐ (1) Ms. Baker is my English teacher. (she / not / is) from England.

☐ (2) (not / are / they) baseball fans.

TRY! 表現力

「私たちは〜ではありません。」と言ってみましょう。

WORD LIST : students, soccer players, baseball fans, from China

例　We are not baseball fans.

UNIT
4

Is he[she] 〜 ? / Are they 〜 ?

Can-Do▶ まわりの人やものについて，たずねたり答えたりすることができる。

基本例文

A: Is she a tennis player?
B: Yes, she is. She's a good player.

意味
A： 彼女は**テニスの選手**なの？
B： うん，そうだよ。**彼女は上手な選手**なんだ。

1 Is he 〜 ? / Is she 〜 ? と答え方

ふつうの文 　（彼女は高校生です。）

　　　　　　 She 　is 　　a high school student.

疑問文 　　（彼女は高校生ですか。）

　Is 　she 　　　　a high school student?

答えの文 　（はい，そうです。）

— 　Yes, 　she 　　is.

　　　　　　（いいえ，ちがいます。）

　　　　No, 　she 　　is 　　not.

　「彼［彼女］は〜ですか。」という疑問文は，Is this[that] 〜 ? と同じように is を文のはじめに出して，〈Is he[she] 〜 ?〉の形で表します。

　答えるときは Yes / No で答えます。疑問文の主語が he，she ならば，答えの文でもそのまま he，she を使います。人名などが主語の疑問文ならば，人名をくり返さず，**男性は he，女性は she** に変えます。

名詞 → 代名詞

疑問文の主語は，答えの文では次のような代名詞に変わる。

疑問文	答え
男性1人 （Bob など） he	he
女性1人 （Ellen など） she	she
this / that / it もの1つ 動物1匹 など	it

解説

人名が主語の場合

Bill などの人名が主語の場合の疑問文も，〈Is＋主語 〜 ?〉の形にする。

② Are they ～ ? と答え方

疑問文　　　（彼らは**カナダ出身**ですか。）

Are	they		from Canada?

答えの文　　（はい，そうです。）

—

Yes,	they	are.	

（いいえ，ちがいます。）

No,	they	are	not.

They are ～. の疑問文は be 動詞 are を主語の前に置いて，Are they ～ ? という形で表し，Yes, they are. / No, they are not. で答えます。

名詞 → 代名詞

疑問文の主語が，複数の人名やものの場合でも，答えの文では，主語を they に置きかえて答える。

疑問文	答え
複数の人 Tom and Karen など	they
複数のもの bags　など	

👆 POINT

❶ be 動詞を使った文の疑問文は，**be 動詞を主語の前**に出して表す。

❷ 答え方は **Yes, he is. / No, he isn't.** のように代名詞を使って答える。

❸ 主語が名前の場合も，**代名詞に置きかえて答える**。

✓ CHECK 014

解答 → p.317

（　　）内から適切なものを選びましょう。

☐ (1) (Is, Are) your brother a student? Yes, (she, he) is.

☐ (2) (Is, Are) Ellen and Lisa from Canada? No, (she isn't, he isn't, they aren't).

TRY! 表現力

「彼女 [彼] は～ですか。」と質問してみましょう。

WORD LIST : student, soccer player, baseball fan, from Tokyo

例　Is she from Tokyo?

5章　He[She] is ～. / We[They] are ～.

69

UNIT

5 | Who is he[she]?

Can-Do ▶ 知らない人について，「だれ？」と質問することができる。

基本例文

A: **Who** is that boy?
B: **He's** my classmate.

意味
A：あの男の子は**だれ**？
B：彼は私のクラスメートよ。

1 Who is he[she]?

（**彼は**だれですか。）

Who	is	he?

who は「だれ」ということをたずねる疑問詞です。who を文のはじめに置き，〈Who is ～?〉の形で「～はだれですか。」とたずねます。「～」には，he や that boy などの主語がきます。Who is の短縮形 **Who's**[hú:z フーズ] が使われることもあります。

2 Who is he[she]? の答え方

疑問文 （この女の子はだれですか。）

Who	is	this girl?

答えの文 （彼女は私の友だちです。）

—	She	is	my friend.

Who is ～? という質問には Yes/No で答えることはできません。名前や間柄（brother, sister, friend など）を答えます。

 解説

What is ～?

Who is ～? に対して What is ～? は「～は何ですか。」の意味で，ものについてたずねるときに使われる。
What is that?
（あれは何ですか。）
— It's a bike.
（自転車です。）

もっと！

Who is this? の答え方

写真やビデオを見て，「この［あの］人はだれですか。」とたずねるときには，this や that を使って〈Who is this［that］?〉と聞くことがある。その場合は，ふつう，〈This is［That's］～.〉で答える。
Who is this?
（この人はだれですか。）
— This is my sister.
（私の姉です。）

③ Who are they? と答え方

疑問文　　（彼らはだれですか。）

Who	are	they?

答えの文　（彼らは**私の友だち**です。）

—	They	are	my friends.

　「彼らはだれですか。」と質問するときには，Who is he? のときと同じように，who を文頭に置いて，そのあとに疑問文の語順で文を続けます。答え方も同様に，Yes / No ではなく，名前や間柄などを答えます。

who のあとは，主語と動詞が逆になる「疑問文の語順」だよ。

👆 POINT

❶ who は「だれ」という意味を表す疑問詞である。

❷ who を使った疑問文では，**who を文頭**に置き，疑問文の語順を続ける。

❸ who を使った疑問文には，**名前や自分との関係など**を答える。

✓ CHECK 015

解答 ➡ p.317

（　）内から適切なものを選びましょう。

☐ ⑴ (Who, What) is that boy?　(She, He) is Ken.

☐ ⑵ (Who, What) is this girl?　(She, He) is my sister.

TRY!
表現力

友だちが，知らない女の子の写真を持っていました。「彼女はだれですか。」と質問してみましょう。

　例　　Who is she?

He [She] is 〜. / We [They] are 〜.

UNIT 1 ： He is 〜. / She is 〜.

This is Mr. Green.
He is my teacher.

こちらはグリーン先生です。

彼は私の先生です。

- すでに話題にのぼった人をさすとき，代名詞の he や she を使って表す。

He is a doctor. She is a nurse.

彼は医者です。彼女は看護師です。

- 「彼は」（男性）は he，「彼女は」（女性）は she で表す。
- 「彼 [彼女] は〜です。」というときは，He is 〜. / She is 〜. で表す。

UNIT 2 ： We are 〜. / They are 〜.

We are teachers.
You are students.

私たちは教師です。

あなたたちは生徒です。

- 複数の「私たち」は we，「彼ら・彼女ら・それら」は they，「あなたたち」は you で表す。

We [They] are good friends.

私たちは [彼らは] 親友です。

- we や they など主語が複数のときは，be 動詞は are を使う。
- 短縮形の We're や They're もよく使われる。

This book and that book are old.

この本とあの本は古いです。

- they の代わりに複数のものが主語になっても，be 動詞は are を使う。

UNIT 3 ： He [She] is not 〜. / We [They] are not 〜.

She is not a music teacher.

彼女は音楽の先生ではありません。

- She is 〜. / He is 〜. の否定文は，be 動詞 is のあとに not を置く。

We are not soccer fans.

私たちはサッカーファンではありません。

- We are 〜. / They are 〜. の否定文は，be 動詞 are のあとに not を置く。

UNIT **4** ┃ Is he [she] 〜 ? / Are they 〜 ?

Is she a tennis player?
- ▸ Yes, she is.
- ▸ No, she isn't [is not].
Are they tennis players?
- ▸ Yes, they are.
- ▸ No, they aren't [are not].

彼女はテニスの選手ですか。

はい，そうです。

いいえ，ちがいます。

彼らはテニスの選手ですか。

はい，そうです。

いいえ，ちがいます。

- be 動詞を使った文の疑問文は，be 動詞を主語の前に出して表す。
- 答え方は，代名詞を使って答える。

UNIT **5** ┃ Who is he [she]?

Who is he [she]?
- ▸ He [She] is my classmate.
Who are they?
- ▸ They are my classmates.

彼 [彼女] はだれですか。

彼 [彼女] は私のクラスメートです。

彼らはだれですか。

彼らは私のクラスメートです。

- who は「だれ」という意味を表す疑問詞である。
- who を使った疑問文では，who を文頭に置き，疑問文の語順で文を続ける。
- Who is [are] 〜 ? という質問には Yes / No では答えず，名前や自分との関係などで答える。
- 答え方は，代名詞を使って答える。

5 章

He [She] is 〜. / We [They] are 〜.

定期テスト対策問題

解答 ➜ p.317

問 1 be 動詞の区別

次の文の（　）内のうち適当なものを選び，〇で囲みなさい。

(1) This is a picture of my classmates. They (am, are, is) kind.

(2) This is my sister. She (am, are, is) a nurse.

(3) We (am, are, is) on the soccer team.

(4) Tom and I (am, are, is) good friends.

(5) I have a brother. He (am, are, is) a high school student.

問 2 代名詞

次の文の（　）内の語句を適切な代名詞に書きかえなさい。

(1) I have a sister. (My sister) is on the tennis team at school.

_____

(2) This is Ken. (Ken and I) are good friends.

_____

(3) My brother is on the soccer team. (My brother) is a good player.

_____

(4) I have a dog and a cat at home. (My dog and cat) are cute.

_____

問 3 否定文と疑問文

次の文を否定文，疑問文の2通りに書きかえなさい。

(1) She is a math teacher.

〔否定文〕 _____

〔疑問文〕 _____

(2) They are baseball fans.

〔否定文〕 _____

〔疑問文〕 _____

(3) David is a college student.

〔否定文〕 _____

〔疑問文〕 _____

問 ④ 疑問文と答え方

次の絵を見て，下の質問に答えなさい。

(1) Is your brother a tennis player?

_____

(2) Is she a teacher?

_____

(3) Who is that man?

_____

問 ⑤ 並べかえ

日本語に合うように，（　　）内の語句を並べかえなさい。

(1) 私たちはテニス部に入っています。

(on / team / are / the / we / tennis).

_____ .

(2) ジョン (John) とトム (Tom) は親友です。

(and / good / are / Tom / John / friends).

_____ .

(3) 彼はとても親切です。

(kind / is / very / he).

_____ .

(4) あの背の高い男の人はだれですか。

(man / that / is / tall / who)?

_____ ?

(5) 彼らは中学生ですか。

(junior high school / are / they / students)?

_____ ?

あるある 誤答ランキング

中学校の先生方が，「あるある！」と思ってしまう，生徒たちのよくありがちな誤答例です。「自分は大丈夫？」としっかり確認して，まちがい防止に役立ててください。

第1位 **問題** （　）に適当な語を入れて英文を完成させなさい。

This is my brother. (~~She~~) is a high school student.

あるある！

正しい英文： **This is my brother. (He) is a high school student.**

he / she は性別で使い分けます。前後の文の意味などをよく考えて，正しく使いましょう。まちがえるとちがう人をさしてしまうこともあります。

第2位 **問題** 次の日本文を英語に直しなさい。
あれらの男の子たちを見てください。彼らはぼくの友だちです。

Look at those boys. ~~He is~~ my friends.

あるある！

正しい英文： **Look at those boys. They are my friends.**

he / she の複数「彼らは」は they を使って表します。they は人だけでなく，ものをさす場合にも使えます。

第3位 **問題** 次の日本文を英語に直しなさい。
彼はサッカーファンではありません。

~~He~~ not a soccer fan.

あるある！

正しい英文： **He is not a soccer fan.**

否定文で be 動詞が抜けてしまわないように注意しましょう。be 動詞の文の否定文は，〈be 動詞 + not〉の形になります。

KUWASHII

ENGLISH

中1
英語

6章

I play 〜. など

（一般動詞の現在形）

基本例文
の音声はこちらから

012

それぞれの英語表現が,
実際の場面ではどのよ
うに使われるのかチェ
ックしておこう!

一般動詞とは

UNIT 1

Can-Do ─ 一般動詞を使って，ふだん行う動作や状態を説明することができる。

基本例文

I like tennis very much. I play it every Sunday.

意味　私は**テニスがとても好き**です。私は**毎週日曜日にテニスを**します。

1 一般動詞とは

一般動詞とは，am, is, are の be 動詞以外の動詞をいいます。

（私は**サッカーを**します。）

| I | play | soccer. |

（私は**毎日**，**英語を勉強**します。）

| I | study | English | every day. |

一般動詞には，play（〈運動を〉する，〈楽器を〉演奏する），like（好きである），study（勉強する），have（持っている）など，いろいろな語があります。

2 be 動詞と一般動詞のちがい

be 動詞は，すべて「〜である」「〜にいる」の意味でイコールに似た働きをするのに対し，一般動詞は１つ１つ意味が異なり，さまざまな語があります。また，be 動詞と一般動詞は，疑問文や否定文の作り方など，多くの点で異なります。

英語の文ではふつう，「主語」と「動詞」が必ず必要です。そしてその動詞は，be 動詞か一般動詞のどちらかを使います。

注意

一般動詞

be 動詞の am, is, are が「〜である」「〜にいる」という意味を表すのに対して，一般動詞は１つ１つ意味が異なり，さまざまな意味の語がある。

be 動詞	一般動詞
am is are	play, like, study, have know, read など

また，一般動詞には動作を表すものと状態を表すものがある。（➡p.80）

3 〈主語＋一般動詞＋「〜を」を表す語〉

（私はテニスをします。）

I	play	tennis.
主語	動詞	目的語

　一般動詞のあとにきて，「私は**テニス**をします。」や「あなたは**自転車**を持っています。」のように「〜を」の意味を表す語を**目的語**といいます。一般動詞には，目的語がなくても I run.（私は走ります。）のように主語と動詞だけで文が完結するものもありますが，一方で，目的語があとにこないと文が成立しない動詞が数多くあります。

　目的語はいつも動詞のあとにきて，a bike や a pen のように「もの」を表す語が目的語になる場合と，Mary や my sister のように「人」を表す語が目的語になる場合があります。

注意

日本語と英語の語順

日本語では，「野球を私はします」でも意味は通じる。しかし英語では，
（×）Baseball I play.
とは言わない。目的語は必ず動詞のあとにくる。英語の語順はとても大切である。

もっと！

play

「楽器を演奏する」という場合には，楽器を表す語の前に the をつけて，play the piano のようになる。「球技などのスポーツをする」という場合には，play soccer のようにそのままスポーツの名前を続ける。

👆 POINT

❶ いろいろな動作や状態を表す動詞を一般動詞という。

❷ 英語の文では，動詞は**一般動詞と be 動詞のどちらか**を使う。

❸ 一般動詞が目的語をともなうときは，〈**主語＋一般動詞＋目的語**〉の語順になる。

✓ CHECK 016

解答 ➡ p.318

（　　）内から適切なものを選びましょう。

☐ (1) I (am, play) baseball.

☐ (2) I (like, am like) music.

TRY! 表現力

「私は〜します。」というふうにふだんしていることを言ってみましょう。

WORD LIST：play, study, like, have

例 I study English.

UNIT

2 一般動詞の種類

Can-Do ▶ 表現したい内容に応じ，動作や状態を表す一般動詞を使い分けられる。

基本例文

I study English. I like English.

意味　ぼくは英語を勉強します。ぼくは英語が好きです。

1 動作を表す一般動詞

　一般動詞には，動作を表すものと状態を表すものがありますが，多くは動作を表す動詞です。以下に示すものは動作を表す一般動詞です。

come	来る
go	行く
play	（運動を）する，（楽器を）演奏する
run	走る
speak	話す
study	勉強する
use	使う

2 状態を表す一般動詞

　状態を表す一般動詞は，動作や変化ではなく，継続的な状態を表します。以下に示すものは状態を表す一般動詞です。

know	知っている
like	好きである
live	住んでいる
want	ほしい

もっと！

状態とは

状態を表す一般動詞は，具体的には次のようなものを表しています。

・感情
・感覚
・知覚
・所有　など

一般動詞には，動作を表すものと状態を表すものがあるんだね。

!?

③ 動作と状態の両方の意味を持つ一般動詞

動作　**（私は毎日朝食をとります。）**

I	have	breakfast	every day.

状態　**（私はかばんの中に辞書を持っています。）**

I	have	a dictionary	in my bag.

　一般動詞の中には，動作と状態の両方を表すものがあります。上の例文の have が代表例で，「（食事を）とる，食べる」の意味では**動作**を，「持っている，ある」の意味では**状態**を表しています。

動作と状態の両方
動作と状態の両方を表す動詞としては，have 以外にも次のようなものがある。
・look
　動作：「見る」
　状態：「〜に見える」
・stand
　動作：「立つ，立ち上がる」
　状態：「（建物などが）建っている」

POINT

❶ 一般動詞には，**動作を表すもの**と**状態を表すもの**がある。

❷ **動作と状態の両方**の意味を持つ一般動詞もある。

❸ have は**動作と状態の両方**の意味を持つ一般動詞の代表例で，どちらの意味で使われているかに注意する。

CHECK 017

解答 → p.318

（　　）内に適切な語を入れて文を完成させましょう。

☐ (1) I (　　　　　) Japanese.　（私は日本語を話します。）

☐ (2) I (　　　　　) two brothers.　（私には兄が2人います。）

TRY!
表現力

状態を表す一般動詞を使って，自分のことを言ってみましょう。

WORD LIST：know, like, live, want

　例　I want a new bike.

UNIT
3

I don't ～.

Can-Do ── 一般動詞を使って，「～しません」と説明することができる。

基本例文

A: **Do you like baseball?**
B: **Yes, but I don't play it. I watch it on TV.**

意味
A：きみは野球が好きなの？
B：うん，でも，ぼくは野球をしないよ。テレビで見るんだ。

1 一般動詞の否定文

肯定文 （私は英語を勉強します。）

I		study	English.

否定文 （私は英語を勉強しません。）

I	do not	study	English.
= I	don't	study	English.

　一般動詞の文を打ち消して「～しない」と言うには，一般動詞の前に **do not** （または短縮形の **don't**[dount ドゥント]）を置き，〈**do not**[don't]＋一般動詞〉の語順にします。

2 一般動詞の否定文と be 動詞の否定文

　be 動詞の否定文では，not は be 動詞のあとにきますが，一般動詞の否定文では do not[don't] の形で動詞の前にきます。語順に注意しましょう。

注意

do の役割

否定文や疑問文での do は，それ自体には意味はなく，単なるマークのような役割をする。
しかし，下の例文では，do は「～をする」という動詞の働きをしている。
I **do** my homework.
動詞「～をする」
（私は宿題をします。）

一般動詞

肯定文	I		play	baseball.
否定文	I	don't	play	baseball.

be 動詞

肯定文	I	am		a student.
否定文	I	am	not	a student.

 注意

**be 動詞の否定文との
ちがい**

I like 〜. や I play 〜. な
どの一般動詞の文では，否
定文は I don't like 〜. や
I don't play 〜. といった
形になる。
be 動詞の I am 〜. の否定
文 I'm not 〜. と区別して，
混同しないように気をつけ
よう。一般動詞の文では
am は使わない。
(×) I'm not like math.
(○) I don't like math.

POINT

❶ 一般動詞の否定文は，動詞の前に do not [don't] を置いて〈主語＋**do not [don't]**
＋一般動詞〜〉の語順になる。

❷ be 動詞と一般動詞では**否定文の作り方が異なる**。

❸ don't は do not の短縮形である。

CHECK 018

解答 ➡ p.318

（　　）内から適切なものを選びましょう。

☐ (1) I (am, do) not play baseball.

☐ (2) You (are, do) not like music.

TRY!
表現力

ふだんはしていないことについて「私は〜しません。」と言ってみましょう。

WORD LIST：play, study, like, have

例　I don't play the guitar.

UNIT

Do you 〜 ?

Can-Do ──一般動詞を使って，「〜しますか？」とたずねることができる。

基本例文

A: Do you play baseball?
B: Yes, I do. I play it every Sunday.

意味

A：きみは**野球をするの？**
B：うん，するよ。**ぼくは毎週日曜日に野球をするんだ。**

1 一般動詞の疑問文

（あなたは自転車を持っていますか。）

Do	you	have	a bike?

　you などを主語として，「〜しますか」とたずねるときには，文のはじめに **Do** を置き，〈**Do**＋主語＋一般動詞〜**?**〉の語順にします。

2 一般動詞の疑問文と be 動詞の疑問文

　you などを主語とする一般動詞の疑問文は，文のはじめに **Do** がくるだけで，主語や動詞の語順は変わりません。

一般動詞

肯定文	/	You	like	English.
疑問文	Do	you	like	English?

be 動詞

肯定文	/	You	are	from China.
疑問文	Are	you	/	from China?

注意

be 動詞と一般動詞

be 動詞の疑問文の作り方と一般動詞の疑問文の作り方を混同しないようにしよう。
（×）Like you dogs?
（○）Do you like dogs?

③ 疑問文の答え方

疑問文　　（あなたはサッカーが好きですか。）

| Do | you | like | soccer? |

答えの文　（はい，好きです。）

| — | Yes, | I | do. |

（いいえ，好きではありません。）

| | No, | I | don't. |

答えるときの主語

Do you ～？（あなたは～しますか。）とたずねられたら，答えるときは Yes, I do. / No, I don't. というように主語を I にする。答えの文はふつう，日本語では「私は」は省略されるので間違えやすい。気をつけよう。

　Do you ～？の疑問文には，「はい」ならば **Yes, I do.** /「いいえ」ならば **No, I don't [do not].** と答えます。

POINT

① 一般動詞の疑問文は Do を文頭に置いて〈**Do＋主語＋一般動詞～？**〉の語順になる。

② be 動詞と一般動詞では**疑問文の作り方が異なる**。

③ Do you ～？に対する答え方は，〈**Yes, I do.**〉か〈**No, I don't.**〉になる。

✓ CHECK 019

解答 ➡ p.318

（　）内から適切なものを選びましょう。

☐ (1) (Are, Do) you play baseball? Yes, I (am, do).

☐ (2) (Are, Do) you like music? No, I (am not, do not).

TRY! 表現力

ふだんしていることについて「あなたは～しますか。」と質問してみましょう。

WORD LIST : play, study, like, have

例 Do you play tennis?

I play 〜. など（一般動詞の現在形）

UNIT 1　一般動詞とは

play, like, study, have など　　遊ぶ, 好む, 勉強する, 持つ

- be 動詞 (is, am, are) 以外の動詞を一般動詞という。

I am a girl. I like music.　　私は女の子です。私は音楽が好きです。

- be 動詞は, すべて「〜である」「〜にいる」の意味でイコールに似た働きをするが, 一般動詞は 1 つ 1 つ意味が異なる。
- be 動詞と一般動詞では, 疑問文や否定文の作り方が異なる。
- （×）I am like のように, be 動詞と一般動詞を同時には使わない。

I like tennis very much.　　私はテニスがとても好きです。

- 一般動詞に「〜を, 〜が」の意味を表す目的語をつけるときは, 〈主語＋一般動詞＋目的語〉の語順になる。

UNIT 2　一般動詞の種類

I speak Chinese.　　私は中国語を話します。

- 一般動詞の多くは動作を表す。

I know Chinese.　　私は中国語を知っています。

- 一般動詞には継続的な状態を表すものもある。

I have breakfast every morning.　　私は毎朝, 朝食をとります。
I have a textbook in my bag.　　私はかばんの中に教科書を持っています。

- have は動作（(食事を) とる, 食べる）と状態（持っている, ある）の両方の意味を持つ一般動詞の代表例。

UNIT 3 ┊ **I don't 〜.**

I don't play baseball.	私は野球をしません。

● 一般動詞の否定文は，動詞の前に do not [don't] を置いて，〈don't＋一般動詞〉の語順にする。

I don't study French. I am not French.	私はフランス語を勉強しません。 私はフランス人ではありません。

● 一般動詞の否定文は，動詞の前に do not [don't] を置くが，be 動詞の否定文は，be 動詞のあとに not を置く。

UNIT 4 ┊ **Do you 〜？**

Do you play baseball？	あなたは野球をしますか。

● you などを主語として「〜しますか」とたずねるときは，Do を文頭に置いて〈Do＋主語＋動詞〜？〉の語順にする。

Do you like English？ Are you a student？	あなたは英語が好きですか。 あなたは生徒ですか。

● be 動詞の疑問文では主語と動詞の位置が入れかわったが，一般動詞の疑問文は文頭に Do を置くだけで，語順は変わらない。

Do you know me? ▸ Yes, I do. ▸ No, I don't [do not].	あなたは私を知っていますか。 はい，知っています。 いいえ，知りません。

● Do you 〜？の疑問文には，Yes, I do. か No, I don't. で答える。

6
章

I play 〜．など（一般動詞の現在形）

定期テスト対策問題

解答 ➜ p.318

問1 一般動詞の文

日本文に合う英文になるように，＿＿＿に入る語を▢▢から選んで書きなさい。

(1) 私はときどきコンピューターを使います。

I sometimes ＿＿＿＿＿＿＿＿ a computer.

(2) 私はよくいとこにEメールを書きます。

I often ＿＿＿＿＿＿＿＿ emails to my cousin.

(3) 彼らはスポーツが好きです。

They ＿＿＿＿＿＿＿＿ sports.

(4) 私には姉が1人います。

I ＿＿＿＿＿＿＿＿ a sister.

> have
> like
> use
> write

問2 一般動詞の疑問文

日本語に合う英文になるように，＿＿＿に適切な1語を入れなさい。

(1) あなたは家で家族と英語を話しますか。 —はい，話します。

＿＿＿＿＿＿＿＿ you ＿＿＿＿＿＿＿＿ English with your family at home?

— Yes, I ＿＿＿＿＿＿＿＿ .

(2) あなたは金曜日に塾に行きますか。 —いいえ，行きません。

＿＿＿＿＿＿＿＿ you ＿＿＿＿＿＿＿＿ ＿＿＿＿＿＿＿＿ *juku* on Friday?

— No, I ＿＿＿＿＿＿＿＿ .

(3) あなたは毎週部屋をそうじしますか。 —はい，します。

＿＿＿＿＿＿＿＿ you ＿＿＿＿＿＿＿＿ your room every week?

— Yes, I ＿＿＿＿＿＿＿＿ .

問3 一般動詞の否定文

次の文を否定文に書きかえなさい。

(1) We go to school on Saturday.

＿＿＿＿＿＿＿＿＿＿＿＿＿＿＿＿＿＿＿＿＿＿＿＿＿

(2) You speak Chinese.

＿＿＿＿＿＿＿＿＿＿＿＿＿＿＿＿＿＿＿＿＿＿＿＿＿

(3) I like baseball.

＿＿＿＿＿＿＿＿＿＿＿＿＿＿＿＿＿＿＿＿＿＿＿＿＿

問 **4** 一般動詞の文

次の絵に合う英文になるように，＿＿に適切な語を書きなさい。

(1) I ＿＿＿＿＿＿ in the park every morning.

(2) I ＿＿＿＿＿＿ the newspaper every morning.

(3) I ＿＿＿＿＿＿ the piano every day.

問 **5** 一般動詞の文と be 動詞の文

次の文の（　　）内から適切な語句を選び，○で囲みなさい。

(1) (Are, Do) you study English every day? — No, I (am not, do not).

(2) (Are, Do) you from Nagoya? — Yes, I (am, do).

(3) (Are, Do) you walk to school? — Yes, I (am, do).

問 **6** 並べかえ

日本語に合うように，（　　）内の語句を並べかえなさい。

(1) 私たちは放課後テニスをします。

(school / after / play / we / tennis).

＿＿＿＿＿＿＿＿＿＿＿＿＿＿＿＿＿＿＿＿ .

(2) あなたは毎日，朝食を食べますか。

(you / breakfast / do / eat / day / every)?

＿＿＿＿＿＿＿＿＿＿＿＿＿＿＿＿＿＿＿＿ ?

(3) 彼らは毎週日曜日に，図書館へ行きます。

(go / Sunday / the library / they / to / every).

＿＿＿＿＿＿＿＿＿＿＿＿＿＿＿＿＿＿＿＿ .

(4) 私は家でネコを飼っていません。

(I / at home / have / cats / don't).

＿＿＿＿＿＿＿＿＿＿＿＿＿＿＿＿＿＿＿＿ .

中学校の先生方が，「あるある！」と思ってしまう，生徒たちのよくありがちな誤答例です。「自分は大丈夫？」としっかり確認して，まちがい防止に役立ててください。

第 **1** 位　**問題**　次の日本文を英語に直しなさい。
私は花が好きです。

~~I'm~~ like flowers.

正しい英文：　**I like flowers.**

like という動詞の前に，さらに am という be 動詞をつけるのはダメ。「一般動詞」の文には，be 動詞 (am, is, are) をつけてはいけません。

第 **2** 位　**問題**　次の日本文を英語に直しなさい。
あなたは野球をしますか。

~~Are~~ you play baseball?

正しい英文：　**Do you play baseball?**

一般動詞の疑問文は，Do で始めます。be 動詞の疑問文 (Are you 〜？など) と混同しないように注意しましょう。

第 **3** 位　**問題**　次の日本文を英語に直しなさい。
彼らはスポーツが好きではありません。

They ~~are~~ not like sports.

正しい英文：　**They do not like sports.**

一般動詞の否定文は do not を使います。be 動詞の否定文と混同しないように注意しましょう。

中1
英語

7章

名詞の複数形，数，

How many ～ ?

基本例文
の音声はこちらから

013

それぞれの英語表現が，
実際の場面ではどのよ
うに使われるのかチェ
ックしておこう！

名詞の種類と複数形

UNIT **1**

Can-Do ▶ 2つ以上の名詞について，適切に表すことができる。

基本例文 🔊))

I like dogs. I have two dogs at home.

意味 ▶ 私は犬が好きです。私は家で2匹の犬を飼っています。

1 2つ以上を表す名詞

単数形 （私は（1匹の）犬を飼っています。）

I	have	a dog.

複数形 （私は2匹の犬を飼っています。）

I	have	two dogs.

　日本語では1冊でも2冊でも「本」といいますが，英語では「1冊の本」は a book，「2冊の本」は two books と表し，1つのものと2つ以上のものを表す場合では名詞の形が異なります。1つのものを表す形を**単数形**，2つ以上のものを表す形を**複数形**といいます。

2 複数形を持つ名詞

　名詞が2つ以上のものを表す場合は，語の終わりに **s** または **es** をつけて**複数形**を作ります。

　2つ以上ならば，「2匹のネコ」のように具体的な数字がついていなくても，名詞は複数形にします。

　two cats（2匹のネコ）　　many cats（たくさんのネコ）

　次の語は2つで1組なので，ふつうは複数形で使います。

　socks（くつ下）　　shoes（くつ）

 用語解説

単数形と複数形

名詞には単数形と複数形がある。
dog, pen のように「1つ」を表す形を単数形，dogs, pens のように「2つ以上」を表す形を複数形という。

もっと！

複数形といっしょに使う語

具体的な数字以外で，複数形といっしょに使う語がある。
・a few（2，3の）
・some（いくつかの）
・any（いくつかの）
・many（たくさんの）

③ 複数形を持たない名詞

　名詞には複数形にできるものと複数形にできないものがあります。複数形にできる名詞は,「1つ, 2つ…」「1本, 2本…」と数えられるもの, 複数形にできない名詞は, 特定の人の名前や国名, 一定の形を持たないものです。

国名・人名など	Japan（日本）, America（アメリカ）, Mary（メアリー）, Ken（ケン）など
教科	music（音楽）, math（数学）など
スポーツ	tennis（テニス）, baseball（野球）など
その他	rain（雨）, water（水）, milk（牛乳）, sugar（砂糖）, money（お金）など

注意

money は数えられない

1000円札が「1枚, 2枚」とか「1000円, 2000円」のように数えられるので, s をつけて複数形にしそうだが, これはまちがい。
money はお金全体をさす単語なので, 複数形を持たない。

もっと!

どちらにも使える some

some は複数形を持たない名詞にも使える。
・some books
　（何冊かの本）
・some sugar
　（いくらかの砂糖）

POINT

❶ 名詞が複数を表す場合は, 語の終わりに **s** または **es** をつけて**複数形**にする。

❷ 名詞には, **複数形を持つもの**と**複数形を持たないもの**がある。

CHECK 020

解答 → p.319

（　　）内に適切な語を入れて文を完成させましょう。

☐ (1) I have （　　　　）（　　　　）.　（私は犬を3匹飼っています。）

☐ (2) I want （　　　　）（　　　　）.　（ぼくは何本かペンがほしい。）

TRY! 表現力

複数の持ち物や自分のきょうだいなどについて,「～を持っています。」「～がいます。」と言ってみましょう。

WORD LIST：brother, sister, dog, cat, pen, eraser, book, DVD

例 I have many DVDs.

複数形の作り方と発音

UNIT **2**

Can-Do ▸ 名詞を複数形にするときのルールを理解し，適切に表すことができる。

基本例文

I don't like tomatoes.

意味 ▸ ぼくはトマトが好きじゃない。

① 複数形の作り方

複数形の作り方は，大きく分けて２つあります。１つは s, es を語の終わりにつけて規則的に変化するもの（❶〜❹）。もう１つは，名詞のつづりが単数と複数で異なるもの（❺）や，単数形と複数形が同じ形のもの（❻）など不規則に変化するもの（➔ ）です。

❶ふつうの語 ➡ 語の終わりに s

> dog（犬）→ dogs   ball（ボール）→ balls   など

❷単数形の最後が s, ss, o, ch, sh, x で終わる語 ➡ 語の終わりに es

> bus（バス）→ buses   dish（皿）→ dishes
> box（箱）→ boxes   watch（腕時計）→ watches
> glass（グラス）→ glasses
> potato（じゃがいも）→ potatoes   など

❸〈子音字＋y〉で終わる語 ➡ y を i にかえて es

> city（市）→ cities   country（国）→ countries   など

❹単数形の最後が f, fe で終わる語 ➡ f, fe を v にかえて es

> leaf（葉）→ leaves   knife（ナイフ）→ knives   など

注意

s のつけ方の例外

単語の終わりが o なのに s をつけるもの
piano（ピアノ）→ pianos
radio（ラジオ）→ radios

用語解説

母音と子音

日本語の「アイウエオ」に似た音を母音，それ以外の音を子音という。（➔p.308）

もっと！

不規則変化

❺不規則に変化するもの

> **child**（子ども）
>   → **children**
> **man**（男性）→ **men**
> **woman**（女性）
>   → **women**
> **tooth**（歯）→ **teeth**
>   など

❻単数形と複数形が同じもの

> **sheep**（羊）
>   → **sheep**
> **fish**（魚）
>   → **fish**   など

② 複数形の発音

　同じ複数形のsでも，caps[kˈæps キャップス]とboys[bˈɔɪz ボイズ]のように発音が異なるものがあります。単数形の終わりの音に注意。

❶ 単数形の終わりの発音が無声音（[p プ][k ク][f フ]）➡ [s ス]と発音

> cups[kˈʌps カップス]　books[bˈʊks ブックス]
> cakes[kéiks ケイクス]　roofs[rúːfs ルーフス]　など

❷ 単数形の終わりの発音が [s ス][z ズ][ʃ シュ][tʃ チ][dʒ ヂ] ➡ [iz イズ]と発音

> dishes[díʃiz ディッシィズ]　buses[bˈʌsiz バスィズ]
> watches[wátʃiz ワッチィズ]　など

❸ 単数形の終わりの発音が有声音（上の❶❷以外）➡ [z ズ]と発音

> boys[bˈɔiz ボイズ]　chairs[tʃérz チェアーズ]
> apples[ˈæplz アプルズ]　など

📖 用語解説

有声音と無声音

発音するときに，のどに手を当ててみて，声帯がふるえて出る音を有声音，ふるえないで出る音を無声音という。発音するときに，実際にのどに手を当ててみよう。

❗ 注意

t や d のあとの s

左の❶〜❸以外に，次の場合にも注意する。
- 語の終わりの発音が [t ト]で終わるもの
  → [ts ツ]と発音
  rackets[rˈækits ラキッツ]
  cats[kˈæts キャッツ]
- 語の終わりの発音が [d ド]で終わるもの
  → [dz ヅ]と発音
  hands[hˈændz ハンヅ]

👆 POINT

❶ 名詞の語の終わりのつづりによって s，es のつけ方は異なる。

❷ 名詞の語の終わりの発音によって s，es の発音は異なる。

✓ CHECK 021

解答 ➡ p.319

（　　　）内に適切な語を入れて文を完成させましょう。

☐ ⑴ I have（　　　　）（　　　　　　）．（私は2つ腕時計を持っている。）

☐ ⑵ They have（　　　　）（　　　　　　）．（彼らには3人の子どもがいる。）

✏️ TRY! 表現力

果物や野菜について，「〜が好きです。」「〜が好きではありません。」と言ってみましょう。

WORD LIST : potato, tomato, apple, banana, carrot, peach, strawberry

> 例　I like peaches.

数を表す言い方

UNIT **3**

Can-Do ▶ 年齢や電話番号など，さまざまなものの数を表すことができる。

基本例文

I am **thirteen** years old.
I have **one** brother. He is **eighteen**.

意味

私は13歳です。
私には兄が 1 人います。彼は18歳です。

1 0 から20までの数

0	zero		
1	one	11	eleven
2	two	12	twelve
3	three	13	thirteen
4	four	14	fourteen
5	five	15	fifteen
6	six	16	sixteen
7	seven	17	seventeen
8	eight	18	eighteen
9	nine	19	nineteen
10	ten	20	twenty

2 21から99までの数

21以上の数は，十の位の数 (twenty, thirty など) と一の位の数 (one, two など) をハイフン ⟨-⟩ でつないで表します。

21	twenty-one	23	twenty-three
22	twenty-two	29	twenty-nine

📖 **用語解説**

基数と序数

数を表すことばには，「1 つ，2 つ…」といった個数などを表す基数と，「1 番目，2 番目…」のように順序を表す序数がある。序数は，日付などにも使われる。(➡p.168)

 もっと！

電話番号の言い方

電話番号は，最初の数から数字を読んでいく。0123-456-… なら，zero, one, two, three, four, five, six... となる。0 は [ou オウ] と発音することもある。

30	thirty	50	fifty
40	forty	90	ninety

③ 100以上の大きな数

百の位は hundred, 千の位は thousand で表します。

100	one hundred
246	two hundred (and) forty-six
1,000	one thousand
2,562	two thousand five hundred (and) sixty-two
10,000	ten thousand

hundred や thousand などは, 前に two, three などの複数を表す語があっても複数形にしないので注意しましょう。

ティーンエイジャー

13歳から19歳までをティーンエイジャー (teenager) という。数字の語尾を見ると -teen となっているので, こういわれる。

日本の数とのちがい

日本では, 大きな数は4桁（1万）ずつ単位が変わるが, 英語では3桁（1千）ずつ単位が変わる。
大きな数字で3桁ずつコンマが入るのはそのため。

1万	ten thousand
10万	one hundred thousand
100万	one million
10億	one billion

POINT

① 21以上の2桁の数は, **十の位と一の位をハイフン〈-〉でつなぐ。**

② hundred や thousand などは, 前に複数を表す語があっても**複数形にしない。**

✓ CHECK 022

解答 → p.319

（　　）内に適切な英語を入れて文を完成させましょう。

☐ (1) My room number is (　　　　) - (　　　　) - (　　　　).
　　　（私の部屋番号は367です。）

☐ (2) It's (　　　　) (　　　　) now.　（今, 11：50です。）

TRY!
表現力

自分の年齢や部屋番号を英語で言ってみましょう。

WORD LIST：years old, room number

例　My room number is two-one-three.

UNIT
4

How many＋複数形〜？

Can-Do ▶ 持ち物などの数をたずねたり答えたりすることができる。

基本例文

A: Your bag is heavy.
   How many books do you have in it?
B: I have six books.

意味
A： きみのバッグは重いね。その中に何冊の本を持っているの？
B： 6冊の本を持っているの。

1 How many＋名詞の複数形〜？ ──数をたずねる

（私は2匹のネコを飼っています。）

I	have	two	cats.

（あなたは2匹のネコを飼っているのですか。）

Do	you	have	two	cats?

（あなたは何匹のネコを飼っていますか。）

How many	cats	do	you	have?

「いくつ〜ですか。」「何人〜ですか。」など数をたずねる場合は〈How many〜？〉と表します。How many に続く名詞は必ず複数形です。

〈How many＋複数名詞〉のあとには，上の例文の do you have のように，ふつうの疑問文の語順が続きます。

注意

How many＋名詞の複数形

how は「どのくらい」，many は「多くの」の意で，How many〜？は「どのくらい多くの→どのくらいの数の」となる。だから，それに続く名詞は複数形にしなければならない。

How many〜？のあとは，必ず複数形の名詞だよ！

② How many＋名詞の複数形〜？の答え方

「いくつ」と数をたずねているので，数を答えます。日本語でも「いくつですか」という質問に「はい／いいえ」とは答えないのと同じです。

疑問文　（あなたはいくつハンバーガーがほしいですか。）

| How many | hamburgers | do you want? |

答えの文　（私は5つほしいです。）

| ― | I want | five | hamburgers. |

| | I want | five. | ← hamburgers を省略 |

| | | Five. | ←簡単に数だけ答えてもよい |

POINT

❶ 数をたずねる場合，〈**How many＋名詞の複数形〜？**〉の形で表す。

❷ 〈How many＋複数名詞〉のあとには，**疑問文の語順**が続く。

❸ 答えの文は，Yes / No ではなく，**数を答える**。

CHECK 023

解答 ➡ p.319

（　　）内を正しい順に並べかえましょう。

☐ ⑴ (books / many / how) do you have?

☐ ⑵ (many / apples / how) do you want?

TRY! 表現力

相手に，「いくつの〜を持っていますか。」「何人の〜がいますか。」と質問してみましょう。

WORD LIST : sister, brother, dog, cat, pen, eraser, book, DVD

例　How many brothers do you have?

もっと！

How を使った疑問文

How のあとにくる語（形容詞）によって質問の内容がかわる。

How old 〜？「何歳？」

How long 〜？「時間はどのくらい？」

How much 〜？「いくら？」

UNIT 5 | some と any

Can-Do ▶ some, any を使って数を表すことができる。

基本例文

① I have some coins in my pocket.
② Do you have any sisters?

意味
① 私はポケットに何枚かのコインを持っています。
② きみには姉妹がいますか。

1 some と any の使い方

some は「いくつかの (数), いくらかの (量)」という意味を表し, おもに肯定文で使われます。

肯定文 （私はポケットに何枚かのコインを持っています。）

I	have	some	coins	in my pocket.

any も「いくつかの (数), いくらかの (量)」という意味を持ち, おもに疑問文や否定文で使われます。ただし, 疑問文ではふつう any を日本語では言い表しません。

疑問文 （あなたには姉妹がいますか。）

Do	you	have	any	sisters?

2 not ～ any ＋名詞

否定文 （私にはひとりも姉妹がいません。）

I	don't	have	any	sisters.

否定文の not ～ any … は「ひとつの…も～ない, ひとりの…も ～ない」の意味になるので注意しましょう。

注意

some と any の意味

some, any ははっきり数を示す必要のないときや, 数がはっきりしていないときに使う。そのため, some, any は特に日本語に置きかえる必要はない場合が多い。

no ＋名詞

〈not ～ any ＋名詞〉と同じ意味を, 〈no ＋名詞〉の形で表すことができる。左の例文は次のように書きかえられる。
＝I have no sisters.

3 some と any の特別な用法

相手にものをすすめたり，yes という答えを期待したりするときは，疑問文でも some が使われます。

疑問文　　（コーヒーはいかがですか。）

| Would you like | some | coffee? |

答えの文　　（ええ，お願いします。）

| — | Yes, | please. |

any が肯定文で使われる場合は，「どんな〜でも」の意味を表し，後ろの名詞は単数形になります。

（私はどんな食べ物でも食べることができます。）

| I can eat | any | food. |

注意

あとに続く名詞

some, any は，数えられる名詞にも数えられない名詞にも使われる。

I have some friends.
（私には何人かの友だちがいます。）

Do you have any money?
（お金をいくらか持っていますか。）

POINT

❶ **some** と **any** は「いくつかの」「いくらかの」という意味で，数えられる名詞にも数えられない名詞にも使われる。

❷ **some** は**肯定文**，**any** は**疑問文や否定文**で使われることが多い。

✓ CHECK 024

解答 → p.319

（　　）内に適当な語を入れて文を完成させましょう。

☐ (1) I want (　　　　) milk.（私はいくらかの牛乳がほしいです。）

☐ (2) I don't have (　　　　) money.（お金の持ちあわせがありません。）

TRY! 表現力

持ち物などについて，「いくつか [いくらか] の〜を持っています。」と言ってみましょう。

WORD LIST：English book, album, computer, DVD

例 I have some English books.

名詞の複数形，数，How many 〜 ？

UNIT 1 名詞の種類と複数形

I have two dogs at home.

私は家で2匹の犬を飼っています。

● 名詞が複数を表す場合は，語の終わりに s または es をつけて複数形にする。

two cats / many dogs

2匹のネコ / たくさんの犬

● 「1つ，2つ…」と数えられる名詞は複数形にできる。

Japan / Mary / music / tennis / water

日本 / メアリー / 音楽 / テニス / 水

● 国名や人名，一定の形を持たないものなどは複数形にできない。

UNIT 2 複数形の作り方と発音

ball – balls / bus – buses

ボール / バス

● 名詞の複数形の基本的な作り方は，名詞の終わりに s または es をつける。

child – children / man – men

子ども / 男性

● 名詞の複数形には，単数形から不規則に変化するものもある。

books[s ス] / dishes[iz イズ] / boys[z ズ]

本 / 皿 / 男の子

● s，es の発音は，名詞の単数形の終わりの発音によって異なる。

UNIT 3 数を表す言い方

twenty-one, twenty-two ...

21, 22 …

● 21以上の2桁の数は，十の位と一の位をハイフン (-) でつなぐ（一の位がゼロのときを除く）。

---

one hundred, one thousand ...　100, 1,000 …

- 百の位は hundred，千の位は thousand で表す。hundred や thousand は複数形にはしない。

UNIT **4**　How many＋複数形〜？

How many books do you have?
▸ **(I have) six (books).**

あなたは何冊の本を持っていますか。

（私は）6 冊（の本を持っています）。

- 数をたずねる場合，〈How many＋複数名詞〜？〉の形で表す。
- 〈How many＋複数名詞〉のあとには，疑問文の語順が続く。
- 答え方は，Yes / No は使わず，数を使って答える。名詞は省略して数だけで答えてもよい。

UNIT **5**　some と any

I have some coins.
Do you have any coins?

私はいくつかのコインを持っています。

あなたは（いくつかの）コインを持っていますか。

- some と any は「いくつかの（数）」「いくらかの（量）」という意味で，数えられる名詞にも数えられない名詞にも使われる。
- some は肯定文，any は疑問文や否定文で使われることが多い。

I don't have any sisters.

私には 1 人も姉妹がいません。

- 否定文の not 〜 any ... は「ひとつの…も［ひとりの…も］〜ない」の意味になる。

Would you like some water?

水はいかがですか。

- 相手にものをすすめたり，yes という答えを期待したりするときは some が疑問文で使われることもある。

I can eat any food.

私はどんな食べ物でも食べられます。

- any が肯定文で使われる場合は，「どんな〜でも」の意味を表し，後ろの名詞は単数形になる。

定期テスト対策問題

解答 ➡ p.319

問 1　名詞の複数形

次の文中の＿＿＿に，〔　　〕内の語を複数形にして入れなさい。

(1)　I have two ＿＿＿＿＿＿＿＿ at home.　〔cat〕

(2)　The ＿＿＿＿＿＿＿＿ are beautiful in fall.　〔leaf〕

(3)　Five ＿＿＿＿＿＿＿＿ are in the park.　〔child〕

(4)　Kyoto and Nara are old ＿＿＿＿＿＿＿＿ .　〔city〕

(5)　I see many ＿＿＿＿＿＿＿＿ over there.　〔bus〕

問 2　名詞の複数形

次の文中の＿＿＿に，〔　　〕内の語を適切な形にして入れなさい。変える必要のないものは，そのまま書きなさい。

(1)　I have three ＿＿＿＿＿＿＿＿ at home.　〔dog〕

(2)　We have a lot of ＿＿＿＿＿＿＿＿ in June.　〔rain〕

(3)　Five ＿＿＿＿＿＿＿＿ and two ＿＿＿＿＿＿＿＿ are in this room now.

〔man / woman〕

問 3　How many ＋複数形〜 ？

次の絵を見て，〔　　〕内の語について数をたずねる文とその答えの文を完成させなさい。

(1)　＿＿＿＿＿＿＿ ＿＿＿＿＿＿＿ ＿＿＿＿＿＿＿ do you see in the picture?

　　—I see ＿＿＿＿＿＿＿ ＿＿＿＿＿＿＿ .　〔cat〕

(2)　＿＿＿＿＿＿＿ ＿＿＿＿＿＿＿ ＿＿＿＿＿＿＿ do you see in the picture?

　　—I see ＿＿＿＿＿＿＿ .　〔bird〕

(3)　＿＿＿＿＿＿＿ ＿＿＿＿＿＿＿ ＿＿＿＿＿＿＿ do you see in the picture?

　　— ＿＿＿＿＿＿＿ .　〔ball〕

問 ④ **some と any**

次の文の＿＿に some か any のうち適するものを入れなさい。

(1) I have ＿＿＿＿＿＿＿ money in my pocket.

(2) What is this? Do you have ＿＿＿＿＿＿＿ idea?

(3) Would you like ＿＿＿＿＿＿＿ coffee?

(4) I don't have ＿＿＿＿＿＿＿ pets.

問 ⑤ **並べかえ**

日本語に合うように，（　）内の語句を並べかえなさい。

(1) バッグの中に何冊の本が入っていますか。

(many / your bag / have / how / you / in / do / books)?

_____?

(2) お茶はいかがですか。

(you / tea / like / some / would)?

_____?

(3) 私はどんな食べ物でも食べます。

(food / any / I / eat).

_____.

(4) 私は家でペットを1匹も飼っていません。

(I / at home / have / pets / don't / any).

_____.

あるある 誤答 ランキング

中学校の先生方が,「あるある!」と思ってしまう,生徒たちのよくありがちな誤答例です。「自分は大丈夫?」としっかり確認して,まちがい防止に役立ててください。

第 **1** 位　**問題**　次の日本文を英語に直しなさい。
私には2人の兄がいます。

I have two brother.

あるある!

正しい英文：　**I have two brothers.**

数えられる名詞が複数の場合には,語尾にsやesをつけて,複数形にします。単数形のままにならないようにsやesのつけ忘れに注意しましょう。

第 **2** 位　**問題**　次の日本文を英語に直しなさい。
私には2人の兄がいます。

I have a two brothers.

あるある!

正しい英文：　**I have two brothers.**

複数形と,aやanをいっしょに使ってはダメ。I have a[アイハヴァ]というつながった音でいつも発音していると,書くときもついaを入れてしまいがち。気をつけましょう。

第 **3** 位　**問題**　次の日本文を英語に直しなさい。
京都と奈良は古い都市です。

Kyoto and Nara are old citys.

あるある!

正しい英文：　**Kyoto and Nara are old cities.**

名詞の複数形の作り方には,いくつかのパターンがあります。語尾にs, esをつけるのが基本ですが,その他の複数形の作り方も確認しておきましょう。

中1
英語

8章

命令文

基本例文
の音声はこちらから

014

それぞれの英語表現が,
実際の場面ではどのよ
うに使われるのかチェ
ックしておこう!

UNIT 1

命令文 / be を使った命令文

Can-Do 「～しなさい」「～してください」と命令したり頼んだりできる。

基本例文

① **Open your textbook, Bob.**
② **Bob, open your textbook.**

意味
① 教科書を開きなさい，ボブ。
② ボブ，教科書を開きなさい。

1 命令文の意味と働き

ふつうの文 （あなたは教科書を開きます。）

You	open	your textbook.

命令文 （教科書を開きなさい。）

	Open	your textbook.

「～しなさい。」と相手に対して命令の意味を表す文を**命令文**といいます。命令文は，主語の you はつけずに動詞の原形で始めます。

呼びかける相手の名前をつけるときは，話すときでも一息空けるように，文のはじめでも終わりでもよいが，必ず名前と命令文本文との間をコンマ (,) で区切ります。

2 be を使った命令文

ふつうの文 （あなたは静かです。）

You	are	quiet.

命令文 （静かにしなさい。）

	Be	quiet.

用語解説

動詞の原形

動詞の形には，現在形の他に後に学ぶ ing 形や過去形などがあるが，s，es，ing などがつかない，動詞のもとの形を「動詞の原形」という。be 動詞の原形は be である。

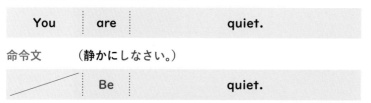

注意

どちらが命令文？

呼びかけ語が文のはじめに来るときは，主語とまちがえないこと。次の①②の条件にあてはまるものが命令文だ。
①呼びかけ語のあとにコンマ (,) がある。②一般動詞に 3 単現の s がない。
(➡p.122)
(1) Tom sings the song.
(2) Tom, sing the song.
(1)は動詞 sing に s がついているので「トムはその歌を歌う」の意味のふつうの文。(2)は Tom のあとにコンマがあり，動詞 sing に s がないので命令文だ。

be 動詞（am, is, are）を使った文を命令文にするときは，be 動詞の原形である **be** で文を始めます。

もっと！

命令文への返答

命令文に対して「いいよ」と返答したいときは，以下のような言い方がある。
・OK.（オーケー。）
・Sure.（いいですよ。）
・All right.（わかりました。）

3 please「どうぞ〜してください」

（窓を閉めなさい。）

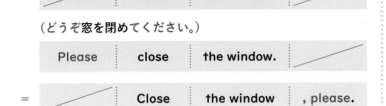

	Close	the window.	

（どうぞ窓を閉めてください。）

Please	close	the window.	

= | | Close | the window | , please. |

命令口調をやわらげて頼む場合は，please をつけます。please は文のはじめ，終わりのどちらに置いてもよいですが，文の終わりに置くときは前にコンマ (,) をつけます。

POINT

❶ 「〜しなさい。」と命令するときは**動詞の原形（もとの形）**で文を始める。

❷ be 動詞を使った文を命令文にするときは **be** で文を始める。

❸ 「どうぞ〜してください。」とたのむときは命令文に **please** をつける。

CHECK 025

解答 ➡ p.320

(　　) 内から適切なものを選びましょう。

☐ (1) (I open, Open) the door, please.

☐ (2) Please (are, be) careful.

TRY! 表現力

となりの部屋で友だちとおしゃべりしている妹がうるさいので，「どうか〜してください。」と表現してみましょう。

WORD LIST：door, close, please, quiet, be

例　Be quiet, please.

UNIT

2

否定の命令文 Don't ～.

Can-Do 「～してはいけません」「～するな」と命令したり頼んだりできる。

基本例文

① **Don't play soccer here.**
② **Don't be noisy here.**

意味
① ここで**サッカー**をしてはいけません。
② ここで**うるさく**してはいけません。

1 否定の命令文の意味と働き

命令文　　（今，テレビを見なさい。）

	Watch	TV now.

否定の命令文　（今，テレビを見てはいけません。）

Don't	watch	TV now.

　「～してはいけません。」「～するな。」と否定や禁止を表す命令文は，ふつうの命令文の前に Don't をつけて，〈Don't＋動詞の原形～.〉の形で表します。

否定の命令文　（走ってはいけません。）

	Don't	run.

呼びかけあり　（ケン，走ってはいけません。）

Ken,	don't	run.

=	Don't	run	, Ken.

> ⚠ 注意
>
> **否定の命令文は Don't**
>
> 呼びかけの語が Ken や Jane でも，相手（you）に対して話しているので，否定の命令文は Doesn't ではなく Don't で文を始める。命令文には主語の you が省略されていると考える。
>
> (You) don't run, Ken.

Don't は Do not の短縮形だよ。

呼びかける相手の名前は，don't の前か文の終わりにつけます。そのときは必ず名前と命令文本文との間をコンマ (,) で区切ります。

② be を使った否定の命令文

命令文　　　（まじめになりなさい。）

	Be	serious.

否定の命令文　（あまり深刻にならないで。）

Don't	be	serious.

be 動詞の命令文を否定の形にするときは，be の前に Don't をつけて，〈Don't＋be ～.〉の形で表します。

serious
[síəriəs スィ(ア)リアス] は，「まじめな」「深刻な」という意味だよ。

もっと!

強い否定の命令
「～してはいけません。」は Don't ～. で表すが，Do not ～. や Never ～. と言うこともある。Never ～. を使うとより強い否定の命令になる。
Do not run fast.
（速く走ってはいけません。）
Never tell a lie.
（決してうそをついてはいけません。）

👆 POINT

❶ 「～してはいけません。」というときは，命令文の前に Don't をつけて〈**Don't＋動詞の原形～.**〉で表す。

❷ be 動詞の命令文を否定の形にするときは，**be の前に Don't をつける**。

✓ CHECK 026

解答 → p.320

（　　）内に適当な語を入れて文を完成させましょう。

☐ (1) (　　　　) play the guitar. （ギターをひいてはいけない。）

☐ (2) (　　　　) be afraid. （怖がってはいけない。）

TRY! 表現力

近所迷惑になるので，「今は～してはいけません。」と表現してみましょう。

WORD LIST：violin, music, piano, play, don't

例　Don't play the piano now.

3 | Let's 〜.

Can-Do→「〜しましょう」と相手に提案したり誘ったりできる。

基本例文

🔊

A: Let's go shopping after school.
B: Yes, let's.

意味
A：放課後に買い物に行こう。
B：うん，そうしよう。

1 Let's＋動詞の原形〜. の意味と働き

（今日の授業を始めましょう。）

Let's	start	today's lesson.

「〜しましょう。」と相手に誘いかける場合には，〈**Let's＋動詞の原形〜.**〉の形にします。

2 Let's 〜. への答え方

Let's 〜. に対して「はい，そうしましょう。」と同意する場合は Yes, let's. と言います。

Let's 〜. の文 （放課後にテニスをしましょう。）

Let's	play	tennis	after school.

答えの文 （はい，そうしましょう。）

—		Yes,	let's.

ただし **Yes, let's.** はかしこまった言い方なので，誘いに応じるというときは，**All right.**（いいよ。）や **OK.**（オーケー。）などで答えることもできます。

🧩 **もっと！**

Let's のもとの形

let's はもともと let us の短縮形である。let us 〜は「私たちに〜させる」の意味。

❗ **注意**

Let's のあと

Let's のあとには必ず動詞がくる。
（×）Let's lunch.
（○）Let's have lunch.
（お昼ごはんを食べましょう。）

Let's 〜. に対して「いいえ，やめましょう。」と同意しない場合は **No, let's not.** という言い方もありますが，ふつうは次のように言います。

Let's 〜. の文　（放課後にテニスをしましょう。）

Let's	play	tennis	after school.

答えの文　（すみません，今日は疲れているのです。）

—		Sorry,	I'm tired today.

（明日はどうですか。）

How about tomorrow?

もっと！

誘いを断るとき
No, let's not. でことばを切ると，相手にそっけない感じを与える場合がある。そのあとに断る理由や代わりの提案を続けるとよい。

8章
命令文

☞ **POINT**

❶ 「〜しましょう。」と相手を誘うときは，〈**Let's＋動詞の原形〜.**〉で表す。

❷ 「はい，そうしましょう。」と同意する場合は **Yes, let's.** などで表現する。

❸ 「いいえ」と同意しない場合は **Sorry, 〜.**「すみません，〜。」などと断る。

✓ **CHECK 027**　　　　　　　　　　　　　　　　解答 ➡ p.320

（　　）内に適当な語を入れて文を完成させましょう。

☐ (1) (　　　　　) eat pizza. （ピザを食べましょう。）

☐ (2) Yes, (　　　　). （そうしましょう。）

✏ TRY! 表現力

友だちに「〜しましょう。」と誘ってみましょう。

WORD LIST : apple, ice cream, eat, math, English, study

例　Let's study math.

命令文

UNIT 1 : 命令文 / be を使った命令文

Open **your textbook, Bob.**

教科書を開きなさい，ボブ。

- 「〜しなさい。」と命令するときは，主語の you はつけずに，動詞の原形で文を始める。
- 呼びかける相手の名前をつけるときは，文のはじめでも終わりでもよいが，名前と命令文との間をコンマ（,）で区切る。

Be **quiet.**

静かにしなさい。

- be 動詞を使った文を命令文にするときは，Be で文を始める。

Please **close the door.**
Close the door, **please.**

どうぞドアを閉めてください。

どうぞドアを閉めてください。

- 「どうぞ〜してください。」とていねいに頼むときは，命令文に please をつける。
- please は文のはじめと終わりのどちらに置いてもよいが，終わりに置くときは前にコンマ（,）をつける。

UNIT 2 : 否定の命令文 Don't 〜.

Don't play **soccer here.**

ここでサッカーをしてはいけません。

- 「〜してはいけません。」「〜するな。」と否定や禁止を表すときは，命令文の前に Don't をつけて〈Don't ＋動詞の原形〜.〉で表す。
- 呼びかける相手の名前をつけるときは，文のはじめでも終わりでもよいが，名前と命令文との間をコンマ（,）で区切る。

Don't be **noisy here.**

ここでうるさくしてはいけません。

- be 動詞の命令文を否定の形にするときは，be の前に Don't をつけて〈Don't ＋be 〜.〉で表す。

UNIT 3 Let's 〜.

Let's go shopping after school. 放課後に買い物に行きましょう。

● 「〜しましょう。」と相手を誘うときは，〈Let's＋動詞の原形〜.〉で表す。

Let's play soccer after school. 放課後にサッカーをしましょう。
▶ **Yes, let's.** はい，そうしましょう。
▶ **Sorry, I'm tired today.** すみません，今日は疲れています。

● 「はい，そうしましょう。」と同意する場合は Yes, let's. で表す。
● 同意する場合は，All right.（いいよ。）や OK.（オーケー。）などで答えることもできる。
● 同意しない場合は Sorry, 〜.（すみませんが，〜。）などと断る。
● 同意しない場合は，断る理由や，代わりの提案を続けるとよい。

COLUMN

コラム

命令文のていねいさ

　「命令文」と聞くと，何かを強要するような強い口調を思い浮かべてしまうかもしれません。しかし，英語における命令文は，必ずしも相手に対して高圧的というわけではありません。

　たとえば，「おかけください。」と相手に着席をすすめる機会があったとします。次の2つのうち，どちらがよりていねいな表現だと思いますか。

　① Have a seat.

　② Please sit down.

　私たちは「どうぞ〜してください」という意味で please をつけることを学習しますので，一見，②の Please 〜 がついた表現のほうが

ていねいに感じるかもしれません。

　しかし，①の Have a 〜 という言い方には「〜されてはいかがでしょう」と相手をもてなすようなニュアンスが含まれているため，please をつけなくても失礼にはなりません。むしろ，「座る」という動作をそのまま表した sit down のほうが，ぶっきらぼうな印象になりますので，please をつけても，少し「上から目線」な言い方になってしまいます。

　「命令文は必ずしも高圧的ではない」ということと「please をつけても必ずしも失礼のない表現にはならない」ということを覚えておきましょう。

定期テスト対策問題

解答 ➜ p.320

問 1 命令文のつくり方

次の文を「〜しなさい」という命令文にしなさい。

(1) You sit down.

_____

(2) You sing a song.

_____

(3) You do your best.

_____

(4) You write your name in English.

_____

問 2 be で始まる命令文

日本語に合うように，次の語句を並べかえなさい。ただし，不要の語が 1 語ずつあります。

(1) 静かにしなさい。 (do / quiet / be).

_____ .

(2) 〔女の子に向かって〕いい子にしなさい。 (a / be / good / boy / girl).

_____ .

(3) だれに対しても親切にしなさい。 (to / with / kind / be / everyone).

_____ .

問 3 否定の命令文

次の文を，例 にならって「〜してはいけません」という命令文にしなさい。

例 You open the window. (John) → Don't open the window, John.

(1) You close the door. (Ben)

_____

(2) You play video games. (Lucy)

_____

(3) You listen to rock music. (Nancy)

_____

(4) You play the guitar. (Tom)

_____

問 **4** **Let's で始まる文**

次の命令文を「〜しましょう」という英文に書きかえなさい。

(1) Make lunch for Sally.

_____

(2) Clean the room.

_____

(3) Go to the movies.

_____

(4) Play soccer at the park.

_____

問 **5** **Let's の文への答え方**

日本語に合うように，____に適切な1語を入れなさい。

(1) 映画に行きましょう。 —うん，そうしよう。

Let's go to the movie. — Yes, _____ .

(2) 放課後テニスをしようよ。 —ごめん，今日は疲れてるんだ。

Let's play tennis after school.

— _____ , I'm _____ today.

問 **6** **並べかえ**

日本語に合うように，（　　）内の語句を並べかえなさい。

(1) いつかニューヨークに行きましょう。

(New York / let's / to / go) some day.

_____ someday.

(2) そのやかんをさわってはいけませんよ，トム。

(touch / the / don't / kettle), Tom.

_____ , Tom.

問 **7** **英作文**

次の日本語を英語になおしなさい。

(1) ここでバドミントン (badminton) をしてはいけません。

_____

(2) 8時に始め (start) ましょう。

_____

第 **1** 位

問題 次の日本文を英語に直しなさい。
行こう！

~~Let go!~~

あるある！

正しい英文： **Let's go!**

Let のあとに，'s をつけ忘れないこと。Let's は Let us の短縮形で，「私たちに〜させる」⇒「〜しましょう」の意味になります。

第 **2** 位

問題 次の日本文を英語に直しなさい。
どうか立ってください。

~~Please stand.~~

あるある！

正しい英文： **Please** stand up.

「立つ，立ち上がる」という動作は，stand up で表現します。stand には，「立っている」という状態を表す意味もあります。

第 **3** 位

問題 次の日本文を英語に直しなさい。
走らないでください。

~~No run, please.~~

あるある！

正しい英文： **Don't run, please.**

「〜しないで」を No（〜ない）と動詞だけで表してしまう人がいますが，これはまちがいです。否定の命令文では，Don't を一般動詞 run の前に置きます。

中1
英語

9章

He plays 〜. など

（3単現）

基本例文
の音声はこちらから

015

それぞれの英語表現が，
実際の場面ではどのよ
うに使われるのかチェ
ックしておこう！

UNIT
1

3人称単数とは

Can-Do 「人称」の考え方を，これまでの学習内容と結びつけて理解できる。

基本例文 🔊

A: I play the piano and you play the flute.
B: Ken plays the violin.

意味
A：私がピアノをひいて，あなたはフルートを吹く。
B：ケンはバイオリンをひくよ。

① 1人称・2人称・3人称

　私たちが話をする場合，話をしている自分と，その話し相手，そして直接の話し相手ではない第三者に分けて考えることができます。

　話をしている自分 (I) や自分たち (we) を1人称，直接に話をしている相手 (you) を2人称といいます。そして，自分 [自分たち] や話し相手以外の人やもの (たとえば「彼」「彼女」「それ」「犬」「ネコ」など) はすべて3人称です。

1人称　　　　　2人称　　　　　3人称

> **注意**
>
> **人称とは**
> 「空」や「海」でも3人称である。「人称」という語には「人」という字が入っているが，人間だけをさすのではない。

> 「人称」とは「人数」のことではないよ。「人称」と「単数・複数」を混同しないように注意！

② 単数と複数

　単数とは「1人」または「1つ」のことで，「2人以上」や「2つ以上」は複数です。たとえば，「私」なら，1人称で単数，「あなた」なら，2人称で単数です。「私たち」なら，1人称で複数です。

3 3人称単数とは

3人称単数とは,「I と you 以外の第三者であり,1人［1つ］だということです。

	単数	複数
1人称	I（私）	we（私たち）
2人称	you（あなた）	you（あなたたち）
3人称	上記以外すべて he（彼），she（彼女）， Yui（ユイ）， my mother（私の母）， his dog（彼の犬） 　　　　など	上記以外すべて they（彼ら，彼女ら）， Yui and Lisa （ユイとリサ）， these dogs （これらの犬）　など

👆 POINT

❶ I[we] や you 以外のすべてのもの（he など）を **3人称**という。

❷ 「人称」と「単数・複数」を**混同しない**こと。

✓ CHECK 028

解答 ➡ p.321

（　　）内から3人称単数を選びましょう。

☐ (1)（ you, your brother ）

☐ (2)（ his bag, his friends ）

TRY! 表現力　　上の表以外に，3人称単数の人やものを5つ英語で書いてみましょう。

例　Emi, Tom, your father, Japan, my cat など

UNIT
2

主語による動詞の形

Can-Do 主語によって動詞を適切な形にして，使い分けることができる。

基本例文

A: I like soccer.
B: Tom likes baseball.

意味
A：ぼくはサッカーが好きなんだ。
B：トムは野球が好きだけどね。

1 主語がそれぞれの人称のときの動詞の形

主語が1人称や2人称 （私は毎日英語を勉強します。）

| I | study | English | every day. |

主語が1人称の I や2人称の you，複数（we など）のときの一般動詞の文では，動詞は原形（s, es がつかないもとの形）を使います。

主語が3人称複数 （彼らは夕食後にテレビを見ます。）

| They | watch | TV | after dinner. |

また，主語が3人称であっても，they や my brothers（私の兄弟）など複数の場合も，動詞は原形を使います。

主語が3人称単数 （トムは野球がとても好きです。）

| Tom | likes | baseball | very much. |

主語が he，Tom，Jane などの3人称で単数の場合には，一般動詞の終わりに s または es をつけます。

用語解説

3単現の s

s[es] は，3人称単数の主語で動詞が現在を表すときにつくので，これを簡単に〈3単現の s〉と呼ぶことがある。

「3単現」は
「3人称・単数・
現在形」の略！

2 has (have の3単現の形)

主語が1人称　　（私はネコを飼っています。）

I	have	a cat.

主語が3人称単数　（彼はネコを飼っています。）

He	has	a cat.

　一般動詞の have は，主語が3人称単数の文では **has** という特別な形になります。

注意

has

have に s をつけて haves としないように気をつけよう。

ふつうの動詞は s[es] をつけて主語が3人称単数のときの形を作るが，have は has という特別な形になる。

9章 He plays〜など（3単現）

POINT

❶ 主語が I[we] や you のときの一般動詞の文では，動詞は原形を使う。

❷ 主語が she や Tom など3人称で単数の文では，**一般動詞の終わりに s[es] をつける**。

❸ 一般動詞の have は，主語が3人称単数の文では **has** を使う。

CHECK 029

解答 ➡ p.321

（　　）内の動詞を必要があれば適切な形にかえ，必要がなければそのまま書きなさい。

☐ (1) I (go) to school.

☐ (2) Alice (have) a nice bag.

TRY! 表現力

「父は，〜を持っています。」と表現してみましょう。

WORD LIST：father, bike, new, computer, guitar, racket

例　My father has a new bike.

s, es のつけ方と発音

Can-Do ▶ s, es のつけ方のルールを理解し, 正しく活用できる。

基本例文

🔊))

My aunt lives in America.
She teaches English at a high school.

意味 私のおばはアメリカに住んでいます。
彼女は高校で英語を教えています。

1 s, es のつけ方

名詞の複数形を作るときと同じ要領で (→p.94), 動詞の終わりに
s, es をつけます。

❶ふつうの語 ➡ 語の終わりに s

| speak (話す) → speaks | come (来る) → comes など |
| like (好む) → likes | know (知っている) → knows |

❷語の最後が s, ss, sh, ch, x, o で終わる語 ➡ 語の終わりに es

pass (手わたす) → passes	wish (願う) → wishes
wash (洗う) → washes	watch (見る) → watches
mix (まぜる) → mixes	go (行く) → goes など

❸〈子音字+y〉で終わる語 ➡ y を i にかえて es

study (勉強する) → studies cry (泣く) → cries など

❹上記以外の例外

have (持っている) → has など

注意

「母音字+y」

母音字は a, e, i, o, u (子音字は b や c など, a, e, i, o, u 以外の文字)。
一般動詞の語の終わりが〈子音字+y〉ならば, y を i にかえて es をつけるが,〈母音字+y〉のときはそのまま s をつける。
study → studies
play → plays

play は, y で終わるけど plays でいいんだね!

② s, es の発音

発音も，名詞の複数形の発音（→p.95）と同じことが言えます。

❶語の終わりの発音が無声音（[p プ][k ク][f フ][t トゥ]）

➡ [s ス] と発音

likes[láiks ライクス]　stops[stáps スタップス]　など

❷語の終わりの発音が[s ス][z ズ][ʃ シュ][tʃ チ][dʒ ヂ]

➡ [iz イズ] と発音

teaches[tíːtʃiz ティーチィズ]
uses[júːziz ユーズィズ]　など

❸語の終わりの発音が有声音（上の❶❷以外）➡ [z ズ] と発音

plays[pléiz プレイズ]　comes[kʌ́mz カムズ]　など

t や d のあとの s の発音

名詞の複数形のときと同様。
（→p.95）

does の発音

does は do に es がついた形だが，[dʌ́z ダズ]と発音する。[ドゥーズ]とは発音しないので注意。
ほかにも
goes[góuz ゴウズ]，
says[séz セズ]
のような例外がある。

9 章 He plays ～．など（3単現）

POINT

❶ 動詞の語の終わりのつづりによって **s，es** のつけ方は異なる。

❷ 動詞の語の終わりの発音によって **s，es** の発音は異なる。

❸ **s，es** のつけ方や発音は，**名詞の複数形**のときと同じ。

CHECK 030

解答 ➡ p.321

下線部を（　　）内の語句にかえて全文を書きなさい。

☐ (1) I study English every day.　(My sister)

☐ (2) You watch TV after dinner.　(Ken)

TRY!
表現力

「母は高校で～を教えています。」と表現してみましょう。

WORD LIST：mother, science, high school, teach, math, music, English

例　My mother teaches science at a high school.

UNIT

4 | 主語が3人称単数の否定文

Can-Do ▶ 「彼は [彼女は / それは] 〜しません」と説明することができる。

基本例文

A: I do not like math, but I like science.
B: Mark does not like science.

意味
A： 私は数学が好きじゃないけれど，理科は好きなの。
B： マークは理科が好きじゃないよ。

1 主語が3人称単数の否定文

肯定文 （彼女は夕食を作ります。）

| She | | cooks | dinner. |

否定文 （彼女は夕食を作りません。）

| She | does | not | cook | dinner. |

| = | She | doesn't | cook | dinner. |

　主語が3人称単数の場合の否定文は，動詞の前に does not（または短縮形 doesn't）を置き，〈主語＋does not [doesn't] ＋動詞の原形〜.〉とします。does not [doesn't] が入るので，一般動詞には s, es をつけず原形にします。

2 has の否定文

肯定文 （ジャックは何本かラケットを持っています。）

| Jack | | has | some rackets. |

否定文 （ジャックは1本もラケットを持っていません。）

| Jack | doesn't | have | any rackets. |

解説

does のあとの動詞

動詞につく s, es は，does の入った文にはつかない。これはとてもまちがえやすいので注意が必要である。
（×）
She does not plays 〜.
（○）
She does not play 〜.

some と any の使い方については，7章 UNIT 5 をチェック！（→p.100）

has の文の否定文も同様に，does not[doesn't] を使います。has はもとの形の **have** にします。

③ do と does

主語が I　（私は水泳が好きではありません。）

| I | don't | like | swimming. |

主語が he　（彼は水泳が好きではありません。）

| He | doesn't | like | swimming. |

　主語が I, you や複数 (we，they など) の場合の否定文には do を使いますが，主語が 3 人称で単数の場合には **does** を使います。このように，一般動詞の否定文では主語に応じて do と does を使い分けます。

> **POINT**
> ❶ 主語が 3 人称単数の否定文は，〈**主語＋does not[doesn't]＋動詞の原形～.**〉の形になる。
> ❷ does not が入るときは，一般動詞の終わりに **s, es** をつけず原形にする。
> ❸ has の否定文では **doesn't have** となる。

> **✓ CHECK 031**
> 解答 → p.321
>
> 次の英文を「～しません。」の文に書きかえなさい。
> ☐ (1) Jane cooks lunch every Sunday.
> ☐ (2) She has a watch.

TRY! 表現力

「弟は～が好きではありません。」と表現してみましょう。

WORD LIST：brother, running, like, doesn't, science, math, swimming

例 My brother doesn't like running.

UNIT
5

主語が３人称単数の疑問文

Can-Do「彼は [彼女は / それは] 〜しますか？」とたずねたり，答えたりできる。

基本例文

A: **Does** your uncle **live** in San Francisco?
B: **No, he doesn't.** He lives in New York.

意味
A： きみのおじさんはサンフランシスコに住んでいるの？
B： いや，住んでいないよ。ニューヨークに住んでいるんだ。

1 主語が３人称単数の疑問文

疑問文 （エミは大阪に住んでいますか。）

Does	Emi	live	in Osaka?

　主語が３人称単数の疑問文は，does を文のはじめに置き，動詞を原形にして〈**Does＋主語＋動詞の原形〜？**〉の形になります。
　主語が３人称単数の場合とそれ以外の場合のちがいをよく確認しておきましょう。

主語が３人称単数

肯定文		Taku	likes	soccer.
疑問文	Does	Taku	like	soccer?

主語が１人称，２人称，複数

肯定文		You	like	soccer.
疑問文	Do	you	like	soccer?

注意

your や our などに注意

主語によって do と does を使い分ける必要がある。このとき注意しなければならないのは，主語が your 〜 や our 〜 のとき。your （あなたの）や our （私たちの）がついていてもあとに単数の名詞が来れば３人称単数である。言いかえると，代名詞になおすと he, she, it の形になるものは，３人称単数ということになる。

Does <u>your uncle</u> live here?
（あなたのおじさんはここに住んでいるのですか。）

2 疑問文の答え方

疑問文　（メアリーはバラが好きですか。）

Does	Mary	like	roses?

答えの文　（はい，好きです。）

—	Yes,	she	does.

（いいえ，好きではありません。）

	No,	she	doesn't [does not].

主語が3人称単数の疑問文 Does ～？には，does を使って Yes / No で答える。

POINT

❶ 主語が3人称単数の疑問文は，does を文のはじめに置いて動詞を原形にし，〈**Does＋主語＋動詞の原形～ ?**〉の形にする。

❷ Does ～？の疑問文には，**does** を使って **Yes / No** で答える。

CHECK 032

解答 → p.321

次の文を疑問文に書きかえなさい。

☐ (1) Ms. Brown has a baby.

☐ (2) My mother plays the flute.

TRY! 表現力

「あなたのお父さんは～が好きですか。」とたずねてみましょう。

WORD LIST : father, cycling, like, does, jogging, music, cats

例　Does your father like cycling?

9章 He plays ～. など（3単現）

129

He plays 〜. など（3単現）

UNIT 1　3人称単数とは

● 1人称は「私（I）」と「私たち（we）」，2人称は「あなた（you）」と「あなたたち（you）」，3人称はそれ以外のすべての人やものをさす。

● 単数とは，「1人」または「1つ」のことで，複数とは，「2人以上」や「2つ以上」のこと。

he, she, Jack, my mother など	彼，彼女，ジャック，私の母

● 3人称単数とは，I と you 以外の第三者であり，1人［1つ］ということ。

UNIT 2　主語による動詞の形

I like soccer.	私はサッカーが好きです。
You like baseball.	あなたは野球が好きです。
They like basketball.	彼らはバスケットボールが好きです。
He likes tennis.	彼はテニスが好きです。

● 主語が1人称の I や2人称の you，複数の場合には，一般動詞は原形を使う。

● 主語が3人称で単数の文には，一般動詞の終わりに s または es をつける。

She has a computer.	彼女はコンピューターを持っています。

● 一般動詞の have は，3人称単数の文では has を使う（不規則変化）。

UNIT 3　s, es のつけ方と発音

My aunt lives in America.	私のおばはアメリカに住んでいます。
She teaches English at a high school.	彼女は高校で英語を教えています。

● s, es のつけ方は，動詞の終わりによって異なる（名詞の複数形と同じつけ方）。

likes[s ス] **/ teaches**[iz イズ] **/** **plays**[z ズ]	好む / 教える / 遊ぶ

● s, es の発音は，動詞の終わりの発音によって異なる（発音の種類は名詞の複数形と同じ）。

ᵁᴺᴵᵀ **4**　主語が 3 人称単数の否定文

Dick does not [doesn't] like **science.** **Aki doesn't have any pets.**	ディックは理科が好きではありません。 アキは 1 匹もペットを飼っていません。

● 主語が 3 人称単数の否定文は，〈主語＋does not [doesn't] ＋動詞の原形～．〉の形になる。
● does not [doesn't] が入るときは，一般動詞の終わりには s, es をつけず原形にする。
● has の否定文は，原形の have を使う。

I do not [don't] like math. **He does not [doesn't] like** **English.**	私は数学が好きではありません。 彼は英語が好きではありません。

● 主語が I, you や複数の場合は，否定文には do を使う。
● 主語が 3 人称単数の場合は，否定文には does を使う。

ᵁᴺᴵᵀ **5**　主語が 3 人称単数の疑問文

Does your uncle live in London?	あなたのおじさんはロンドンに住んでいますか。
▸ **Yes, he does.**	はい，住んでいます。
▸ **No, he does not [doesn't].**	いいえ，住んでいません。

● 主語が 3 人称単数の疑問文は，Does を文のはじめに置いて，〈Does ＋主語＋動詞の原形～ ？〉の形にする。
● 〈Does ＋主語～ ？〉の疑問文には，〈Yes, ＋主語＋does.〉か〈No, ＋主語＋doesn't.〉で答える。

定期テスト対策問題

解答 → p.321

問 **1** s, es のつけ方

次の文中の（　　）内の動詞を，現在のことを表す正しい形になおしなさい。

(1) The girl (come) from Osaka.　　　　　　　　　　_____

(2) Kate (study) math with her sister.　　　　　_____

(3) Our teacher (watch) the world news on TV.　_____

問 **2** 3人称

次の文の（　　）内の語でもっとも適するものを1つ選び，○でかこみなさい。

(1) (They, She, We) wants a cat.

(2) (It, They, You) has eight arms.

(3) (I, You, He) doesn't like swimming.

問 **3** 否定文

次の文を否定文に書きかえなさい。

(1) The bird flies high in the sky.

_____

(2) Your sister gets home at about five o'clock.

_____

(3) Mr. Smith works very hard.

_____

(4) Jane cooks lunch every Sunday.

_____

問 **4** 疑問文

日本語に合うように，____に適切な1語を入れなさい。

(1) ケンはコンピューターを持っていますか。 —いいえ，持っていません。

_____ Ken _____ a computer?

— No, he _____ .

(2) トムとジローは犬が好きですか。 —はい，好きです。

_____ Tom and Jiro _____ dogs?

— Yes, they _____ .

(3) メアリーは自転車で学校へ行きますか。 —はい，行きます。
＿＿＿＿＿＿ Mary ＿＿＿＿＿＿ to school by bike?
— Yes, she ＿＿＿＿＿ .

問 5 空所補充

日本語に合うように，＿＿に適切な1語を入れなさい。

(1) 彼女は上手に料理します。
She ＿＿＿＿＿ well.

(2) それはたいして役にたちません。
That ＿＿＿＿＿ help much.

(3) アンナは大きな家に住んでいます。
Anna ＿＿＿＿＿ in a large house.

問 6 並べかえ

日本語に合うように，（ ）内の語句を並べかえなさい。

(1) トムは切手を集めています。
Tom (stamps / collects).
Tom ＿＿＿＿＿＿＿＿＿＿＿＿＿＿ .

(2) この鳥は上手に鳴きます。
This (well / sings / bird).
This ＿＿＿＿＿＿＿＿＿＿＿＿＿＿ .

(3) 父はよくテレビですもうを見ます。
My (watches / often / father) sumo on TV.
My ＿＿＿＿＿＿＿＿＿＿＿＿＿ sumo on TV.

問 7 英文の意味

次の英語を日本語にしなさい。

(1) He keeps a diary in English.
（ ）

(2) The store opens at 10:00 a.m.
（ ）

(3) My father doesn't smoke.
（ ）

(4) She phones her best friend every day.
（ ）

現役先生方に聞いた！

ある　ある　誤答ランキング

中学校の先生方が,「あるある！」と思ってしまう, 生徒たちのよくありがちな誤答例です。「自分は大丈夫？」としっかり確認して, まちがい防止に役立ててください。

第 1 位　**問題**　次の日本文を英語に直しなさい。
彼女は東京に住んでいます。

She live in Tokyo.

正しい英文:　**She lives in Tokyo.**

live という動詞のあとに, s をつけ忘れないこと。3 人称単数の主語のあとの現在形の一般動詞には, s または es をつけます。

第 2 位　**問題**　次の日本文を英語に直しなさい。
トムとジェーンは図書館で働いています。

Tom and Jane works in a library.

正しい英文:　**Tom and Jane work in a library.**

トムだけかジェーンだけなら 3 人称単数ですが, ここでは「トムとジェーン」なので複数です。

第 3 位　**問題**　次の日本文を英語に直しなさい。
彼は犬を 2 匹飼っています。

He haves two dogs.

正しい英文:　**He has two dogs.**

主語が 3 人称単数のとき, 動詞の現在形に s, es をつけますが, have の場合は, has の形を用います。

10章

中1
英語

代名詞

基本例文
の音声はこちらから

016

それぞれの英語表現が、実際の場面ではどのように使われるのかチェックしておこう!

代名詞の主格と目的格

UNIT **1**

Can-Do だれがだれに何をしたのか，代名詞を使って正しく説明できる。

基本例文

My sister has a new bike.
She likes it very much.

意味 私の姉［妹］は新しい自転車を持っています。
彼女はそれをとても気に入っています。

 1 主格の代名詞の意味と働き

　I「私は」やhe「彼は」などのように，文の主語になるときの代名詞の形を**主格**といいます。日本語に直すと「〜は」「〜が」という意味になります。

【「〜は / 〜が」を表す主格の代名詞】

	単数	複数
私は［が］	I	we
あなたは［が］	you	you
彼は［が］	he	they
彼女は［が］	she	
それは［が］	it	

用語解説

代名詞とは

具体的な名詞の代わりに使われる，I（私は［が］), you（あなたは［が］), he（彼は［が］), she（彼女は［が］), it（それは［が］）などの語を代名詞という。

覚えているかな？
人でもものでも，
複数形は they
だったね。

② 目的格の代名詞の意味と働き

me「私を」などのように，動詞の目的語になるときの代名詞の形を
目的格といいます。

【「～を / ～に」を表す目的格の代名詞】

	単数	複数
私を [に]	me	us
あなたを [に]	you	you
彼を [に]	him	
彼女を [に]	her	them
それを [に]	it	

もっと！

前置詞＋目的格の代名詞

目的格の代名詞は動詞のあとだけではなく，with（～といっしょに），to（～に対して），for（～のために），about（～について）などの前置詞のあとに入るときも使われる。
We sing songs for her.
（私たちは彼女のために歌を歌います。）

POINT

1. 具体的な名詞の代わりに使われる I（私は）などの語を**代名詞**という。
2. 文の主語「～は / ～が」になるときは**主格**の代名詞を使う。
3. 動詞の目的語「～を / ～に」になるときは**目的格**の代名詞を使う。

CHECK 033

解答 ➡ p.322

（　　）内から適切なものを選びましょう。
- ☐ (1) (They, Them) help us.
- ☐ (2) I know (he, him).

TRY!
表現力

「A は B をとても好きだ。」と表現してみましょう。

WORD LIST : like, much, very, him, her, it, them, I, we, they

例　I like it very much.

代名詞の所有格と所有代名詞

UNIT **2**

Can-Do ▶ 「〜の」「〜のもの」について，代名詞を使って説明できる。

基本例文

A: Is this your dictionary?
B: No. It's hers.

意味　A：これはあなたの辞書？
　　　B：いいえ。それは彼女のものだよ。

1 所有格の代名詞の意味と働き

　my「私の」などのように，「〜の」の意味を表すときの代名詞の形を**所有格**といいます。

【「〜の」を表す所有格の代名詞】

	単数	複数
私の	my	our
あなたの	your	your
彼の	his	their
彼女の	her	their
それの	its	their

所有格は，a や the といっしょには使えないんだったね。(→p.50)

 注意

所有格の使い方

代名詞の所有格のあとには，必ず名詞が必要である。
また，所有格と a, an, the や this，that をいっしょに使うことはできない。
(×) a my car
(×) this her car など

注意

its と it's

it の所有格である its（それの）と，it is の短縮形の it's を混同しないように注意。
It's my cat.
（それは私のネコです。）
Its hair is black.
（それの［そのネコの］毛は黒いです。）

② 所有代名詞の意味と働き

mine「私のもの」などのように，1語で「〜のもの」という意味を表す代名詞を**所有代名詞**といいます。

【「〜のもの」を表す所有代名詞】

	単数	複数
私のもの	mine	ours
あなたのもの	yours	yours
彼のもの	his	theirs
彼女のもの	hers	

名詞＋'s

〈'〉は「アポストロフィー」という。

Ken や my father（人を表す名詞），dog（動物）などの所有を表す場合には，名詞のあとに〈's〉（アポストロフィーエス）をつける。「〜の」という意味になるときと「〜のもの」という意味になるときがある。どちらの意味になるかは後ろに名詞があるかどうかで判断する。

・my father's car
　（私の父の車）
・my father's
　（私の父のもの）

10
章

代名詞

👆 POINT

① 「〜の」の意味を表すときの代名詞の形を**所有格**という。

② 所有格の代名詞のあとには，**必ず名詞が必要**となる。

③ 1語で「〜のもの」という意味を表す代名詞を**所有代名詞**という。

✓ CHECK 034

解答 ➡ p.322

（　　）内から適切なものを選びましょう。

☐ (1) This bag is (my, mine).

☐ (2) That is (your, yours) smartphone.

TRY!
表現力

「この A は B のものだ。」と表現してみましょう。

WORD LIST : cap, book, pen, his, is, this, yours, his, hers

> 例　This pen is hers.

代名詞

UNIT 1　代名詞の主格と目的格

| I play sports every day.
He likes music very much. | 私は毎日スポーツをします。
彼は音楽がとても好きです。 |

- 具体的な名詞の代わりに使われる I（私は）などの語を代名詞という。
- 文の主語「〜は，〜が」になるときの代名詞の形を主格という。

| My sister knows him.
Do you like it? | 私の妹は彼を知っています。
あなたはそれを気に入っていますか。 |

- 文の目的語「〜を，〜に」になるときの代名詞の形を目的格という。

UNIT 2　代名詞の所有格と所有代名詞

| Is this your dictionary?
It is his dictionary. | これはあなたの辞書ですか。
それは彼の辞書です。 |

- 「〜の」の意味を表すときの代名詞の形を所有格という。
- 代名詞の所有格のあとには，必ず名詞が必要となる。

| This book is yours.
That book is mine. | この本はあなたのものです。
あの本は私のものです。 |

- 1語で「〜のもの」という意味を表す代名詞を所有代名詞という。

代名詞・所有代名詞の一覧

人称	数	意味	主格 「〜は，〜が」	所有格 「〜の」	目的格 「〜を，〜に」	所有代名詞 「〜のもの」
1人称	単数	私	I	my	me	mine
	複数	私たち	we	our	us	ours
2人称	単数	あなた	you	your	you	yours
	複数	あなたたち				
3人称	単数	彼	he	his	him	his
		彼女	she	her	her	hers
		それ	it	its	it	
	複数	彼ら，彼女ら，それら	they	their	them	theirs

COLUMN

コラム

It's me.

　だれかがドアの向こうでノックしています。こういう場合，だれなのかをたずねたければ，Who is it? と言います。ドアの向こうにいる人がだれだかわからないから，it を使うのです。it にはこのようにばくぜんとしたものを受ける用法があります。

　ドアの向こうからは，It's me. (私です。) という答えが返ってきます。me は「私を」の意味を表すので，文法的には It's I. のほうが正しそうなものですが，一般的には It's me. が使われます。

　このように，文法的には筋が通らないように思えるものの，習慣として使われる表現もあるのです。

定期テスト対策問題

解答 → p.322

問 1 代名詞の主格

次の文の（　　）内のうち適切なものを選び，〇で囲みなさい。

⑴ (I, He, We) are tall.

⑵ (They, It, She) are my uncles.

⑶ (You, He, I) is our friend.

⑷ (You and I, It, I) are good friends.

問 2 代名詞の目的格

次の文の＿＿に適切な代名詞を入れなさい。

⑴ Those boys are Bob and Jack. We like ＿＿＿＿＿＿＿ very much.

⑵ This is Tom's uncle. We know ＿＿＿＿＿＿＿ well.

⑶ You see that car over there. I wash ＿＿＿＿＿＿＿ every day.

⑷ Emma and Anna are singing. Do you hear ＿＿＿＿＿＿＿ ?

問 3 前置詞＋目的格

日本語に合うように，（　　）内の語句に１語加えて並べかえなさい。

⑴ 私を見なさい。 (at / look).

＿＿＿＿＿＿＿＿＿＿＿＿＿＿＿＿＿＿＿＿＿＿＿ .

⑵ 私は彼といっしょにピアノをひきます。 (I / piano / play / him / the).

＿＿＿＿＿＿＿＿＿＿＿＿＿＿＿＿＿＿＿＿＿＿＿

⑶ ジョーンズ夫人は彼らに親切です。 (is / Mrs. Jones / to / kind).

＿＿＿＿＿＿＿＿＿＿＿＿＿＿＿＿＿＿＿＿＿＿＿ .

問 4 代名詞の所有格

次の文の（　　）内のうち適切なものを選び，〇で囲みなさい。

⑴ You know (our, us, we) teacher.

⑵ These books are (yours, you, your).

⑶ I have two cats. (Their, Theirs, They) names are Tama and Chiro.

問 5 所有代名詞

日本語に合うように，____に適切な1語を入れなさい。

(1) この本は私のです。

This book is _____ .

(2) あのぼうしは彼女のです。

That hat is _____ .

問 6 並べかえ

日本語に合うように，（　　）内の語句を並べかえなさい。

(1) 彼らはケンの兄弟ですか。

(Ken's / they / are) brothers?

_____ brothers?

(2) これは彼らの教室ですか。

Is (classroom / their / this)?

Is _____ ?

問 7 英文の意味

次の英語を日本語にしなさい。

(1) This new bike is Jane's.

(　　　　　　　　　　　　　　　　　　　　　　　　　　　　　)

(2) I go to school with her every day.

(　　　　　　　　　　　　　　　　　　　　　　　　　　　　　)

問 8 英作文

次の日本語を英語にしなさい。

(1) これらの人形は彼女のものですか。 —いいえ，ちがいます。

_____

(2) このカメラはトムのものですか，それともボブのものですか。 —それはトムのです。

_____

あるある 誤答ランキング

中学校の先生方が，「あるある！」と思ってしまう，生徒たちのよくありがちな誤答例です。「自分は大丈夫？」としっかり確認して，まちがい防止に役立ててください。

第 1 位

問題 次の日本文を英語に直しなさい。
私の大好きな食べ物は，カレーライスです。

~~I~~ favorite food is curry and rice.

正しい英文： **My favorite food is curry and rice.**

「私の大好きな（お気に入りの）～」は My favorite ～ で表現します。I - my - me の 2 つ目の所有格で表現しましょう。文がいつも I（主格）で始まるわけではありません。

第 2 位

問題 次の日本文を英語に直しなさい。
それは私の腕時計です。

~~Its~~ my watch.

正しい英文： **It's my watch.**

所有格の代名詞の its と「それは～です。」と言うときの It's ～ . を混同しないように注意しましょう。

第 3 位

問題 次の日本文を英語に直しなさい。
彼女は中学生です。

~~Shi~~ is a junior high school student.

正しい英文： **She is a junior high school student.**

「彼女は～です。」の英文は，She is ～ . で表現します。「彼女は」の英単語の発音に引っぱられて，つづりをまちがえないようにしましょう。

中1
英語

11
章

What, Who,
Whose, Which～?

基本例文
の音声はこちらから

017

それぞれの英語表現が,
実際の場面ではどのように使われるのかチェックしておこう!

What do you ～ ? / What is ～ ?

Can-Do ▸ 「何を～しますか」「～は何ですか」とたずねたり答えたりできる。

基本例文

① What **do you want?** — I want ice cream.
② What **is this?** — It is a rose.

意味
① あなたは何がほしいの？ —ぼくはアイスクリームがほしい。
② これは何？ —それはバラだよ。

1 what を使った疑問文①

ふつうの文	（私は新しいかばんがほしいです。）			
		I	want	a new bag.

疑問文	（あなたは新しいかばんがほしいですか。）			
	Do	you	want	a new bag?

what の疑問文	（あなたは何がほしいですか。）			
What	do	you	want?	

答えの文	（私は新しいかばんがほしいです。）		
—	I	want	a new bag.

what は「何?」という疑問を表す語で，疑問詞と呼ばれます。
「あなたは何を～しますか。」は，〈**What do you ＋ 動詞の原形
～?**〉でたずねます。what のあとはふつうの一般動詞の疑問文の形
が続きます。
答えるときは，日本語でも「何をしますか。」と聞かれたら「私は～
をします。」と答えるのと同じで，Yes / No は使わず，具体的に「何」
をするかを一般動詞を使った文で答えます。

用語解説

疑問詞

この what のような語を
疑問詞という。疑問詞は他
に，who（だれ），when（い
つ），where（どこ）などが
ある。

注意

主語が3人称単数のとき

主語が he や she など3人
称単数のときは，〈What
does ＋ 主語 ＋ 動詞の原形
～?〉の形になる。

「何?」と聞かれ
たら，Yes か No
では答えられな
いよね！

② what を使った疑問文②

疑問文 （これは何ですか。）

What	is	this?

答えの文 （（それは）鏡もちです。）

— It	is	a round rice cake.

「これ［あれ］は何ですか。」とたずねるときは，be 動詞を使って〈What is this［that］?〉とたずねます。（→p.42）

答えるときは，Yes / No は使わず具体的に「それは〜です。」と be 動詞を使って〈It is 〜.〉と答えます。

It is は It's でも OK!
「これは何？」と聞かれたときの基本的な答え方だよ。

👆 POINT

❶ 「あなたは何を〜しますか。」は〈**What do you ＋動詞の原形〜?**〉でたずねる。

❷ 「これ［あれ］は何ですか。」は〈**What is this［that］?**〉でたずねる。

❸ what の疑問文には，Yes / No ではなく「何」かを答える。

✓ CHECK 035

解答 → p.323

（　　）内から適切なものを選びましょう。

☐ (1) What (this is, is this)? — It's an apple.

☐ (2) What (you do, do you) want? — I want a dog.

TRY! 表現力

相手の好きなものをたずねてみましょう。

WORD LIST : you, like, what

> 例　What do you like?

Who plays 〜? / Who is 〜?

Can-Do ▶「だれが〜しますか」「〜はだれですか」とたずねたり答えたりできる。

① **Who plays tennis?** — **Saki does.**
② **Who is that boy?** — **He is Yuto.**

意味
① だれが**テニス**をするの？ —**サキ**だよ。
② **あの少年**はだれ？ —彼は**ユウト**だよ。

1 who を使った疑問文①

ふつうの文 （ウィリアムズ先生は英語を教えます。）

Mr. Williams	teaches	English.

who の疑問文 （だれが**英語を教えますか**。）

Who	teaches	English?

答えの文 （**ウィリアムズ先生**です。）

—	Mr. Williams	does.

　「だれが〜しますか。」という疑問文は，**who** を主語にします。who が主語になる文では，who のすぐあとに動詞を続け，〈**Who**＋動詞〜**?**〉とふつうの文と同じ語順にします。

　この who はふつう 3 人称単数扱いで，すぐあとの動詞には 3 単現の s, es をつけます。

　〈**Who**＋動詞〜**?**〉の問いには，ふつう同じ動詞をくり返す代わりに do や does を使って答えます。

> **! 注意**
>
> **答えるとき**
> who は 3 人称単数扱いなのであとに続く動詞には s [es] をつけるが，答えが 3 人称単数以外の場合は，答えの文では does ではなく do を使うことに注意。
> Who washes the car?
> （だれがその車を洗いますか。）
> —I do. (私です。)

② who を使った疑問文 ②

疑問文　（**彼女はだれですか。**）

Who	is	she?

答えの文　（**彼女はミナです。**）

―	She	is	Mina.

「〜はだれですか。」とたずねるときは，be動詞を使って〈**Who is ～?**〉の形でたずねます。「〜」には，he や that boy などの主語が入ります。（→p.70）

who is の短縮形 who's[húːz **フーズ**] が使われることもあります。

答えるときは，Yes/No を使わずに，名前や間柄（brother, sister, friend など）を答えます。

👆 POINT

❶「だれが〜しますか。」は〈**Who＋動詞〜?**〉というふうに，ふつうの文と同じ語順にする。

❷「〜はだれですか。」は〈**Who is ～?**〉の形でたずねる。

❸ Who is ～? には，Yes/No を使わずに，**名前や間柄**などを答える。

✓ CHECK 036

解答 → p.323

（　　）内から適切なものを選びましょう。

☐ ⑴ (Who, What) is that boy?　―(He, She) is Ken.

☐ ⑵ (Who, What) studies French?　― My sister (do, does).

TRY!
表現力

「〜はだれですか。」と表現してみましょう。

WORD LIST : that girl, this woman, that man

例　Who is that girl?

UNIT

3

Which is 〜? / Which do you 〜?

Can-Do ▶「〜はどちらですか」「どちらを〜しますか」とたずねたり答えたりできる。

---

① **Which is your wallet?**
② **Which do you want?**

◀))

意味
① あなたの財布はどちら［どれ］？
② あなたはどちら［どれ］がほしい？

---

1 Which is 〜? の意味と働き

疑問文 （あなたの好きな教科はどちら［どれ］ですか。）

Which	is	your favorite subject?

答えの文 （数学です。）

—	Math	is.

　「どちら［どれ］が〜ですか。」とたずねるときは，疑問詞 which [(h)wítʃ（フ）**ウィッチ**] を使い，〈Which is 〜?〉の形にします。which のあとはふつうの be 動詞の疑問文の形が続きます。

疑問文 （あなたの家はどちら［どれ］ですか。）

Which	is	your house?

答えの文 （こちらのです。）

—	This one	is.

　This one is.（こちらのです。）の one は，前に出た名詞の代わりとなる語で，「それと同じもの」「〜なもの」などの意味を表します。
　is は省略されて，This one. とだけ答えることもよくあります。

> Which is 〜? は，現代ではかたくかしこまった言い方に聞こえるので，実際には Which one is 〜? などと言うことのほうが多いよ。（➡p.154）

2 Which do you ～？の意味と働き

疑問文 （あなたは朝食にどちら［どれ］がほしいですか。）

Which	do	you	want	for breakfast?

答えの文 （私はトーストがほしいです。）

—	I	want	toast.

「あなたはどちら［どれ］を～しますか。」とたずねるときは，〈Which do you＋動詞の原形～？〉の形を使います。which のあとはふつうの一般動詞の疑問文の形が続きます。答えるときも一般動詞を使って答えます。

もっと！

Which＋名詞～？

which のあとに名詞を続けて〈Which＋名詞〉の形にすると「どちらの［どの］～」の意味を表す。（→p.154）

👆 POINT

❶ 「どちら［どれ］が～ですか。」は，〈**Which is ～？**〉の形でたずねる。

❷ 「あなたはどちら［どれ］を～しますか。」は，〈**Which do you＋動詞の原形～？**〉の形でたずねる。

✓ CHECK 037

解答 → p.323

（　　）内から適切なものを選びましょう。

☐ (1) (Who, Which) is your DVD?

☐ (2) (Which, Watch) do you choose?

TRY! 表現力

「どちらがあなたの～ですか。」とたずねてみましょう。

WORD LIST : bag, wallet, bike, pen

例 Which is your bag?

UNIT

4 | Which 〜, A or B?

 「AとBのどちらが〜？」とたずねたり答えたりできる。

基本例文

① Which is your pen, this one or that one? — This one is.
② Which do you want, rice or bread? — I want rice.

意味

① こっちとあっち，どっちがきみのペン？　—こっちのだよ。
② ごはんとパンのどちらがほしいですか。 —ごはんがほしいです。

1 Which 〜, A or B? の用法

疑問文　（こちらとあちら，どちらがあなたのペンですか。）

| Which | is | your pen, | this one | or | that one? |

答えの文　（こちらです。）

| — | | This one | | is. |

「AとBのどちらが〜ですか。」とたずねるときは，which の疑問文の文末をコンマ (,) で区切ってA or Bと続け，〈Which 〜, A or B?〉の形が使われます。答えるときはAかBかを答えます。

疑問文　（あなたはごはんとパンのどちらがほしいですか。）

| Which | do you want, | rice | or | bread? |

答えの文　（ごはんがほしいです。）

| — | | I want | | rice. |

　一般動詞を使った疑問文の場合も，which を使った疑問文の文末をコンマで区切ってA or Bと続け，〈Which＋do [does]＋主語＋動詞の原形〜, A or B?〉の形になります。

注意

A or B の読み方

Which 〜, A or B? の文のうち A or B の部分は，A のあとは上がり調子↑，B のあとは下がり調子↓で発音する。

2つの選択肢の間に or を入れればいいんだね。

② 選択肢が 3 つ以上のとき

疑問文　（コーヒー，紅茶，牛乳のどれがほしいですか。）

Which	do you want,	coffee, tea or milk?

答えの文　（コーヒーがほしいです。）

—	I want	coffee.

3 つの中から選んでもらいたいときは，文末は〈A, B or C〉と C の前に or を置いて B の前はコンマ (,) で区切ります。or の直前にもコンマをつける場合もあります。

もっと！

A, B or C の読み方
A or B のときと同様に考えて，A, B のあとは上がり調子↑，C のあとは下がり調子↓で発音する。

👆 POINT

① 「A と B のどちらが〜ですか。」は，〈Which 〜, A or B?〉でたずねる。

② 答えるときは，2 つ (A か B) の中から選んで答える。

③ 3 つの中から選んでもらうときは，〈Which 〜, A, B or C?〉とたずねる。

✓ CHECK 038

解答 ➡ p.323

（　　）内から適切なものを選びましょう。

☐ (1) Which (is, are) your favorite, English or math?

☐ (2) Which do you like, January, April (and, or) August?

TRY! 表現力

スポーツを 2 つあげて，「どちらをしますか。」と相手にたずねてみましょう。

WORD LIST : baseball, basketball, soccer, tennis, table tennis, volleyball

例　Which do you play, baseball or soccer?

UNIT
5

What [Which, Whose] + 名詞～？

Can-Do ▶「どんな～？」「どの～？」「だれの～？」とたずねたり答えたりできる。

基本例文

① **What sport do you like?** — I like soccer.
② **Which book is yours?** — This one is.
③ **Whose bag is this?** — It's Ben's.

意味
① きみはどんなスポーツが好き？ —ぼくはサッカーが好きだよ。
② どの本があなたのもの？ —こっちのだよ。
③ これはだれのかばん？ —それはベンのだよ。

1 What＋名詞～？の用法

疑問文 （あなたはどんなスポーツをしますか。）

What sport	do you play?

答えの文 （私は卓球をします。）

—	I play	table tennis.

　what は「何」という意味ですが，what の後ろに名詞を置くと，「どんな～」という意味を表します。

2 Which＋名詞～？の用法

疑問文 （どちらの［どの］本があなたのものですか。）

Which book	is yours?

答えの文 （こちらのです。）

—	This one	is.

注意

名詞の位置

What のあとに名詞がついて「何の，どんな」の意味で使われる。what と名詞を切り離さないこと。
(×) <u>What</u> do you play sport?
(○) What sport do you play?
日本語でも「どんなスポーツ」というふうになる。

もっと！

what と which

〈which＋名詞〉は特定の選択肢の中から「どの～」とたずねるときに使い，〈what＋名詞〉は選択肢を示さずに「どんな～」とたずねるときに使う。

which は「どちら［どれ］」という意味ですが，which の後ろに名詞を置くと，「どちらの［どの］〜」という意味を表します。

もっと！

whose のもう1つの使い方

whose は後ろに名詞を置かずに「だれのもの」という意味で使われることもある。
Whose is this key?
（このかぎはだれのものですか。）

3 Whose＋名詞〜？の用法

疑問文　（これはだれのかぎですか。）

Whose key	is this?

答えの文　（（それは）私のものです。）

—	It's	mine.

「だれの〜」とたずねるときは，疑問詞 whose を使い，〈whose＋名詞〉の形を使います。答えるときは，「だれの」とたずねられているのだから，Yes / No を使わずにだれのものかを答えます。

👆 POINT

❶ what＋名詞で「どんな〜」という意味を表す。

❷ which＋名詞で「どちらの［どの］〜」という意味を表す。

❸ whose＋名詞で「だれの〜」という意味を表す。

✓ CHECK 039

解答 ➡ p.323

（　　）内から適切なものを選びましょう。

☐ (1) What (do you sing a song, song do you sing)?

☐ (2) Whose(is it birthday today, birthday is it today)?

☐ (3) Which (bike is his, his is bike)?

TRY! 表現力

だれのものかわからないものを見つけたときの，「これはだれの〜ですか。」とたずねる文を作りましょう。

WORD LIST : book, bike, bag, pen, cap, dictionary, racket

例　Whose racket is this?

CHAPTER 11 What, Who, Whose, Which 〜?

UNIT 1 : What do you 〜 ? / What is 〜 ?

What do you read?
▶ I read novels.

あなたは何を読みますか。

私は小説を読みます。

- 「あなたは何を〜しますか。」は〈What do you＋動詞の原形〜?〉の形でたずねる。
- What の疑問文には，Yes / No では答えずに，「何を〜するか」を答える。

What is this?
▶ It is a rose.

これは何ですか。

それはバラです。

- 「これ［あれ］は何ですか。」は〈What is this[that]?〉でたずねる。
- What の疑問文には，Yes / No では答えずに，「何か」を答える。

UNIT 2 : Who plays 〜 ? / Who is 〜 ?

Who plays tennis well?
▶ Saki does.

だれが上手にテニスをしますか。

サキがします。

- 「だれが〜しますか。」は〈Who＋動詞〜?〉の形でたずねる。
- who は 3 人称単数扱いなので，すぐあとの動詞には 3 単現の s，es をつける。
- 〈Who＋動詞〜?〉の疑問文には，同じ動詞をくり返す代わりに，do や does を使って答える。

Who is she?
▶ She is Mina.

彼女はだれですか。

彼女はミナです。

- 「〜はだれですか。」は，〈Who is 〜?〉の形でたずねる。
- 「〜」には，he や that boy などの主語が入る。
- Who の疑問文には，Yes や No では答えずに，名前や間柄などを答える。

UNIT **3** : **Which is ～ ? / Which do you ～ ?**

Which is your wallet?
▸ This one is.

どちらがあなたの財布ですか。

こちらのです。

● 「どちら［どれ］が～ですか。」とたずねるときは，〈Which is ～?〉の形を使う。

Which do you want?
▸ I want pizza.

あなたはどちらがほしいですか。

私はピザがほしいです。

● 「あなたはどちら［どれ］を～しますか。」は，〈Which do you ＋ 動詞の原形～?〉の形でたずねる。

UNIT **4** : **Which ～, A or B?**

Which is your pen, this one or
that one?

こちらとあちら，どちらがあなたのペンですか。

● 「A と B のどちらが～ですか。」は〈Which ～, A or B?〉でたずねる。
● ３つの中から選んでもらうときは，〈Which ～, A, B or C?〉とたずねる。

UNIT **5** : **What［Which, Whose］＋名詞～ ?**

What sport do you like?

あなたはどんなスポーツが好きですか。

● 「どんな～ですか。」とたずねるときは，〈What ＋名詞～ ?〉の形を使う。

Which book is yours?

どちらの［どの］本があなたのものですか。

● 「どちらの［どの］～ですか。」とたずねるときは，〈Which ＋名詞～ ?〉の形を使う。

Whose bag is this?

これはだれのかばんですか。

● 「だれの～ですか。」とたずねるときは，〈Whose ＋名詞～ ?〉の形を使う。

11
章

What, Who, Whose, Which ～ ?

定期テスト対策問題

解答 ➡ p.323

問 1 **what の疑問文**

日本語に合うように，（　　）内の語句を並べかえなさい。

(1) これは何ですか。（ this / is / what ）?

_____?

(2) あなたのお仕事は何ですか（あなたは何をしますか）。（ do / do / what / you ）?

_____?

(3) あなたのお父さんは日曜日に何をしますか。

（ do / does / what / your father / on Sundays ）?

_____?

問 2 **who の疑問文**

日本語に合うように，____に適切な１語を入れなさい。

(1) あの女の子はだれですか。 —彼女はアヤです。

_____ is that _____ ? — _____ Aya.

(2) だれが上手にテニスをしますか。 —アンがします。

_____ _____ tennis well? —Anne _____ .

(3) だれが新しい机をほしがっていますか。 —ジョージです。

_____ _____ a new desk? —George _____ .

問 3 **which の疑問文**

次の文の（　　）内のうち適切なものを選び，〇で囲みなさい。

(1) (How, Which, Who) is your pen? —This one is.

(2) (Which, Who, How) subject is difficult for you? —Japanese is.

(3) (Who, How, Which) do you want, milk or juice? —I want juice.

問 4 **疑問詞＋名詞**

次の文の（　　）内のうち適切なものを選び，〇で囲みなさい。

(1) (Who flower, What flower) is this?

(2) (Who pen, Whose pen) is that?

(3) (Which team, Who team) do you like?

問 **5** 空所補充

日本語に合うように，＿＿に適切な1語を入れなさい。

(1) あの男の子はだれですか。

＿＿＿＿＿＿＿＿＿ is that boy?

(2) これは日本語で何といいますか。

＿＿＿＿＿＿＿＿＿ is this in Japanese?

(3) どちらがあなたの本ですか。

＿＿＿＿＿＿＿＿＿ is your book?

問 **6** 並べかえ

日本語に合うように，（　　）内の語句を並べかえなさい。

(1) だれが教室にいますか。

(is / who / in) the classroom?

＿＿＿＿＿＿＿＿＿＿＿＿＿＿＿＿＿＿＿＿＿ the classroom?

(2) あなたは何がほしいのですか。

(you / what / do) want?

＿＿＿＿＿＿＿＿＿＿＿＿＿＿＿＿＿＿＿＿＿ want?

問 **7** 英文の意味

次の英語を日本語にしなさい。

(1) Which do you have, a dog or a cat?

(　　　　　　　　　　　　　　　　　　　　　　)

(2) What is on the desk?

(　　　　　　　　　　　　　　　　　　　　　　)

問 **8** 英作文

次の日本語を英語にしなさい。

(1) だれが数学を教えていますか。 ―田中先生 (女性) です。

＿＿＿＿＿＿＿＿＿＿＿＿＿＿＿＿＿＿＿＿＿＿＿

(2) どちらがあなたの自転車ですか。 ―こちらのです。

＿＿＿＿＿＿＿＿＿＿＿＿＿＿＿＿＿＿＿＿＿＿＿

誤答ランキング

中学校の先生方が、「あるある！」と思ってしまう、生徒たちのよくありがちな誤答例です。「自分は大丈夫？」としっかり確認して、まちがい防止に役立ててください。

第1位　**問題**　次の日本文を英語に直しなさい。
あなたはどんなスポーツが好きですか。

What do you like ~~sport~~?

正しい英文：　**What sport do you like?**

「どんなスポーツ」は What sport のまとまりで表現します。What と sport が離ればなれにならないように注意しましょう。

第2位　**問題**　次の日本文を英語に直しなさい。
だれが上手にピアノをひきますか。

Who ~~play~~ the piano well?

正しい英文：　**Who plays the piano well?**

Who は3人称単数扱いの主語です。一般動詞 play に s をつけ忘れないよう，注意しましょう。

第3位　**問題**　次の日本文を英語に直しなさい。
あなたはどちらを選びますか。

~~Witch~~ do you choose?

正しい英文：　**Which do you choose?**

「どちらを」の英単語のつづりは which です。w のあとには h がきて，t は要りません。witch だと「魔女」になってしまいます。

12
章

時刻・曜日・日付

基本例文
の音声はこちらから

018

それぞれの英語表現が，
実際の場面ではどのよ
うに使われるのかチェ
ックしておこう！

UNIT 1 What time is it?（時刻の表し方）

Can-Do ▶「何時ですか」と時刻をたずねたり答えたりできる。

基本例文

🔊

A: What time is it in Singapore now?
B: It is nine o'clock.

意味
A ： シンガポールは今何時？
B ： 9時だよ。

1 時刻のたずね方

（何時ですか。）

What time		is	it?

「何時」は what time で表します。「何時ですか。」と時刻をたずねるときは，what time のあとに疑問文の語順で is it と続けます。文の終わりに now（今）をつけて言うこともあります。

ここで使う it は形式的なもので，「それは」の意味はありません。

2 時刻の答え方

疑問文 （シドニーでは何時ですか。）

What time	is	it	in Sydney?

答えの文 （12時です。）

—	It	is	twelve (o'clock).

（8時30分です。）

	It	is	eight thirty.

もっと！

形式的な it

時刻の他に寒暖・天候・曜日・季節のことをいうときも〈It is［It's］～.〉で表す。こうした It もすべて形式的なものであり「それは」という意味はない。

時刻を言うときの It is は，日本語では言わなくていいんだね。

What time is it? と時刻をたずねられたときは，it を主語にして〈It is[It's]＋時刻 .〉で答えます。

時刻は，「時」と「分」の数字を表す語を並べて表します。「〜時ちょうど」の場合は，「時」の数字を表す語だけとなります。または〈「時」の数字を表す語＋o'clock〉と表すこともあります。

時刻のあとに in the morning「午前」や in the afternoon「午後」をつけることもあります。また，a.m.「午前」や p.m.「午後」を使って〈数字＋a.m.[p.m.]〉と表すこともできます。

（午前9時です。）

It	is	nine	in the morning.

（午後3時です。）

It	is	3 p.m.

 もっと！

いろいろな時刻の表し方

次のような時刻の表し方もある。
It's half past eight.
（8時30分です。）
＝It's eight thirty.
（8時30分です。）
It's a quarter to seven.
（7時15分前です。）
＝It's six forty-five.
（6時45分です。）

POINT

❶ 「何時ですか。」と時刻をたずねるときは，**What time is it?** という。

❷ 時刻をたずねられたときは，〈**It is[It's]＋時刻 .**〉で答える。

❸ 時刻を表す主語 it は形式的なもので，「**それは**」という意味はない。

CHECK 040

解答 ➡ p.324

（　　）内を正しい順に並べかえましょう。

☐ ⑴ (time / it / London / what / is / in)?　ロンドンでは何時ですか。

☐ ⑵ (your / what / by / watch / time / it / is)?　あなたの時計では何時ですか。

TRY! 表現力

現在の時刻「今，○時○分です。」を表現してみましょう。

WORD LIST : it, is

例　It is seven ten now.

12章 時刻・曜日・日付

UNIT 2 | What time do you ～ ? / 頻度を表す副詞

Can-Do 「何時に～しますか」と時刻をたずねたり答えたりできる。

基本例文

A: What time do **you** get up?
B: I usually **get up** at six o'clock.

意味
A：あなたは何時に起きるの？
B：ぼくはふつう6時に起きるよ。

1 What time do [does] + 主語 + 一般動詞～ ?

（あなたは何時に学校へ出かけますか。）

| What time | do | you | leave for school? |

「何時に～しますか。」とたずねるときは，what time「何時に」を文のはじめに置き，そのあとは一般動詞の疑問文を続けます。

2 What time ～ ? の答え方

疑問文 （あなたは毎日何時に昼食を食べますか。）

| What time | do | you | have lunch every day? |

答えの文 （私は12時40分に昼食を食べます。）

| — | I have lunch | at | twelve forty. |

（12時40分です。）

| | At | | twelve forty. |

「何時に」とたずねられたら，「～時に…する」と時刻を答えます。「～時に」の「～に」にあたる語は前置詞の at で，〈at＋時刻〉としま

解説

〈What time＋一般動詞～?〉と〈What time＋be動詞～?〉

ここで学習する〈What time do [does]＋主語＋一般動詞～?〉は「何時に～するか」をたずねる表現である。
一方，〈What time is it?〉は「何時か」と時刻をたずねる表現である。混同しないようにすること。

注意

答え方

「何時に～しますか。」に対しては，It is ～. とは答えない。ここでは，時刻そのものを聞いているのではないからだ。

す。また，会話では主語や動詞のくり返しをさけて〈**At＋時刻．**〉だけで答えることもあります。

3 頻度を表す副詞

頻度を表す副詞

always（いつも），often（しばしば，よく），
sometimes（ときどき），usually（ふつう）など

（私はよく午後7時にテレビを見ます。）

| I | often | watch TV | at 7 p.m. |

動詞や形容詞をくわしく説明する語を副詞といいます。その中でも，回数など頻度を表す副詞はふつう一般動詞の前に置きます。

> **注意**
>
> **頻度を表す副詞の位置**
>
> 物事がくり返し起こる度合いのことを頻度という。頻度を表す副詞は，一般動詞の文ではふつう一般動詞の前に置くが，be 動詞の文では be 動詞のあとに置く。Tom <u>is</u> always kind.
> （トムはいつも親切です。）

POINT

❶ 「何時に～しますか。」は，〈**What time do[does]＋主語＋一般動詞～ ?**〉とたずねる。

❷ 「～時に」の「～に」にあたる語は前置詞の at で，〈**at＋時刻**〉と表す。

❸ 頻度を表す副詞はふつう**一般動詞の前**に置く。

✓ CHECK 041

解答 ➡ p.324

（　）内に適当な語を入れて文を完成させましょう。

☐ (　　　) (　　　) (　　　) you usually get up?
（あなたはいつも何時に起きますか。）

TRY! 表現力

「あなたはふつう何時に～しますか。」と表現してみましょう。

WORD LIST：go to bed, wash your face, eat dinner, take a bath, do your homework

例　What time do you usually go to bed?

UNIT

3 | # 曜日・日付のたずね方

Can-Do 「何曜日ですか」「何月何日ですか」とたずねたり答えたりできる。

基本例文

① **What day is it today?** — **It is Thursday.**
② **What is the date today?** — **It's July 2nd [second].**

意味
① 今日は何曜日？ —木曜日だよ。
② 今日は何月何日？ —7月2日だよ。

1 曜日のたずね方と答え方

疑問文 （今日は何曜日ですか。）

What day	is	it	today?

答えの文 （月曜日です。）

—	It	is	Monday.

「今日は何曜日ですか。」と曜日をたずねるときは，〈What day is it today?〉と言います。today を主語にして〈What day is today?〉と言うこともあります。答えるときは，it を主語にして〈It is [It's] ＋曜日名.〉と言います。また，〈Today is ＋曜日名.〉と言うこともあります。

2 日付のたずね方と答え方

疑問文 （今日は何月何日ですか。）

What	is	the date	today?

答えの文 （5月20日です。）

—	It	is	May 20th.

> **注意**
>
> **what day が表すもの**
>
> ふつう，what day というと，日付ではなく曜日をたずねることに注意。

> **もっと！**
>
> **もう1つのたずね方**
>
> 「曜日」や「日付」をたずねるとき，次のように言う場合もある。
> What day of the week is it today?
> （今日は何曜日ですか。）
> What day of the month is it today?
> （今日は何月何日ですか。）

「今日は何月何日ですか。」と日付をたずねるときは，〈What is the date today?〉と言います。

答えるときは，〈Today is 〜.〉または it を主語にして〈It is 〜.〉と言います。Today[It] is のあとは〈月＋日〉の順序で表します。It is をつけず，日付だけ答えることもよくあります。

注意

日付の読み方

月日を英語で書き表す場合，「日」の部分は数字で書いてもかまわない。ただし，読む場合は「〜番目の」という序数の読み方をするので注意。
January 1
（January first と読む。）
（➡p.168）

3 曜日と月の名前

日曜日	Sunday	1月	January	8月	August
月曜日	Monday	2月	February	9月	September
火曜日	Tuesday	3月	March	10月	October
水曜日	Wednesday	4月	April	11月	November
木曜日	Thursday	5月	May	12月	December
金曜日	Friday	6月	June		
土曜日	Saturday	7月	July		

曜日と月の名前は，文の途中でも必ず大文字で書き始めます。

POINT

1 曜日をたずねるときは，〈**What day is it today?**〉と表す。

2 日付をたずねるときは，〈**What is the date today?**〉と表す。

3 答えるときは，どちらも it を主語にして〈**It is[It's] 〜.**〉と答える。

CHECK 042

解答 ➡ p.324

（ ）内に適当な語を入れて文を完成させましょう。

☐ (1) (   ) (   ) is it today? （今日は何曜日ですか。）

☐ (2) (   ) is (   ). （日曜日です。）

TRY! 表現力

「今日は何曜日ですか。」とたずねてみましょう。

WORD LIST : day, week, of, it, is, today

例 What day (of the week) is (it) today?

UNIT

4 | 順番を表す言い方

Can-Do ─ 序数を使って，「～番目」と順番などを説明できる。

基本例文

① The **third** month of the year is March.
② The **twenty-fifth** letter of the alphabet is Y.

意味
① 1年で3番目の月は3月です。
② アルファベットの25番目の文字はYです。

1 順番を表す語：1から20

数を表す語 (one, two, three…) は基数といいます (→p.96)。それに対し，順番を表す語を**序数**といいます。

序数は，順番を表すときのほか，日付を表すときにも使われます。(→p.166)

1	first	11	eleventh
2	second	12	twelfth
3	third	13	thirteenth
4	fourth	14	fourteenth
5	fifth	15	fifteenth
6	sixth	16	sixteenth
7	seventh	17	seventeenth
8	eighth	18	eighteenth
9	ninth	19	nineteenth
10	tenth	20	twentieth

序数の1番目～3番目はそれぞれ基数とは全く異なる形です。4番目以上は基数にthをつけた形になります。ただし，thの直前の形が少し変わるものもあります。

注意

thのつく序数のつづり

基数にthをつけて序数を作るもののうち，以下のものは基数の語尾が少し変化するので注意が必要。

5：five ― fifth
8：eight ― eighth
9：nine ― ninth
12：twelve ― twelfth
20：twenty ― twentieth

順番を表す語：21以上

21	twenty-first	40	fortieth
22	twenty-second	50	fiftieth
23	twenty-third	60	sixtieth
		70	seventieth
28	twenty-eighth	80	eightieth
29	twenty-ninth	90	ninetieth
30	thirtieth	100	one hundredth

序数は多くの場合，前に the をつけて順序を限定します。

the first station（最初の駅）

the second week（第2週）

もっと！

省略形

序数は，英語の文中では単語で表す他に次のように数字を使った省略形で表すこともある。

first → 1st

second → 2nd

third → 3rd

fourth → 4th

fifth → 5th　など

でも，テストなどでは省略せずに書いたほうがいいよ。

12章

時刻・曜日・日付

POINT

❶ 「1番目，2番目，…」と順番を表す場合に使う数字を**序数**という。

❷ 一の位の1〜3は基数と序数で形が大きく異なるが，4以上の序数は**基数に th** をつけた形が基本。

CHECK 043

解答 → p.324

次の数の序数を，算用数字を使わずに書きましょう。

☐ (1) 22

☐ (2) 85

TRY! 表現力

自分の誕生日を算用数字を使わずに英語で表現してみましょう。

WORD LIST：is, birthday, my

例　My birthday is September (the) second.

時刻・曜日・日付

UNIT 1 : What time is it? (時刻の表し方)

What time is it **in Singapore now?**
シンガポールでは今何時ですか。

- 「何時ですか。」と時刻をたずねるときは, What time is it? という。

What time is it now?
▸ It is nine (o'clock).
今何時ですか。

9 時です。

- 時刻をたずねられたときは, 〈It is[It's]＋時刻.〉で答える。
- 「〜時ちょうど」の場合は, 〈「時」の数字を表す語＋o'clock〉で表す。o'clock は省略も可能。
- ちょうどでない時刻は, 「時」と「分」の数字を表す語を並べて表す。【例】8 時30分 → eight thirty
- 時刻を表す主語 it は形式的なもので, 「それは」という意味はない。

UNIT 2 : What time do you 〜 ? / 頻度を表す副詞

What time do you **have lunch every day?**
あなたは毎日何時に昼食を食べますか。

- 「何時に〜しますか。」とたずねるときは 〈What time do[does]＋主語＋一般動詞〜 ?〉と表す。

What time do you get up?
▸ (I usually get up) at six (o'clock).
あなたは何時に起きますか。

私はふつう 6 時に起きます。

- 「何時に」とたずねられたら, 「〜時に…する」と時刻を答える。
- 「〜時に」の「〜に」にあたる語は前置詞の at で, 〈at＋時刻〉と表す。

I often **watch TV at 7 p.m.**
私はよく午後 7 時にテレビを見ます。

- always, often, sometimes のような頻度を表す副詞は, ふつう一般動詞の前に置く。

UNIT 3 | 曜日・日付のたずね方

What day is it today?	今日は何曜日ですか。
▶ **It is Thursday.**	木曜日です。

● 今日の曜日をたずねるときは，〈What day is it today?〉と表す。it を省略することもできる。
● 答えるときは it を主語にして，〈It is[It's] ＋曜日名.〉か〈Today is ＋曜日名.〉と答える。
● 曜日の名前は大文字で始める。

What is the date today?	今日は何月何日ですか。
▶ **It is March 5th.**	3月5日です。

● 「今日は何月何日ですか。」と日付をたずねるときは，〈What is the date today?〉と表す。
● 答えるときは it を主語にして，〈It is[It's] ＋日付.〉か〈Today is ＋日付.〉と答える。
● 月の名前は大文字で始める。

UNIT 4 | 順番を表す言い方

first, second, third, ...	1番目の，2番目の，3番目の，……

● 「1番目の，2番目の，…」と順番を表す場合に使う語を序数という。
● 4番目以降は，原則として基数に th をつけた形になる。
● 序数は多くの場合，前に the をつけて〈the＋序数＋名詞〉の形で順序を限定する。
● 日付は，書くときは数字で書いてもよいが，読むときは序数として発音する。
【例】 March 5 は，March (the) fifth と読む。

12
章

時刻・曜日・日付

定期テスト対策問題

解答 ➡ p.324

問 1　時刻の表し方

例 にならって，次の時刻を **It's 〜.** を使って書きなさい。

例　8：00　It's eight o'clock.

(1)　6：00　_____

(2)　10：00　_____

(3)　12：00　_____

(4)　午後3：00　_____

問 2　時刻の答え方

次の絵を見て，時刻を英語で答えなさい。

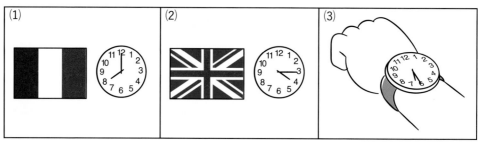

(1)　What time is it in France now?

_____

(2)　What time is it in London?

_____

(3)　What time is it by your watch?

_____

問 3　曜日・日付のたずね方

次の文の（　　）内のうち適切なものを選び，〇で囲みなさい。

(1)　(What day, Whose day) of the week is it today?　— It's Wednesday.

(2)　(Who, What) is the date today?　— It's August 1st.

(3)　(When, Which) is your birthday?　— It's October 6th.

問 **4**　頻度を表す副詞

次の文の（　　）内のうち適切なものを選び，○で囲みなさい。

(1)　I (someday, usually) get up at six.

(2)　Bill (often, office) helps his mother.

(3)　We (already, always) play tennis after school.

(4)　Kathy is (sometimes, early) late for school.

問 **5**　順番の表し方

例 にならって，＿＿＿に適切な序数を入れなさい。（曜日は，日曜から始まると考える）

例　January is the first month of the year.

(1)　October is the ＿＿＿＿＿＿＿ month of the year.

(2)　Saturday is the ＿＿＿＿＿＿＿ day of the week.

(3)　The ＿＿＿＿＿＿＿ month of the year is December.

(4)　The ＿＿＿＿＿＿＿ day of the week is Wednesday.

問 **6**　並べかえ

日本語に合うように，（　　）内の語を並べかえなさい。

(1)　あなたは何時に塾へ行きますか。

(time / what / you / do) go to *juku*?

＿＿＿＿＿＿＿＿＿＿＿＿＿＿＿＿＿＿＿＿＿＿＿＿ go to *juku*?

(2)　月曜日の前には何曜日が来ますか。

What (comes / before / day) Monday?

What ＿＿＿＿＿＿＿＿＿＿＿＿＿＿＿＿＿＿＿ Monday?

問 **7**　英作文

次の日本語を英語にしなさい。ただし，It を主語にし，算用数字は使わないこと。

(1)　今日は火曜日です。

＿＿＿＿＿＿＿＿＿＿＿＿＿＿＿＿＿＿＿＿＿＿＿＿＿＿

(2)　今日は12月13日です。

＿＿＿＿＿＿＿＿＿＿＿＿＿＿＿＿＿＿＿＿＿＿＿＿＿＿

あるある 誤答ランキング

中学校の先生方が、「あるある！」と思ってしまう、生徒たちのよくありがちな誤答例です。「自分は大丈夫？」としっかり確認して、まちがい防止に役立ててください。

第 1 位　**問題**　次の日本文を英語に直しなさい。
今日は何曜日ですか。

What day ~~it is~~ today?

あるある！　正しい英文：　**What day is it today?**

what day のあとは主語と動詞が逆の疑問文の語順になるので，is it です。

第 2 位　**問題**　次の日本文を英語に直しなさい。
今日は 4 月 5 日です。

It's April ~~fiveth~~ today.

あるある！　正しい英文：　**It's April fifth today.**

暦の 5 日は「第 5 番目の日」ということで，序数の fifth を用います。つづりや発音が変化しますので注意しましょう。

第 3 位　**問題**　次の日本文を英語に直しなさい。
彼はたいてい何時に起きますか。

What time ~~he~~ usually get up?

あるある！　正しい英文：　**What time does he usually get up?**

What time のあとには，一般動詞の疑問文を作るときの do や does が続きます。あわてて忘れないようにしましょう。

KUWASHII

ENGLISH

中1
英語

13章

Where, When,

Why ～?

基本例文
の音声はこちらから

019

それぞれの英語表現が,
実際の場面ではどのよ
うに使われるのかチェ
ックしておこう!

Where 〜？

Can-Do ▶「どこに〜？」とものや人の場所をたずねることができる。

基本例文

A: Where is my bag?
B: It is on the chair.

意味　A：私のかばんはどこにある？
　　　B：いすの上にあるよ。

① Where is[are] 〜？の意味と働き

疑問文　（あなたのカメラはどこにありますか。）

Where	is	your camera?

答えの文　（コンピューターのそばにあります。）

—	It	is	by the computer.

　「〜はどこにありますか[いますか]。」とたずねるときは，疑問詞 where「どこに」を文のはじめに置いて，〈**Where is[are]＋主語？**〉の形を使います。主語によって be 動詞は is と are を使い分けます。
　答えるときは，〈主語＋be 動詞＋場所を表す語句 .〉で表します。

② 場所を表す語句

　場所を表すとき，in や on などの前置詞がよく使われます。

場所を表す前置詞

at「〜で[に]」……比較的せまい場所		**by**「〜のそばに」……すぐそば
in「〜（の中）で[に]」……比較的広い場所		**near**「〜の近くに」……地理的に近く
on「〜の上に」……接した状態		**under**「〜の下に」

注意

答え方
〈Where is[are] 〜？〉の質問の答えは，場所を聞かれているので，左の文の by the computer のように場所を表す語句を強く言う。

③ Where do[does]＋主語＋一般動詞〜？

疑問文　（**マイクはどこに住んでいますか。**）

Where	does	Mike	live?

答えの文　（**彼は私の学校の近くに住んでいます。**）

―	He	lives	near my school.

He lives in Kyoto.
（彼は京都に住んでいます。）
のように，具体的な土地名
を伝えることもできるよ。

　「どこで［に］〜しますか。」とたずねるときは，〈Where do[does]
＋主語＋一般動詞〜？〉の形を使います。where のあとはふつうの
一般動詞の疑問文の形が続きます。
　答えるときも一般動詞を使って答えます。

POINT

❶ 「〜はどこにありますか。」は，〈**Where is[are]＋主語？**〉とたずねる。

❷ 場所をはっきり示すときは，〈**前置詞＋my／your／the など＋名詞**〉の形になることが多い。

❸ 「どこで［に］〜しますか。」は，〈**Where do[does]＋主語＋一般動詞〜？**〉とたずねる。

CHECK 044

解答 → p.325

（　　）内を正しい順に並べかえましょう。

☐ ⑴ (car / where / your / is)?　（あなたの車はどこですか。）

☐ ⑵ (are / parents / your / where)?　（あなたのご両親はどこにいますか。）

TRY!
表現力

自分の携帯電話が見つかりません。「どこ？」とたずねてみましょう。

WORD LIST : my, is, where, mobile phone, cell phone, smartphone

　例　　Where is my smartphone?

UNIT

2

When 〜 ?

Can-Do 「いつ〜？」と日付やタイミングなどをたずねることができる。

基 本 例 文

① When **is** your birthday? — **It is** May 8th.
② When **does she cook?** — **She cooks** on Saturdays.

意味
① きみの誕生日はいつ？ —５月８日だよ。
② 彼女はいつ料理するの？ —彼女は毎週土曜日に料理するよ。

1 When is［are］〜？と答え方

疑問文 （あなたの誕生日はいつですか。）

When	is	your birthday?

答えの文 （１月27日です。）

—	It	is	January 27th.

「〜はいつですか。」とたずねるときは，疑問詞 when「いつ」を文のはじめに置いて，〈When is［are］＋主語？〉の形を使います。他の疑問詞の場合と同様に，when のあとはふつうの be 動詞の疑問文の形が続きます。

答えるときは，Yes / No ではなく，時を表す語句を使って答えます。

2 When do［does］〜？と答え方

疑問文 （あなたはいつピアノを練習しますか。）

When	do	you	practice the piano?

答えの文 （私は毎朝練習します。）

I	practice it	every morning.

注意

when と what time

when も what time も時をたずねる言い方だが，when は「夕方に」のようなおおまかな時をたずねるのに対し，what time は「５時に」のようなはっきりした時刻をたずねることが多い。

178

疑問文 （あなたのお父さんはいつ帰宅しますか。）

| When | does | your father | come home? |

答えの文 （彼は夕方に**帰宅します**。）

| — | He | comes home | in the evening. |

「いつ〜しますか。」とたずねるときは，〈When do [does] ＋主語
＋一般動詞〜**?**〉の形を使います。他の疑問詞の場合と同様に，
when のあとはふつうの一般動詞の疑問文の形が続きます。

　答えるときは，Yes / No ではなく，日本語と同じように，時を表
す語句を使って答えます。

POINT

❶ 「…はいつですか。」は，〈**When is [are] ＋主語?**〉とたずねる。

❷ 「…はいつ〜しますか。」は，〈**When do [does] ＋主語＋動詞の原形〜?**〉とたずねる。

❸ 答え方は，Yes / No ではなく，**時を表す語句**とともに答える。

CHECK 045

解答 ➜ p.325

（　　）内から適切なものを選びましょう。

☐ ⑴ (What, When) do you go shopping?

☐ ⑵ (When, Who) are you free?

TRY!
表現力

「いつ〜しますか。」と相手にたずねてみましょう。

WORD LIST : do your homework, play tennis, clean your room

例　When do you do your homework?

UNIT
3

Why 〜？ ― Because 〜.

Can-Do ▶「なぜ〜？」「なぜならば〜」と理由をたずねたり答えたりできる。

基本例文

A: Why are you happy?
B: Because the food is good.

意味
A：あなたはなぜうれしいの？
B：なぜなら食べ物がおいしいからだよ。

1 Why 〜？ の意味と働き

（ボブはなぜ悲しいのですか。）

Why		is	Bob	sad?

（あなたはなぜ怒っているのですか。）

Why		are	you	angry?

　「なぜ〜ですか。」とたずねるときは，疑問詞 why「なぜ」を文のはじめに置いて，〈**Why is [are] ＋主語＋形容詞 [名詞] ？**〉の形を使います。why のあとはふつうの be 動詞の疑問文の形を続けます。

（あなたはなぜ学校に行くのですか。）

Why	do	you	go to school?

（ユキはなぜそんなに早く起きるのですか。）

Why	does	Yuki	get up so early?

　「なぜ〜するのですか。」とたずねるときは，〈**Why do [does] ＋主語＋一般動詞〜 ？**〉の形を使います。why のあとはふつうの一般動詞の疑問文の形を続けます。

もっと！

why を使った表現

Why don't you 〜 ? は，そのまま素直に日本語にすると「あなたはどうして〜しないのですか。」だが，「〜してはどうですか。」と提案したり誘ったりする言い方になる。
Why don't you come with us?
（私たちといっしょに来てはどうですか。）

② Why ～? に対する答え方

疑問文　（あなたはなぜインターネットを使うのですか。）

Why	do you use the Internet?

答えの文　（なぜならそれは便利だからです。）

— Because	it is useful.

「なぜ～ですか。」に対して理由を答えるときは，because「なぜなら～だから」を文頭に置いて答えます。

「なぜ？」と聞かれたら，Because ～. で理由を答えればいいんだね。

👆 POINT

❶「なぜ～ですか。」は，〈**Why is [are]＋主語＋形容詞 [名詞] ?**〉とたずねる。

❷「なぜ～するのですか。」は，〈**Why do [does]＋主語＋一般動詞～?**〉とたずねる。

❸「なぜ～」に対して**理由**を答えるときは，**because**「なぜなら～だから」などを使って答える。

✓ CHECK 046

解答 ➡ p.325

（　　）内から適切なものを選びましょう。

☐ (1) (Why, Who) are you so good at soccer?

☐ (2) (Become, Because) I practice it every day.

TRY! 表現力

「あなたはなぜ～するのですか。」と表現してみましょう。

WORD LIST：like, play, study, him, soccer, English

例　Why do you play soccer?

CHAPTER 13 Where, When, Why ～ ?

UNIT 1 Where ～ ?

Where is my bag?
▶ It is on the chair.

私のかばんはどこにありますか。

いすの上にあります。

- 「～はどこにありますか [いますか]。」とたずねるときは，〈Where is[are] ＋主語 ?〉の形を使う。
- Yes / No では答えずに，〈主語＋be 動詞＋場所を表す語句.〉で答える。

by the window /
under the table など

窓のそばに /

テーブルの下に

- 場所を表すときは，前置詞（at, in, on, by, near, under など）がよく使われる。

Where does Mike live?
▶ He lives near my school.

マイクはどこに住んでいますか。

彼は私の学校の近くに住んでいます。

- 「どこで [に] ～しますか。」とたずねるときは，〈Where do[does] ＋主語＋一般動詞～ ?〉の形を使う。
- Yes / No では答えずに，同じ一般動詞を使って〈主語＋一般動詞＋場所を表す語句.〉で答える。

UNIT 2 When ～ ?

When is your birthday?
▶ It is May 8th.

あなたの誕生日はいつですか。

5月8日です。

- 「～はいつですか。」とたずねるときは，〈When is[are] ＋主語 ?〉の形を使う。
- Yes / No では答えずに，時を表す語句を使って答える。

When does she cook?
▶ She cooks on Saturdays.

彼女はいつ料理をしますか。

彼女は毎週土曜日に料理をします。

- 「いつ～しますか。」とたずねるときは，〈When do[does] ＋主語＋一般動詞～ ?〉の形を使う。
- Yes / No では答えずに，時を表す語句を使って答える。

UNIT **3** ┊ Why 〜？ — Because 〜.

Why are **you happy?**

あなたはなぜうれしいのですか。

● 「なぜ〜ですか。」とたずねるときは，〈Why is［are］＋主語＋形容詞［名詞］？〉の形を使う。

Why does **she get up early?**

彼女はなぜ早起きするのですか。

● 「なぜ〜するのですか。」とたずねるときは，〈Why do［does］＋主語＋一般動詞〜？〉の形を使う。

Why do **you get up early?**
▸ Because **I take a bath in the morning.**

あなたはなぜ早起きするのですか。

なぜなら私は朝お風呂に入るからです。

● 理由を答えるときは，「なぜなら〜だから」を意味する Because を文頭に置いて答える。

COLUMN

┌─────────┐
│ コラム │
└─────────┘

「なんで知ってるの？」は Why do you know that? ではない

「あなた大会で優勝したんですってね。おめでとう。」などと，急に知り合いに言われて，「え，なんでこの人が知っているんだろう？」と驚くことがありますね。そんなとき，日本語では「なんで知ってるの？」とふつうにたずねます。これを英語で表現するとどうなるでしょう。

　Why do you know that?

　しかし，これはあまり適切な表現ではありません。日本語の「なぜ」は必ずしも英語の why にはならないのです。では，正しくはどう表現するのでしょうか。

　How do you know that?
これが正解です。

Why の質問では，相手がそれを知っている「理由」をたずねているのに対し，How の質問では，相手がそれを知った「経緯」をたずねているのです（→p.189）。

　つまり，Why の質問は「何の理由があってあなたがその情報を知っているのですか。」という意味になり，How の質問は「どうやってその情報を知ったのですか。」という意味になります。

　そう考えると，Why で質問された人は，急に理由を問いただされて面食らってしまうかもしれませんね。日本語とのちょっとしたニュアンスのちがいを知って，使い分けられるようになるといいですね。

定期テスト対策問題

解答 → p.325

問 **1** **where の疑問文と答え方**

日本語に合うように，____に適切な1語を入れなさい。

(1) コンピューターはどこにありますか。 —私の机の上にあります。

_____ is the computer? — It _____ on my desk.

(2) あなたのお兄さんたちはどこにいますか。 —彼らはリビングにいます。

_____ _____ your brothers?

— They _____ in the living room.

(3) あなたのお母さんはどこで料理しますか。 —キッチンです。

_____ _____ your mother cook? — In the _____ .

問 **2** **when の疑問文**

日本語に合うように，(　　) 内の語句を並べかえなさい。ただし，不要の語が1語ずつあります。

(1) あなたの誕生日はいつですか。

(is / your / when / whose) birthday?

_____ birthday?

(2) 彼女はいつ料理をしますか。

(she / does / which / when) cook?

_____ cook?

(3) あなたのお父さんはいつ帰宅しますか。

(your father / do / does / come / when) home?

_____ home?

問 **3** **why の疑問文**

次の文を，例 にならって「なぜ～ですか。」という疑問文に書きかえなさい。

例 John is late. → Why is John late?

(1) Ben is sad. → _____

(2) Tom knows her. → _____

(3) Nancy studies English. → _____

(4) Lucy plays tennis well. → _____

問 4　疑問詞で始まる文の作り方
次の文を，下線部が答えの中心となる疑問文に書きかえなさい。
(1)　We visit Kyoto in October every year.

_____

(2)　My brother is in Okinawa now.

_____

問 5　適語補充
日本語に合うように，____に適切な1語を入れなさい。
(1)　彼はなぜ家にいるのですか。
　　_____ _____ he at home?
(2)　なぜなら病気だからです。〔(1)に答えて〕
　　_____ he _____ sick.

問 6　並べかえ
日本語に合うように，（　）内の語句を並べかえなさい。
(1)　あなたはなぜ辞書が必要なのですか。
　　(you / do / need / why) a dictionary?

_____ a dictionary?

(2)　タクはいつこの英語の本を読みますか。
　　(read / when / Taku / does) this English book?

_____ this English book?

(3)　私の朝食はどこですか。
　　(my / is / breakfast / where)?

_____ ?

問 7　英作文
次の日本語を英語にしなさい。
(1)　なぜあなたはお腹がすいている (hungry) のですか。

_____

(2)　彼らはどこでサッカーを練習しますか。

_____

 あるある 誤答 ランキング

中学校の先生方が，「あるある！」と思ってしまう，生徒たちのよくありがちな誤答例です。「自分は大丈夫？」としっかり確認して，まちがい防止に役立ててください。

第 **1** 位　**問題**　次の日本文を英語に直しなさい。
あなたはどこ出身ですか。

Where are you?

 あるある！

正しい英文：　**Where are you from?**

you のあとに，from をつけ忘れないこと。「あなたは〜の出身ですか」は Are you from 〜? の語順ですが，「どこ？」と問いたいときは，文頭に where を置きます。

第 **2** 位　**問題**　次の日本文を英語に直しなさい。
あなたの誕生日はいつですか。

When you birthday?

 あるある！

正しい英文：　**When is your birthday?**

「あなたの誕生日」は，your birthday です。be 動詞の is をつけ忘れないように注意しましょう。「いつ？」と問いたいときは，文頭に when を置きます。

第 **3** 位　**問題**　次の日本文を英語に直しなさい。
なぜあなたは眠いのですか。

Why you are sleepy?

 あるある！

正しい英文：　**Why are you sleepy?**

「あなたは眠い」の英文に Why をつけただけでは疑問文になりません。You are の肯定文の語順を Are you 〜? の疑問文の語順にしてから，文頭に why を置きます。

中1
英語

14章

How ～ ?

基本例文
の音声はこちらから

020

それぞれの英語表現が，
実際の場面ではどのよ
うに使われるのかチェ
ックしておこう！

How 〜？（様子・状態・手段・方法をたずねる）

Can-Do ▶「〜はどうですか？」と相手の様子などをたずねることができる。

基本例文

① How's your brother? — He's good.
② How do you go to the station? — By bike.

意味

① あなたのお兄さんの具合はどう？ —彼は元気だよ。
② あなたは駅までどうやって行くの？ —自転車で行くよ。

1 様子や状態をたずねる how

疑問文 （あなたのおばあさんの具合はいかがですか。）

How	is	your grandmother?

答えの文 （彼女はとても元気です。）

—	She	is	very good.

「〜はどうですか。」「〜（の具合）はいかがですか。」と様子や状態をたずねるときには，疑問詞 how を使います。how is は短縮形の how's で表すこともあります。

疑問文 （あなたのネコたちの様子はどうですか。）

How	are	your cats?

答えの文 （彼らは元気です。）

—	They	are	good.

主語が you または複数のときには，be 動詞は are を使います。how は天候をたずねる場合にも使います。

How is the weather today? （今日の天気はどうですか。）
—It is sunny. （快晴です。）

How are you?

相手の体調や調子をたずねるときに使う。「あなたの調子はどうですか？」という意味。

I'm fine.

fine は辞書を引くと「元気な」とあるが，How are you?（調子はどうですか。）の答えとしては，あまり積極的な意味合いにはならず，「問題ありません。」くらいのニュアンスである。
「（とても）元気です。」と言いたいときには，
I'm (very) good.
と言う。

② 手段や方法をたずねる how

疑問文　（あなたはどうやって学校に来ますか。）

How	do	you	come to school?

答えの文　（私はバスで学校に来ます。）

—	I come to school	by bus.

「どうやって」「どのように」と手段や方法を聞くときにも，疑問詞 **how** を使いますが，交通手段を答えるときには〈**by**＋乗り物〉，道具について答えるときには〈**with**＋道具〉を使います。

by car（車で）	by bike（自転車で）
by train（電車で）	with a spoon（スプーンで）

POINT

❶「～はどうですか。」など，**様子や状態，天候**についてたずねるときには，**疑問詞 how** を使う。

❷「どうやって」「どのように」など，**手段や方法**についてたずねるときにも，**疑問詞 how** を使う。

CHECK 047

解答 ➔ p.326

（　　）内から適切なものを選びましょう。

☐ (1) (How, Who, When) is the weather today?

☐ (2) I go to school (by, for, in) bicycle.

TRY! 表現力

相手に，「あなたの～はどうですか。」とたずねてみましょう。

WORD LIST : school, sister, grandmother, parents

例　How's your school?

注意

交通手段の表し方

「交通手段」について答えるときは，by car, by bus のように，〈by＋乗り物〉を使うが，「徒歩で」と言いたいときには on foot と言う。
または，次のように表現することもできる。
I walk to school.
（私は歩いて学校に行きます。）

How old 〜? / How much 〜?

UNIT 2

Can-Do ▶ 「何歳?」「どのくらい?」と年齢や値段などをたずねることができる。

基本例文

① **How old is your sister?**
② **How much is this book?**

意味
① あなたの妹は何歳なの?
② この本はいくらですか。

1 年齢をたずねる how old

疑問文　（あなたのおじいさんは何歳ですか。）

How old	is	your grandfather?

答えの文　（彼は92歳です。）

—	He	is	92 years old.

　人に対して「何歳ですか。」とたずねるときには，疑問詞 how に old を続けた **How old 〜?** を使います。

　また，ものに対して「どのくらい古いですか。」とたずねるときにも How old 〜? の形を使います。

2 値段や量をたずねる how much

疑問文　（このコンピューターはいくらですか。）

How much	is	this computer?

答えの文　（それは98,000円です。）

—	It	is	98,000 yen.

注意

年齢の表し方

年齢を答えるときには，年齢のあとに years old をつけて表す。
I'm twelve years old.
(私は12歳です。)
ただし，years old は省略することもできる。

もっと!

1歳のときは?

「1歳」と言うときには，year を単数形にして，one year old と言う。
My sister is one year old.
(私の妹は1歳です。)

「〜はいくらですか」とものの値段をたずねるときには，疑問詞 how に much を続けた **How much 〜?** を使います。

疑問文　　（あなたは1日にどのくらいの紅茶を飲みますか。）

How much tea	do you drink a day?

答えの文　（私は5杯の紅茶を飲みます。）

—	I drink	five cups of tea.

　また，数えられないものについて「どのくらいの〜」と「量」をたずねるときには〈**how much ＋名詞**〉の形を使います。

 注意

『数』のたずね方

数えられるものの『数』についてたずねるときには，how many を使う。（→p.98）ただし，お金は英語では『量』として捉え，数えられないものとして扱うので how much でたずねることに注意。

14
章

How 〜？

POINT

❶ 「何歳ですか。」「どのくらい古いですか。」と**年齢や古さ**をたずねるときには，**How old 〜?** を使う。

❷ 「いくらですか。」と**値段**をたずねたり，数えられないものについて「どのくらいの〜ですか。」と**量**をたずねたりするときには，**How much 〜?** を使う。

CHECK 048

解答 → p.326

（　　）内から適切なものを選びましょう。

☐ ⑴ How (many, year, old) is your brother?

☐ ⑵ How (many, much, lot) is this jacket?

TRY!
表現力

相手に，「あなたの〜は何歳ですか。」とたずねてみましょう。

WORD LIST : (how old) sister, brother, cousin, father

例　How old is your sister?

How long 〜 ? / How far 〜 ?

Can-Do ▶「どのくらい？」と長さや距離をたずねることができる。

① **How long** is the flight to Osaka?
② **How far** is it from here to the station?

意味
① 大阪へのフライトはどのくらいの長さなの？［どのくらい時間がかかるの？］
② ここから駅までどれくらい（の距離）なの？

1 長さをたずねる how long

疑問文　（あの橋はどのくらいの長さですか。）

How long	is	that bridge?

答えの文　（長さおよそ200メートルです。）

—	It	is	about 200 meters (long).

　「どのくらい長いですか。」とものの長さをたずねるときには，疑問詞 how に long を続けた **How long 〜？** を使います。how は「どのくらい」，long は「長い」という意味なので，how long で「どのくらいの長さ」とたずねる意味になります。

疑問文　（あなたの学校では授業はどのくらいの長さですか。）

How long	are	the classes	in your school?

答えの文　（50分の長さです。）

—	They	are	50 minutes (long).

　また，「(時間が) どのくらいの長さですか。」と時間の長さをたずねるときにも **How long 〜？** の形を使います。

注意

How long 〜？に答えるとき

How long 〜？を使った疑問文に答えるときは，meter（メートル），minute（分），hour（時間）などの単位を使い，〜 meters long（〜メートルの長さ）や，〜 minutes long（〜分の長さ）のように答える。
This rope is five meters long.
（このロープは5メートルの長さです。）
It's 90 minutes long.
（それは90分の長さです。）

2 距離をたずねる how far

疑問文　（ここから新潟までどのくらいの距離ですか。）

How far	is	it	from here to Niigata?

答えの文　（およそ80キロです。）

—	It	is	about 80 kilometers.

「どのくらいの距離ですか。」「どのくらい遠いですか。」と距離についてたずねるときには，疑問詞 how に far を続けた **How far 〜？** を使います。

how far のあとの疑問文と，答えの文では it を使います。ただし，この it は形式的なもので，「それは」の意味はありません。（→p.162）

 もっと！

時間で答える？

How far 〜？ の疑問文への答えとして，距離の代わりに時間を答えるときもある。

How far is it from here to the station?
（ここから駅までどのくらいの距離ですか。）

— It's about 10 minutes on foot.
（歩いて約10分（の距離）です。）

POINT

❶ 「どのくらいの長さですか。」と**ものの長さや時間の長さ**をたずねるときには，**How long 〜？** を使う。

❷ 「どのくらいの距離ですか。」と**距離**をたずねるときには，**How far 〜？** を使う。

✓ CHECK 049

解答 → p.326

（　　）内から適切なものを選びましょう。

☐ (1) How (long, many, about) is this meeting?

☐ (2) How (many, old, far) is it to Fukuoka?

＊meeting「会議」

TRY!
表現力

相手に，「ここから〜まではどのくらい遠いですか。」とたずねてみましょう。

WORD LIST : (how far) Mito, Nagoya, Sendai, the post office

> 例　How far is it from here to Mito?

UNIT 4 | How tall 〜 ? / How about 〜 ?

Can-Do ▶ 建物などの高さや，相手の意見などをたずねることができる。

基本例文

① How high is that mountain?
② I like music. How about you?

意味
① あの山はどのくらいの高さなの？
② ぼくは音楽が好きなんだ。きみはどう？

1 高さをたずねる how tall, how high

疑問文　（あなたはどのくらいの身長ですか。）

How tall	are	you?

答えの文　（私は身長168センチです。）

—	I	am	168 centimeters (tall).

疑問文　（白根山はどのくらいの高さですか。）

How high	is	Mt. Shirane?

答えの文　（それは2,160メートルの高さです。）

—	It	is	2,160 meters (high).

「どのくらいの高さですか。」とものの高さをたずねるときには，疑問詞 how に tall または high を続けた How tall 〜 ?，How high 〜 ? を使います。

答えの文で使われる tall や high は，省略することもできます。

 もっと！

tall と high の使い分け

人，木，建物などについて，地面からの高さが高いことを表すときには tall を使う。それに対し，飛行機など（空に浮かんでいるもの）が高いところにあることを表すときは high を使う。ただし，山など地面から上に伸びているものであっても幅が広いものや，建物でも超高層ビルなど，はるかに地上高くそびえ立つようなものの高さを表すときには high を使う。

身長は tall，
山は high
なんだね！

② 「～はどうですか？」とたずねる how about

疑問文 （もう一杯コーヒーはいかがですか。）

How about	another cup of coffee?

答えの文 （はい，お願いします。）

—	Yes, please.

「～はどうですか。」「～はいかがですか。」と相手の同意や意見を求めたり何かを提案したりするときには，**How about ～？** を使います。how about の後ろには名詞を置きます。文の形が続くわけではないので注意しましょう。

How about you?

自分の意見や考えを述べたあとで「あなたはどうですか。」と相手の意見や考えをたずねるときの表現。
I love sweets. How about you?
（私は甘いものが大好きです。あなたはどうですか。）

14
章

How ～ ?

👆 POINT

❶ 「どのくらいの高さですか。」とものの高さをたずねるときには，**How tall ～？** または **How high ～？** を使う。

❷ 「～はどうですか。」「～はいかがですか。」と相手の同意や意見を求めたり何かを提案したりするときには，**How about ～？** を使う。

✓ CHECK 050

解答 → p.326

（　　）内から適切なものを選びましょう。

☐ (1) How (long, tall) is your sister?

☐ (2) How (about, long, come) some milk?

TRY!
表現力

相手に，「～はどうですか。」と提案したりたずねたりしてみましょう。

WORD LIST : tomorrow, basketball, lunch, some milk, walking

例　How about tomorrow?

How ～？

How ～？(様子・状態・手段・方法をたずねる)

How's [How is] your brother?
▶ He's good.

あなたのお兄さんの具合はどうですか。

彼は元気です。

- 「～はどうですか。」「～(の具合)はいかがですか。」と様子や状態をたずねるには，疑問詞 how を使う。
- how is は短縮形の how's で表すこともある。

How is the weather today?
▶ It is sunny.

今日の天気はどうですか。

快晴です。

- how は天候をたずねる場合にも使う。

How do you go to the station?
▶ By bike.

あなたは駅までどうやって行くのですか。

自転車でです。

- 「どうやって」「どのように」と手段や方法をたずねるときにも，疑問詞 how を使う。
- 交通手段について答えるときには〈by＋乗り物〉，道具について答えるときには〈with＋道具〉を使う。

How old ～？ / How much ～？

How old is your sister?

あなたの妹は何歳ですか。

- 「何歳ですか。」「(ものが)どのくらい古いですか。」とたずねるときは，〈How old＋be動詞＋主語？〉を使う。

How much is this book?
▶ It's 950 yen.

この本はいくらですか。

それは950円です。

- 「～はいくらですか。」とものの値段をたずねるときは，how much を使う。

How much tea do you drink a day?

 ▸ **I drink five cups of tea.**

あなたは 1 日にどのくらいの紅茶を飲みますか。

私は 5 杯の紅茶を飲みます。

● 数えられないものについて「どのくらいの〜」と量をたずねるときは，〈how much＋名詞〉を使う。

UNIT **3** ┊ How long 〜 ? / How far 〜 ?

How long is the flight to Osaka?

 ▸ **It is about two hours (long).**

大阪へのフライトはどのくらいの長さですか。

およそ 2 時間（の長さ）です。

● 「どのくらい長いですか。」とものや時間の長さをたずねるときは，how long を使う。
● 答えるときは疑問文の主語を it や they で受けて，〈It is[They are]＋長さ.〉と答える。

How far is it from here to the station?

 ▸ **It is about 800 meters.**

ここから駅までどれくらい（の距離）ですか。

およそ800メートルです。

● 「どのくらいの距離ですか。」と距離をたずねるときは，how far を使う。
● 答えるときは it を主語にして，〈It is＋距離.〉と答える。

UNIT **4** ┊ How tall 〜 ? / How about 〜 ?

How tall is he?
How high is that mountain?

彼はどのくらいの身長ですか。

あの山はどのくらいの高さですか。

● 「どのくらいの高さですか。」と人やものの高さをたずねるときは，how tall，how high を使う。

How about you? /
How about lunch?

あなたはどうですか。/

ランチはいかがですか。

● 「〜はどうですか。」「〜はいかがですか。」と相手の同意や意見を求めたり，何かを提案したりするときには，how about を使う。
● how about のあとには名詞を置く。

定期テスト対策問題

解答 ➡ p.326

問 1　how の疑問文

次の文の（　　）内のうち適切なものを選び，〇で囲みなさい。

(1)　How (long, far, old) is your sister?

(2)　How (far, much, about) is this bag?

(3)　How (far, much, for) is the library?

(4)　(How, What, Which) do you come to school?

(5)　How (for, about, in) Japanese food?

問 2　how の疑問文の答え方

次の質問の答えの文として適切なものを下から選び，記号で答えなさい。

(1)　How much is this pen?　　　　　　　　　　　　　　　　（　　）

(2)　How tall are you?　　　　　　　　　　　　　　　　　　（　　）

(3)　How long is your summer vacation?　　　　　　　　　（　　）

(4)　How do you go to school every day?　　　　　　　　　（　　）

(5)　How far is it from here to Kyoto?　　　　　　　　　　（　　）

　　　ア　It's about six weeks.　　イ　I go there by bike.　　ウ　It is 100 yen.

　　　エ　I'm 162 centimeters tall.　　オ　It's about 50 kilometers.

問 3　how の疑問文の語順

日本語に合うように，（　　）内の語句を並べかえなさい。

(1)　この建物はどのくらい古いですか。（ old / building / how / this / is)?

_____?

(2)　あの山はどれくらいの高さですか。（ high / that / how / mountain / is)?

_____?

(3)　あの時計はいくらですか。（ clock / much / that / how / is)?

_____?

(4)　来週の土曜日はどうですか。（ Saturday / about / how / next)?

_____?

(5)　駅はここからどのくらいの距離ですか。

　　　(far / from / the station / it / to / how / here / is)?

_____?

問 **4** **how の疑問文の作り方**

次の文を，下線部が答えの中心となる疑問文に書きかえなさい。

(1) Brian is <u>seventeen years old</u>.

_____

(2) Jenny studies Korean <u>for two hours</u> every day.

_____

(3) It is <u>rainy</u> today.

_____

(4) Tokyo Skytree is <u>six hundred thirty-four meters high</u>.

_____

(5) This shirt is <u>three thousand yen</u>.

_____

問 **5** **英作文**

次の日本語を英語にしなさい。

(1) あなたの弟は何歳ですか。

_____

(2) あの橋 (bridge) はどのくらいの長さですか。

_____

(3) 赤はどうですか。

_____

(4) このノートはいくらですか。

_____

(5) あなたはどのくらいの身長ですか。

_____

問 **6** **自己表現**

次の質問に，自分の立場で答えなさい。

(1) How old are you?

_____

(2) How tall are you?

_____

あるある 誤答ランキング

中学校の先生方が，「あるある！」と思ってしまう，生徒たちのよくありがちな誤答例です。「自分は大丈夫？」としっかり確認して，まちがい防止に役立ててください。

第 1 位　**問題**　次の日本文を英語に直しなさい。
この本はいくらですか。

How <u>many</u> is this book?

正しい英文：　**How much is this book?**

「いくらですか？」と値段をたずねるときは，How much です。数を問うときは〈How many＋複数名詞〉を使います。しっかり区別しましょう。

第 2 位　**問題**　次の日本文を英語に直しなさい。
あなたはどうやって学校へ行きますか。　―歩いて行きます。

How do you go to school? ― <u>By</u> foot.

正しい英文：　**How do you go to school? ― On foot.**

公共の交通機関を利用したり自転車を使ったりするときには by を使いますが，「歩いて，徒歩で」というときは on foot を使います。

第 3 位　**問題**　次の日本文を英語に直しなさい。
天気はどうですか。

How <u>the</u> weather?

正しい英文：　**How is the weather?**

be 動詞を抜かしてしまうこともよくありますね。気をつけましょう！　この疑問文に答えるときは，It's sunny.（快晴です。）というように，やはり be 動詞を使って答えます。

15
章

can

基本例文
の音声はこちらから

021

それぞれの英語表現が,
実際の場面ではどのよ
うに使われるのかチェ
ックしておこう!

can の意味と形

UNIT **1**

Can-Do ▶ can を使って「〜できます」と説明できる。

基本例文

A: I can speak **Chinese.**
B: That's nice.

意味
A : 私は中国語が話せるんだ。
B : それはいいね。

1 助動詞 can の意味と文の形

【日本語】

私は	上手に歌う	ことができる。

【英語】

I	can	sing well.

　「〜することができる。」とできること（能力・可能）について表すときには，**助動詞 can** を使います。日本語で「〜できる」と言うときは〈動詞＋「できる」〉という語順になりますが，英語では〈can＋動詞〉となり，日本語のときと語順が逆になります。

2 can＋動詞の原形

「〜する」の文 　（彼は速く走ります。）

He		runs	fast.

「〜できる」の文 　（彼は速く走ることができます。）

He	can	run	fast.

用語解説

助動詞

助動詞とは，動詞の働きを助け，意味をつけ加える働きをする語のこと。助けられる動詞には，一般動詞だけでなく，be 動詞もある。We can be happy.（私たちは幸せになれます。）

もっと！

「〜する」と「〜できる」

「〜する」という一般動詞の現在形の文は，主語がふだんすること（習慣）を表すのに対して，「〜できる」という助動詞 can を使った文は主語ができること（能力・可能）について表す。

助動詞 can は，動詞のすぐ前に置き，後ろの動詞は原形にします。また，助動詞 can は主語によって形が変わることはありません。つまり，主語が何であっても〈can＋動詞の原形〉の形は変わりません。

正しい文 （彼はギターをひくことができます。）

| (○) | He | can | play | the guitar. |

誤った文

| (×) | He | cans | play | the guitar. |
| (×) | He | can | plays | the guitar. |

15
章

can

注意

動詞を忘れずに！

can を使った文を作るとき，can の後ろに動詞を置くのを忘れてしまうことがあるので注意が必要。

（○）I can play soccer.
（私はサッカーができます。）

（×）I can soccer.

英語では soccer だけでは「サッカーをする」という意味にはならない。

POINT

❶「〜できます。」とできること（**能力・可能**）について表すときには，**助動詞 can** を使う。

❷ can は**動詞のすぐ前**に置き，その後ろの**動詞は原形**にする。

❸ can は，主語によってその**形が変わることはない**。

CHECK 051

解答 → p.327

（　　　）内から適切なものを選びましょう。

☐ (1) I can (play, plays, playing) the guitar.

☐ (2) She can (using, uses, use) computers very well.

TRY!
表現力

自分ができることについて表現してみましょう。

WORD LIST : (can) play the piano, swim, skate, sing well, run fast

例　I can play the piano. / I can skate. / I can swim well.

UNIT

2

can の否定文

Can-Do ▶ can を使って,「～できません」と説明できる。

基本例文

A: I can play chess.
B: Oh, really? I can't do it.

意味
A：私はチェスができるのよ。
B：えっ，本当？　ぼくはできないよ。

1 can の否定文

肯定文 （私はスケートをすることができます。）

| I | can | skate. |

否定文 （私はスケートをすることができません。）

| I | cannot | skate. |
| = | I | can't | skate. |

「～することができません。」とできないこと（能力・可能）を言うときには，can の否定文を使います。can の否定形は，can の後ろに not をつけた cannot の形です。短縮形の can't もよく使われます。

2 can't[cannot]＋動詞の原形

「～しない」の文 （彼は卵を食べません。）

| He | doesn't | eat | eggs. |

「～できない」の文 （彼は卵を食べられません。）

| He | can't | eat | eggs. |

注意

can の否定形

「～することができません」と言うとき，2 語に分かれた can not という形はあまり使われない。cannot という形を使うのが一般的。話し言葉では，短縮形の can't がよく使われる。

can の否定文は cannot か can't を使おう。

肯定文のときと同じように，否定文でも cannot [can't] は動詞のすぐ前に置き，後ろの動詞は原形にします。また，cannot [can't] の形も変わりません。

正しい文　（彼は上手に泳ぐことができません。）

| ○ | He | cannot | swim | well. |

誤った文

| × | He | cans not | swim | well. |

| × | He | cannot | swims | well. |

POINT

❶ 「～できません。」と**できないこと**（能力・可能）について表すときには，**can の否定文**を使う。

❷ can の否定文では，**cannot** または**短縮形の can't** の形を使う。

❸ 主語によって〈**cannot [can't] ＋動詞の原形**〉の形が変わることはない。

CHECK 052

解答 ➡ p.327

（　　）内から適切なものを選びましょう。

☐ ⑴ Eri can't (eating, eats, eat) *sashimi*.

☐ ⑵ We cannot (swim, swimming, swims) well.

TRY!
表現力

自分ができないことについて表現してみましょう。

WORD LIST：(can't (cannot)) play the violin, ski, use the computer, speak
　　　　　　Chinese

例　I can't use the computer. / I can't ski. / I cannot play the violin.

can の疑問文

Can-Do can を使って，「～できますか？」とたずねたり答えたりできる。

① **Can** you write *kanji*? — No, I **can't**.
② **What can** you see from your room?

意味
① あなたは漢字を書くことができる？ ——いいえ，書けないわ。
② あなたの部屋から何を見ることができる？

1 can の疑問文

肯定文 （あなたはコンピューターを使うことができます。）

| — | You | can | use | computers. |

疑問文 （あなたはコンピューターを使うことができますか。）

| Can | you | | use | computers? |

　「～することができますか。」とできること（能力・可能）について
たずねるときには，can を文のはじめに置いて，〈**Can＋主語＋動詞
の原形～？**〉の形を使います。
　Can ～？の疑問文には，can を使って Yes/No で答えます。

疑問文 　（あなたはフランス語を話せますか。）

| Can | you | speak | French? |

答えの文 　（はい，話せます。）

| | Yes, | I | can. |

（いいえ，話せません。）

| | No, | I | can't. |

 注意

Do や Does は使わない！

can の疑問文では，一般
動詞が使われていても Do
や Does は使わない。
（×）Does he can swim?
（○）Can he swim?

② 疑問詞で始まる can の疑問文

疑問文　（あなたは何を料理することができますか。）

What	can	you	cook?

答えの文　（私はカレーを料理することができます。）

I	can	cook	curry.

　what（何），where（どこ）などの疑問詞で始まる疑問文を作るときは，疑問詞を文のはじめに置き，〈疑問詞＋can＋主語＋動詞の原形〜**?**〉の形にします。

注意

Who で始まる疑問文

「だれが〜できますか。」とたずねるときは，疑問詞 who が主語になるので，その後ろは肯定文と同じ語順。〈Who＋can＋動詞の原形〜?〉の形になる。
Who can play rugby?
（だれがラグビーをすることができますか。）

15
章

can

👉 POINT

❶ 「〜することができますか。」とできること（**能力・可能**）について**たずねる**ときには，**can を文のはじめに置く。**

❷ can の疑問文に答えるときには，**can を使って Yes / No で答える。**

❸ 疑問詞ではじまる can の疑問文を作るときは，**疑問詞を文のはじめに置き，can の疑問文の語順**を続ける。

✓ CHECK 053

解答 → p.327

（　　）内から適切なものを選びましょう。

☐ ⑴ Can he (play, playing, plays) the violin?

☐ ⑵ Where can I (eating, eats, eat) sushi?

TRY!
表現力

相手に，「あなたは何を〜することができますか。」とたずねてみましょう。

WORD LIST：play, cook, see, make

例　What can you make with these eggs?

UNIT 4

Can you〜？（依頼）/ Can I〜？（許可）

 can を使って，相手に何かを頼んだり許可を求めたりできる。

基本例文

A: **Can you help me with my homework?**
B: **Sure. Can I see your notebook first?**

意味

A：私の宿題を手伝ってもらえる？
B：もちろん。 まずは，ノートを見てもいい？

1 Can you〜？（依頼する）

依頼の文 （私のためにこれを読んでくれますか。）

| Can | you | read | this for me? |

Can you〜？で，「〜してもらえますか。」と相手に何かを頼む（依頼する）意味になることがあります。

また，依頼を表す Can you〜？には，Yes, I can. のように can を使って答えるよりも，Sure.「もちろんです。」などのように答えるのがふつうです。他にもいろいろな答え方があります。

Yes, of course.	「はい，もちろんです。」
OK. [Okay.]	「いいですよ。」
All right.	「いいですよ。」
My pleasure.	「よろこんで。」
Sorry, I can't.	「すみません，できません。」

 もっと！

よりていねいに依頼する

Can you〜？よりももっとていねいに頼む表現として，Could you〜？を使うこともできる。

Could you help me with my report?
（私のレポートを手伝ってくださいませんか？）

（➡Could you〜？については，中学2年で学習します）

② Can I 〜？（許可を求める）

許可の文 （あなたの辞書を使ってもいいですか。）

Can	I	use	your dictionary?

Can I 〜？で，「〜してもいいですか。」と相手に許可を求めることができます。

許可を求める Can I 〜？の場合も，Yes, you can. のように can を使って答えるよりも，**Sure.**「もちろんです。」などのように答えるのがふつうです。

断るときは，No, I can't「いいえ，できません」などではそっけなくつきはなしたような言い方になってしまうので，「すみません，今それを使っています。」Sorry, I'm using it now. のようにできない理由もつけ加えるとよいでしょう。

 もっと！

よりていねいに許可を求める

相手に許可を求めるときには，助動詞 may を使って，May I 〜？とたずねることもできる。may を使うと，can を使うときよりもていねいな表現になる。
May I go with him?
（彼といっしょに行ってもいいですか？）
（→May I 〜？については，中学2年で学習します）

15 章

can

👆 POINT

❶ 「〜してもらえますか。」と相手に頼む（**依頼する**）ときには，**Can you 〜？** を使う。

❷ 「〜してもいいですか。」と相手に**許可を求める**ときには，**Can I 〜？** を使う。

❸ 依頼されたり，許可を求められたりしたときの**答え方**は，can を使うよりも，**Sure.** などの表現を使った方がよい。

✓ CHECK 054

解答 → p.327

（　　）内から適切なものを選びましょう。

☐ (1) (Can, Do, Does) you help me, please?

☐ (2) (Does, Do, Can) I use your eraser?

TRY! 表現力

相手に，「〜してもいいですか。」とたずねてみましょう。

WORD LIST : see, notebook, open, window, use, pencil, speak, Japanese

例 Can I see your notebook?

CHAPTER

15

can

UNIT 1 : can の意味と形

I can speak Chinese.
私は中国語を話すことができます。

- できること（能力・可能）について表すときには，助動詞 can を使う。

He can run fast.
彼は速く走ることができます。

- 「〜することができます。」というときは，can は動詞のすぐ前に置き，後ろの動詞は原形にする。
- can は主語の人称や数によってその形が変わることはない。

UNIT 2 : can の否定文

I cannot [can't] play chess.
私はチェスをすることができません。

- できないこと（能力・可能）について表すときには，can の否定形を使う。
- can の否定形は，cannot または短縮形の can't を使う。

He can't eat eggs.
彼は卵が食べられません。

- 「〜することができません。」というときは，否定形 cannot [can't] を動詞のすぐ前に置き，後ろの動詞は原形にする。
- cannot [can't] は主語の人称や数によってその形が変わることはない。

UNIT 3 : can の疑問文

Can you write *kanji*?
あなたは漢字を書くことができますか。
▶ **Yes, I can.**
はい，書けます。
▶ **No, I can't.**
いいえ，書けません。

- 「〜することができますか。」とできること（能力・可能）についてたずねるときには，〈Can ＋ 主語 ＋ 動詞の原形〜 ?〉の形を使う。
- Can 〜 ? の疑問文には，〈Yes, ＋ 主語 ＋ can.〉〈No, ＋ 主語 ＋ can't.〉の形で答える。

What can **you see from your room?**
▸ **I can see a park.**

あなたの部屋から何が見えますか。

公園が見えます。

- 疑問詞で始まる can の疑問文を作るときは，疑問詞のあとに can の疑問文の語順を続ける。
- Yes / No では答えずに，〈主語＋can＋動詞の原形〜.〉の形で答える。

UNIT **4**　Can you 〜？（依頼）/ Can I 〜？（許可）

Can you **help me with my homework?**
▸ **Sure.**

私の宿題を手伝ってもらえますか。

もちろんです。

- 「〜してもらえますか。」と相手に頼む（依頼する）ときには，Can you 〜？ を使う。
- Can 〜？ の疑問文が依頼を表すときは，can を使わずに Sure. などの表現を使って答える。

Can I **see your notebook?**
▸ **Yes, of course.**

あなたのノートを見てもいいですか。

はい，もちろんです。

- 「〜してもいいですか。」と相手に許可を求めるときには，Can I 〜？ を使う。
- Can 〜？ の疑問文で許可を求められたら，can を使わずに Sure. などの表現を使って答える。

COLUMN

コラム　　**Can I borrow 〜？（〜を借りてもいいですか。）**

　何かを貸してほしいときは，Can I［または May I］borrow 〜？（〜を借りてもいいですか。）と言いましょう。逆に頼まれたら，Sure.（いいですよ。）/ Go ahead.（どうぞ。）/ Here you are. / Here you go.（はい，どうぞ。）などと答えればOK です。

　断らなければならないときは，Sorry, I can't lend it to you.（すみませんが，貸せません。）のように言い，そのあとに理由をつけるとよいでしょう。

定期テスト対策問題

解答 → p.327

問 1 can の意味

次の文を日本語にしなさい。

(1) My father can speak Chinese.

(　　　　　　　　　　　　　　　　　　　　　　　　　　　　)

(2) Can you play golf?

(　　　　　　　　　　　　　　　　　　　　　　　　　　　　)

(3) My sister can't drive a car.

(　　　　　　　　　　　　　　　　　　　　　　　　　　　　)

(4) Can you read this book for me?

(　　　　　　　　　　　　　　　　　　　　　　　　　　　　)

問 2 can の否定文 / 疑問文

次の文を（　　）内の指示にしたがって書きかえなさい。

(1) Your brother can read English books. （疑問文に）

_____

(2) My teacher can sing old songs. （否定文に）

_____

(3) Jane can speak Japanese. （疑問文に）

_____

(4) I can ski. （否定文に）

_____

問 3 can の疑問文への答え方

次の質問に対するもっとも適切な答えを下からそれぞれ1つ選び，記号で答えなさい。

(1) Can I open the window?　　　　　　　　　　　　　　　　（　　）

(2) Can you ride a bike?　　　　　　　　　　　　　　　　　（　　）

(3) Can your brother ski or play golf?　　　　　　　　　　（　　）

(4) Who can swim fast?　　　　　　　　　　　　　　　　　（　　）

　　ア　Ken can.　　　イ　Sure.　　　ウ　He can ski.　　　エ　Yes, I can.

問 **4** 疑問詞＋can の疑問文

日本語に合うように，＿＿に適切な1語を入れなさい。

(1) 私たちはどこでその DVD が買えますか。

＿＿＿＿＿＿＿ ＿＿＿＿＿＿＿ we buy the DVD?

(2) だれがフルートを演奏できますか。

＿＿＿＿＿＿＿ ＿＿＿＿＿＿＿ play the flute?

(3) あなたは学校で何のスポーツをすることができますか。

＿＿＿＿＿＿＿ ＿＿＿＿＿＿＿ ＿＿＿＿＿＿＿ you play in your school?

問 **5** 疑問詞＋can の疑問文と答え方

次の文の（　）に入る適切なものを下から選び，記号で答えなさい。

(1) （　　） can swim fast? — Kosuke can. （　　）

(2) （　　） sports can you play? — I can play soccer. （　　）

(3) （　　） can you cook? — I can cook in the kitchen. （　　）

　ア　What　　イ　When　　ウ　Who　　エ　Where

問 **6** 並べかえ

日本語に合うように，（　）内の語句を並べかえなさい。

(1) 私の父はテニスが上手にできます。(play / can / tennis / father / well / my).

＿＿＿＿＿＿＿＿＿＿＿＿＿＿＿＿＿＿＿＿＿＿＿＿＿ .

(2) あなたは2キロ泳げますか。(swim / you / kilometers / two / can)?

＿＿＿＿＿＿＿＿＿＿＿＿＿＿＿＿＿＿＿＿＿＿＿＿＿ ?

(3) 私はブラックコーヒーが飲めません。(black / I / drink / coffee / can't).

＿＿＿＿＿＿＿＿＿＿＿＿＿＿＿＿＿＿＿＿＿＿＿＿＿ .

(4) あなたのペンを使ってもいいですか。(use / can / pen / I / your)?

＿＿＿＿＿＿＿＿＿＿＿＿＿＿＿＿＿＿＿＿＿＿＿＿＿ ?

問 **7** 自己表現

次の質問に，自分の立場で答えなさい。

　　What kind of food can you cook?

＿＿＿＿＿＿＿＿＿＿＿＿＿＿＿＿＿＿＿＿＿＿＿＿＿

あるある 誤答 ランキング

中学校の先生方が,「あるある!」と思ってしまう,生徒たちのよくありがちな誤答例です。「自分は大丈夫?」としっかり確認して,まちがい防止に役立ててください。

第 **1** 位　**問題**　次の日本文を英語に直しなさい。
彼はサッカーをすることができます。

He can *soccer*.

正しい英文：　**He can play *soccer*.**

助動詞 can のあとには,必ず動詞が置かれます。can を置いただけで安心してしまい,動詞を忘れてしまうミスが多いので,気をつけてくださいね。

第 **2** 位　**問題**　次の日本文を英語に直しなさい。
彼女はパスタを作ることができます。

She can cooks pasta.

正しい英文：　**She can cook pasta.**

助動詞 can のあとの動詞は原形にします。しかし,特に主語が 3 人称単数の場合,一般動詞に s をつけたままにしてしまうことがよくあります。注意しましょう。

第 **3** 位　**問題**　次の日本文を英語に直しなさい。
私はフランス語を話せません。

I cant speak French.

正しい英文：　**I can't speak French.**

短縮形には必ずアポストロフィー(’)をつけましょう。単純ですが,よくあるミスです。can の否定文では cannot の形も使われます。

中1
英語

16章

いろいろな形の文

基本例文
の音声はこちらから

022

それぞれの英語表現が、
実際の場面ではどのよ
うに使われるのかチェ
ックしておこう！

There is [are] 〜. の文

Can-Do ▶ 相手が知らないものや人について, 「〜があります」と説明できる。

基本例文

A: Look! There is a little white cat under that tree.
B: It's very cute.

意味

A：見て！　あの木の下に小さな白いネコがいるよ。
B：すごくかわいい。

1 There is [are] 〜. の意味と働き

There is 〜. の文　（いすの上にすてきなかばんがあります。）

There	is	a nice bag	on the chair.

　相手が知らないものや人について, 「〜があります［います］。」と言うときは, 〈There is [are] 〜.〉の形を使います。

　たとえば, いすの上に置かれたかばんについて説明するとき, もし相手がそのことをまったく知らないのであれば, 英語ではいきなり A (nice) bag 〜 などと説明を始めるのではなく, 最初に There is 〜 と始めるのがふつうです。

　逆に, 特定のものや人, すでに話題にのぼったものや人について言うときは, There is [are] 〜. の形は使いません。

(○) My mother's bag is on the chair.
　　（私の母のかばんはいすの上にあります。）

(×) There is my mother's bag on the chair.

注意

there の意味

There is [are] 〜. の there は形式的な語で特に意味はなく, 「そこに」の意味ではない。
There is [are] 〜. の文で「そこに」と言いたいときは, 最後にもう一度 there をつける必要がある。
There is a big dog **there**.
（そこに大きな犬がいるよ。）

最初と最後に there がある文でも, 別におかしくないんだね。

2 There is [are] 〜. を使った文の形

単数の文 （ベンチのそばに 1 匹の犬がいます。）

There	is	a dog	by the bench.

複数の文 （ベンチのそばに 2 匹の犬がいます。）

There	are	two dogs	by the bench.

「〜がある [いる]。」と存在を表す文なので，文末に場所を表す語句を置き，〈There is [are] ＋名詞＋場所を表す語句.〉の形で使うのが一般的です。

また，be 動詞は，後ろの名詞が単数または数えられない名詞なら is を，複数なら are を使います。

注意

短縮形

〈there ＋ be 動詞〉は，次のような短縮形が使われることがある。

there is → there's
there are → there're

短縮するときはアポストロフィー（'）を使うんだ。

16 章

いろいろな形の文

POINT

1. **There is [are] 〜.** で「〜がある [いる]。」という意味を表す。
2. There is [are] 〜. の文では，**文末に場所を表す語句を置く**ことが多い。
3. be 動詞は，後ろの名詞が**単数なら is**，**複数なら are** を使う。

✓ CHECK 055

解答 ➡ p.328

（　　）内から適切なものを選びましょう。

☐ (1) There (is, are) a beautiful park near my house.
☐ (2) There (is, are) a lot of books in this room.

TRY! 表現力

外国人の友だちに「私の学校の近くに〜があります。」と説明しよう。

WORD LIST : park, library, convenience store, bus stop, near my school

> 例　There is a park near my school.

There is [are] 〜. の否定文 / 疑問文

Can-Do ▶「〜がありません」「〜がありますか」と説明したりたずねたりできる。

基本例文

A: Is there a stadium in your city?
B: No, there isn't. How about yours?

意味 　A：あなたの市にはスタジアムはある？
　　　B：いや，ないよ。きみの市は？

1　There is [are] 〜. の否定文

肯定文　（この辺りにバス停が（1つ）あります。）

There	is		a bus stop	around here.

否定文　（この辺りにはバス停が（1つも）ありません。）

There	is	not	a bus stop	around here.

肯定文　（公園に何人かの子どもたちがいます。）

There	are		some	children	in the park.

否定文　（公園には子どもが（1人も）いません。）

There	are	not	any	children	in the park.

　There is [are] 〜. の文を否定文にするときには，is [are] のあとに not を置きます。「〜がない [いない]。」という意味になります。

no を使った文　（公園には子どもが（1人も）いません。）

There	are	no	children	in the park.

　また，no を使って否定を表すこともあります。

注意

not any = no

〈not any + 名詞〉 = 〈no + 名詞〉で，「何も [1つも] 〜ない」という意味を表す。
any や no の後ろが数えられる名詞の場合，複数形になることに注意すること。
There aren't any windows in this room.
= There are no windows in this room.
（この部屋には窓が1つもありません。）

no + 名詞で，「何も〜ない」「1つも〜ない」という意味になるよ！

② There is [are] 〜. の疑問文

疑問文　（その箱の中にボールがありますか。）

Are	there	/	any balls	in the box?

答えの文　（はい，あります。）

—	Yes,	there	are.

（いいえ，ありません。）

No,	there	aren't.

疑問文では，
be 動詞を
there の前に
出すんだね。

疑問文にするときには，is [are] を **there の前**に出します。「**〜が**
ありますか [いますか]。」という意味になります。

また，答えるときにも there is [are] を使います。

👆 POINT

❶ There is [are] **not** 〜. で「〜がない [いない]。」という意味を表す。

❷ **Is [Are] there** 〜 ? で「**〜がありますか [いますか]。**」という意味を表す。

❸ Is [Are] there 〜 ? には，**there is [are]** を使って答える。

✓ CHECK 056

解答 ➜ p.328

（　　）内から適切なものを選びましょう。

☐ (1) (There is not, I do not) a large park in my town.

☐ (2) Are there any students in the classroom?

　　　 — Yes, (they, there) are.

TRY!
表現力

友だちの机の上にあるものをたずねる文を作ろう。

WORD LIST : a computer, dictionaries, pens, comic books, on your desk

例　Is there a computer on your desk?

〈look＋形容詞〉の文

UNIT 3

Can-Do ▶ look など感覚を表す動詞を使い，「～のようです」と説明できる。

基本例文

A: That cake **looks** delicious.
B: It does, but it's just a plastic display.

意味
A：あのケーキ，おいしそうに見えるわ。
B：そうだね，でもただの食品サンプルだけどね。

1 「～（のよう）に見える」を表す文

〈be 動詞＋形容詞〉 （あなたのお父さんは若いです。）

Your father	is	young.

〈look＋形容詞〉 （あなたのお父さんは若く見えます。）

Your father	looks	young.

形容詞

　「～（のよう）に見える」という文は，look を使って〈look＋形容詞〉の形で表します。

「～に見える」 （あなたは眠そうに見えます。）

You	look	sleepy.

「～を見る」 （あなたはあの少年を見ています。）

You	are looking	at	that boy.

　look は〈look＋形容詞〉の形で「～（のよう）に見える」という意味を表しますが，「～を見る」という意味のときは〈look at＋名詞〉と at を使うのできちんと区別しましょう。

もっと！

〈look like＋名詞〉

look の後ろに形容詞ではなく名詞を入れた〈look like＋名詞〉の形も「～のように見える」という意味を表す。

That dog looks like a cat.
（あの犬はネコのように見えます。）

「～を見る」という意味の look at ～とは形がちがうんだね。

2 〈動詞＋形容詞〉の形をとる look 以外の動詞

〈動詞＋形容詞〉の形で「～のようだ」などの意味になる他の動詞には，次のようなものがあります。

feel	「～に感じる」
smell	「～のにおいがする」
sound	「～に聞こえる」
taste	「～の味がする」

This sweater **feels** good.

（このセーターは手ざわりがいいです〔←いいと感じる〕。）

That **sounds** interesting.

（それはおもしろそうですね〔←おもしろそうに聞こえる〕。）

においや音，手ざわりなど「～の感じがする」動詞ばかりだね。

16 章 いろいろな形の文

👆 POINT

1 「～（のよう）に見える」は〈**look ＋形容詞**〉の形で表す。

2 〈**look at＋名詞**〉「～を見る」と**混同**しないように注意。

3 **feel**，**sound** などの動詞も〈**動詞＋形容詞**〉の形の文を作る。

✓ CHECK 057

解答 ➡ p.328

（　　）内から適切なものを選びましょう。

☐ (1) My mother looks (at busy, busy) today.

☐ (2) Please look (at me, me).

TRY! 表現力

身近な人について「～（のよう）に見えます。」と説明しよう。

WORD LIST : busy, happy, hungry, sad, sick, sleepy, tired, young

例 Akari looks happy.

CHAPTER 16 いろいろな形の文

UNIT 1 There is [are] 〜. の文

There is a cat under the tree.　木の下にネコがいます。

● There is [are] 〜. で「〜があります [います]。」という意味を表す。

There is a chair by the window.　窓のそばにいすがあります。
There are some people in the park.　公園に何人かの人々がいます。

● There is [are] 〜. の文では，文末に場所を表す語句を置くことが多い。
● be 動詞は，後ろの名詞が単数なら is，複数なら are を使う。
● There is は短縮形 There's，There are は短縮形 There're を使うことがある。

UNIT 2 There is [are] 〜. の否定文 / 疑問文

There isn't a stadium in my city.　私の市にはスタジアムは（1つも）ありません。

There aren't any children in the park.　公園には子どもが（1人も）いません。

●「〜がありません [いません]。」は is [are] のあとに not を置いて，There isn't [aren't] 〜. の形で表す。

There are no children in the park.　公園には子どもが（1人も）いません。

● 〈There aren't any＋複数名詞.〉と同じ内容を〈There are no＋複数名詞.〉で表すことができる。

Are there any restaurants near here?　この近くにレストランはありますか。
　▸ **Yes, there are.**　はい，あります。
　▸ **No, there aren't [are not].**　いいえ，ありません。

●「〜がありますか [いますか]。」は is [are] を文のはじめに置き，Is [Are] there 〜？で表す。
● Is [Are] there 〜？の疑問文には，there is [are] を使って Yes，No で答える。

UNIT 3 〈look＋形容詞〉の文

The cake looks delicious.　そのケーキはおいしそうに見えます。

- 「〜（のよう）に見えます」は〈look＋形容詞〉で表す。
- 〈look at＋名詞〉「〜を見ます」と混同しないように注意。

I feel hungry.
This flower smells good.

私は空腹を感じます。

この花はいいにおいがします。

- feel, smell などの五感を表す動詞も，〈動詞＋形容詞〉の形で「〜のようだ」などの意味を表す。

16章
いろいろな形の文

COLUMN
コラム

「〜があります」という言い方

「テーブルの上にスマホがあります。」

これを英語で言うと，**There is a smartphone on the table.** となります。しかし，「私のスマホはどこかしら？」と言うAさんに対して，There is your smartphone on the table. というのはまちがいです。なぜでしょうか。

上の2つの文のちがいは，a smartphone「（だれのものかわからないけれど，1台の）スマホ」と your smartphone「あなたのスマホ」という部分です。

英語の There is[are] 〜. の構文は，「**何かの存在について，相手がまだ知らない新しい情報を伝える**」表現なので，すでにお互いで共有し特定されている「あなた（Aさん）のスマホ」という表現をこの構文で使うことはできないのです。

この場合，Your smartphone（またはIt）

is on the table. と言ってあげるのが適切です。

ただし，There is your smartphone. という表現を使える状況もまれにあります。Aさんが自分のスマホのことをまったく話題にしていないときに，テーブルの下にAさんのものとわかるスマホが落ちているのをあなたが見つけたとしましょう。ここでThere is your smartphone under the table! と言ってあげれば，その情報はAさんにとって，まだ知らない新しい情報になります。

少しややこしいですが，こういう状況も起こりうるということはふまえつつ，原則としては There is[are] 〜. の構文で，the（その），this（この），that（あの），his（彼の）などの名詞を特定する語はつけないということを覚えておきましょう。

223

定期テスト対策問題

解答 → p.328

問 1 There is [are] 〜. の文

次の文の___に，**is，are** のうち適切な語を入れなさい。

(1) There _____ a computer on the desk.

(2) There _____ thirty desks in the classroom.

(3) There _____ some water in the glass.

(4) There _____ a lot of dogs in the park.

問 2 There is [are] 〜. の否定文 / 疑問文

次の文を（　　）内の指示にしたがって書きかえなさい。

(1) There is a station near my house.　（否定文に）

_____

(2) There are some boys in the room.　（否定文に）

_____

(3) There is a cat under the table.　（疑問文に）

_____

(4) There are some students in the library.　（疑問文に）

_____

問 3 〈動詞＋形容詞〉の文

日本語に合うように，（　　）内のうち適切なものを選び，○で囲みなさい。

(1) あなたは忙しそうに見えます。

You (look, look at, see) busy.

(2) この絵を見てください。

Please (look, look at, see) this picture.

(3) あなたのお姉さんはとても幸せそうです。

Your sister (are, look, looks) very happy.

(4) 私は，今日は気分がよいです。

I (am, feel, look) good today.

(5) それはよさそうですね。

That (sounds, looks at, sees) good.

(問) 4 **There is [are] 〜. の疑問文への答え方**

次の質問に対する適切な答えを下から選び，記号で答えなさい。

(1) Is there a dictionary on your desk? ( )

  ア Yes, I am. イ Yes, it is.

  ウ Yes, there is. エ Yes, I do.

(2) Are there any pens in your bag? ( )

  ア No, they aren't. イ No, there aren't.

  ウ No, they don't. エ No, it isn't.

(3) Is there a lot of rain here in summer? ( )

  ア Yes, it is. イ Yes, they are.

  ウ Yes, there are. エ Yes, there is.

(問) 5 **There is [are] 〜. の文，〈動詞＋形容詞〉の文の形**

日本語に合うように，( ) 内の語句を並べかえなさい。ただし，不要の語が1語ずつあります。

(1) 私たちの市には大きなスタジアムがあります。

  There (our city / is / a big stadium / in / has).

  There _____ .

(2) あなたの家の近くに郵便局はありますか。

  (near / a post office / is / your house / are / there)?

  _____ ?

(3) この公園には子どもはいません。

  (in / there / not / is / this park / any children / are).

  _____ .

(4) 私は今，とても疲れたと感じています。

  (tired / I / feel / to / very) now.

  _____ now.

(5) その映画はおもしろそうです。

  (interesting / the / sounds / movie / is).

  _____ .

(6) あなたのお姉さんは若く見えます。

  (sister / young / looks / your / at).

  _____ .

あるある 誤答ランキング

中学校の先生方が，「あるある！」と思ってしまう，生徒たちのよくありがちな誤答例です。「自分は大丈夫？」としっかり確認して，まちがい防止に役立ててください。

第1位　**問題**　次の日本文の意味になるように（　　）に適語を書きなさい。
公園に，何匹かの犬がいます。

There (~~is~~) some dogs in the park.

あるある！　正しい英文：　**There (are) some dogs in the park.**

〈There is[are] ＋名詞〉で「～があります／います」を表します。主語が単数なら is，複数なら are を使います。ここでは主語（犬）は複数なので，There are になります。

第2位　**問題**　（　　）内の語を並べかえて正しい文を作りなさい。
(post office / a / there / is) near my house.

(<u>A post office is there</u>) near my house.

あるある！　正しい英文：　**(There is a post office) near my house.**

相手が知らないものや人について，「～があります／います」と表すとき，英語では，最初に There is[are] を置くのがふつうです。

第3位　**問題**　下の英語の質問に対する答えの（　　）に適語を書きなさい。
Is there a flower shop in front of the station?

Yes, (~~it~~) (is).

あるある！　正しい英文：　**Yes, (there) (is).**

〈Is[Are] there ～?〉「～がありますか／いますか」への答えとしては，Yes, there is[are]. （はい，あります。） / No, there isn't[aren't]. （いいえ，ありません。）を使います。

KUWASHII

ENGLISH

中1
英語

17章

現在進行形

UNIT　1　現在進行形の意味と形
UNIT　2　ing 形（現在分詞）の作り方
UNIT　3　進行形にしない動詞 / 現在進行形の否定文
UNIT　4　現在進行形の疑問文 / What are you doing?

基本例文
の音声はこちらから

023

それぞれの英語表現が,
実際の場面ではどのよ
うに使われるのかチェ
ックしておこう!

UNIT
1

現在進行形の意味と形

Can-Do ▶ 「〜しています」と，進行中の動作について説明できる。

基本例文

A: Where is Kana?
B: She's at school. She is practicing tennis.

意味
A：カナはどこにいるの？
B：学校にいるよ。彼女はテニスを練習しているよ。

① 現在進行形と現在形

現在形　　（タケシは毎日，昼食を作ります。）

| Takeshi | / | cooks | lunch | every day. |

現在進行形　（タケシは今，昼食を作っています。）

| Takeshi | is | cooking | lunch | now. |

be 動詞＋動詞の ing 形

　「〜しています。」のように，今まさにある動作を行っている最中であることを表すときには，〈be 動詞＋動詞の ing 形〉を使います。この形を「現在進行形」と言います。

　一方，これまでに学習した「現在形」は，「ふだん〜します。」「〜する習慣があります。」という意味となり，日頃の習慣を表します。2つのちがいに注意しましょう。

現在形　　➡　いつも（習慣的に）〜することを表す。
現在進行形➡　今この瞬間，まさに〜していることを表す。

② 現在進行形の作り方

　現在進行形〈be 動詞＋動詞の ing 形〉で使う be 動詞（am, are, is）は，主語がだれかによって，使い分けます。

 もっと！

動詞の ing 形は「現在分詞」とも言う。「分詞」とは，動詞の変化形のこと。

 注意

短縮形

主語と be 動詞は，セットにして短縮することもある。
I am ＝ 　　I'm
You are ＝ 　You're
She is ＝ 　She's
He is ＝ 　　He's
They are ＝ They're

ちがいがわかったかな？

主語	be 動詞	動詞の ing 形	
I	am		
You	are		
He / She / it など 3人称単数	is	watching	TV.
We / You / They など 複数	are		

「未来」を表す現在進行形

現在進行形を使うと，すでに決まっている予定についても表すことができる。「明日」や「来月」など未来を表す語句といっしょに使われ，「～することになっている。」「～する予定になっている。」という意味になる。
I'm going to Kyoto <u>next month</u>.
（私は来月京都に行く予定です。）

【例】 （私の母は，テレビを見ています。）
　　　My mother is watching TV.

POINT

1. 〈主語＋**be 動詞**＋動詞の **ing 形**〉を，「現在進行形」と言う。
2. 現在進行形は「（主語）は～している。」という意味で，動作が今進行していることを表す。
3. **be 動詞（am, are, is）**は主語によって**使い分ける**。

CHECK 058

解答 ➡ p.329

（　　）内から適切なものを選びましょう。

☐ (1) Hiromi (am, are, is) playing the violin.

☐ (2) They are (helping, help, helps) their homeroom teacher.

あなたは今自宅にいます。友人から「遊びに行ける？」と誘われましたが，断らなくてはなりません。「～をしています。」と，出かけられない理由を伝えましょう。

WORD LIST： clean, help, cook, wash, study

例 (Sorry, I can't.) I'm helping my mother. / I'm studying.

ing 形（現在分詞）の作り方

UNIT 2

Can-Do ▶ 動詞の ing 形を正しく使い，進行中の動作を適切に説明できる。

基本例文

A: Makoto, can you help me?
B: Sorry. I'm doing my homework.

意味　A：マコト，私を手伝ってくれる？
　　　B：ごめんね。ぼくは宿題をしているんだよ。

1 ing 形の作り方

ing 形の作り方には，次の3つがあります。

①多くの動詞 ➡ そのまま ing をつける

look	（見る）	→	looking	（見ている）
speak	（話す）	→	speaking	（話している）
read	（読む）	→	reading	（読んでいる）
eat	（食べる）	→	eating	（食べている）

②最後が e で終わる動詞 ➡ e をとって ing

come	（来る）	→	coming	（来ている）
write	（書く）	→	writing	（書いている）
use	（使う）	→	using	（使っている）
give	（与える）	→	giving	（与えている）

③短母音＋子音で終わる動詞 ➡ 最後の文字を重ねて ing

sit	（すわる）	→	sitting	（すわっている）
swim	（泳ぐ）	→	swimming	（泳いでいる）
cut	（切る）	→	cutting	（切っている）

📖 用語解説

短母音とは？

「短母音」とは，短く発音する母音のこと。音を伸ばしたり，重ねたりせず，短く「ア・イ・ウ・エ・オ」のように読む。
たとえば swim は，[i イ] という短母音のあとに [m ム] という子音が続いている。左の ing 形の作り方の③「短母音＋子音で終わる動詞」に当てはまるので，最後の文字 m を重ねて，swimming というように進行形を作る。

もっと！

visit の ing 形

③のきまりは，最後の短母音にアクセントを置いて発音される動詞にだけ当てはめられるが，visit[vízit ヴィズィット]（訪問する）は，最初の母音にアクセントがあるので，③のきまりには当てはまらず，visiting となる。

2 ing は動詞の原形につける

現在形　　（サチコは毎日音楽を聞きます。）

| Sachiko | ╱ | listens | to music every day. |

現在進行形　（サチコは音楽を聞いています。）

| Sachiko | is | listening | to music. |

（×）Sachiko is listensing to music.

　上に示したように，ing 形を作るとき，ing は必ず動詞の原形（この場合なら，listen）につけます。主語が she, he など 3 人称単数現在形で動詞に s(es) がついているときは，s(es) をとって原形にもどしてから ing をつけましょう。

 もっと！

study の ing 形

study（勉強する）のように，主語が 3 人称単数のとき最後の y を i に変えて es をつける動詞（→p.124）でも，現在分詞にするときは，そのまま ing をつけること。
（○）studying
（×）studiing

17 章

現在進行形

👆 POINT

❶ ing 形の作り方は，①そのまま **ing**，②e をとって **ing**，③最後の文字を重ねて **ing**，の 3 つがある。

❷ **ing** は，必ず**動詞の原形**につける。

✓ CHECK 059

解答 → p.329

（　）内から適切なものを選びましょう。

☐ (1) I am (write, writer, writing) a letter.

☐ (2) My brother is (swims, swimming, can swim) in the swimming pool.

TRY!
表現力

友だちから，妹が今何をしているかたずねられました。
「妹は自分の部屋で～をしている。」と伝えましょう。

WORD LIST : her room, read, sing, study, in

例　My sister is reading in her room.

UNIT 3 進行形にしない動詞 / 現在進行形の否定文

Can-Do 進行形にしない動詞や，否定形の作り方をつかみ，適切に表現できる。

基 本 例 文

A: Are you busy?
B: Yes, I'm doing my homework. I'm not sleeping.

意味
A：忙しいかい？
B：うん，ぼくは宿題をしているんだ。眠っているんじゃないよ。

1 進行形にしない動詞

study（勉強する）や run（走る）など，「動作」を表す動詞は進行形にできる一方，have（「持っている・所有している」という意味で使われるとき）や know（知っている）など，「動作」ではなく「状態」を表している動詞は進行形にできません。

状態の動詞の「〜している」という日本語につられて，進行形にしてしまわないよう注意しましょう。

【例】（私たちはあの少女を知っています。）
（○）We know that girl.
（×）We are knowing that girl.

また，see（〜が見える），hear（〜が聞こえる）などの「知覚」を表す動詞もふつう進行形にはしません。

ふつう進行形にしない**主な動詞**

know（知っている）
like（好きである）
love（愛している）
have（「持っている・所有している」という意味で使われるとき）
want（ほしがっている）　など

注意

「動作」と「状態」のちがい

read（読む），speak（話す）などは，あるとき行われる「動作」。一方，have（持っている）や know（知っている）は，あるときの一定の「状態」を表している。「今，この瞬間に行うことができる動作」でなければ，進行形にはできない。動作か状態か迷ったときは，「短時間にやめたり再開したりをくり返すことができる動詞であるか？」と考えてみるとよい。

もっと！

「動作」の have

同じ have でも，「食べる」「飲む」という意味で have を使う場合は，「動作」を表すので，進行形にできる。We're having lunch here.
（私たちはここで昼食を食べています。）

❷ 現在進行形の否定文

ふつうの文 （その電車は時間通りに走っています。）

| The train | is | ╱ | running | on time. |

否定文 （その電車は時間通りに走っていません。）

| The train | is | not | running | on time. |

「～していません。」「～しているところではありません。」という意味の進行形の否定文は，be 動詞のあとに not を入れて〈be 動詞＋not＋動詞の ing 形〉で表します。

もっと！

be 動詞＋not の短縮形

be 動詞と not は以下のように短縮できる。
is not ＝isn't
are not＝aren't
※ただし，am not には，短縮形がない。

注意

進行形の否定文では，現在形の否定文で使われるdon't や doesn't は使わない。「進行形は be 動詞を使う」と覚えておくとよい。

17
章
現在進行形

🖐 POINT

❶ like や have など，「状態」を表す動詞はふつう進行形にしない。

❷ see や hear など，「知覚」を表す動詞はふつう進行形にしない。

❸ 進行形の否定文は，〈主語＋be 動詞＋not＋動詞の ing 形〉となる。

✓ CHECK 060

解答 ➡ p.329

（　　）内から適切なものを選びましょう。

☐ ⑴ Kazuo (is liking, likes, like) animals.

☐ ⑵ It (isn't, aren't, not) raining in Yokohama now.

TRY!
表現力

弟がタブレットを使いたいと言っています。
「いいよ。今，私は使っていないよ。」と伝えましょう。

WORD LIST：use, the tablet computer, right now, OK.

例　OK. I'm not using the tablet computer right now.

UNIT 4 現在進行形の疑問文 / What are you doing?

Can-Do ▶ 「～していますか」と進行中の動作についてたずねたり答えたりできる。

基本例文

A: Are you making a cake?
B: Yes, I am. I'm making a birthday cake for Kenji.

意味　A：ケーキを作っているの？
　　　B：うん，そうだよ。ケンジの誕生日ケーキを作っているんだよ。

1 進行形の疑問文と答え方

進行形の疑問文 （ヤスコは自分の部屋で勉強していますか。）

Is	Yasuko	studying	in her room?

➡ **Yes,** she is. （はい，しています。）
➡ **No,** she isn't. （いいえ，していません。）

「～していますか。」「～しているところですか。」とたずねる進行形の疑問文は，be 動詞を前に出して，〈be 動詞＋主語＋動詞の ing 形～?〉で表します。be 動詞を使った疑問文（→p.68）と同じで，答えるときも，am, are, is を答えの文の主語に合わせて使い分けます。

2 疑問詞で始まる現在進行形の疑問文

what で始まる疑問文 （**彼女は何を作っていますか。**）

What	is	she	making?

where で始まる疑問文 （ジェーンはどこで**宿題をしていますか。**）

Where	is	Jane	doing her homework?

注意

進行形は be 動詞

進行形の疑問文では，現在形の疑問文で使われる do や does は使わない。一般動詞の文と be 動詞の文をしっかり区別し，「進行形は be 動詞を使う」と覚えておくこと。

（○）Are you doing your homework?
（あなたは宿題をしていますか？）
（×）Do you doing ～?
などとしては絶対にダメ。

疑問詞で始まる進行形の疑問文は，たずねたいこと（疑問詞）を文の先頭に出し，そのあとに進行形の疑問文を続けます。

ふつうの疑問文　　　（あなたはマンガを読んでいますか。）

Are	you	reading	manga	?

たずねたいこと

what（何を）

疑問詞を使う疑問文　（あなたは何を読んでいますか。）

What	are	you	reading	?

ただし，who（だれが）で始まる疑問文は，who が主語なので，疑問文でもふつうの文（肯定文）と同じ語順です。

who で始まる疑問文　（どちらさまですか。[だれが電話をしていますか。]）

Who	is	calling?
主語	動詞	

17章 現在進行形

注意

What／Where ～ doing? の答え

What are you reading?
— I am reading manga.
（私はマンガを読んでいます。）
現在進行形で聞かれたのに
（×）I read manga. などと現在形で答えるのはダメ。

注意

Who ～ doing? の答え

Who is calling?
— Kumiko is 〔calling〕.
（クミコです〔が電話をしています〕。）
「だれが？」と聞かれたのだから，Yes／No でなく〈主語＋be動詞〔＋～ing〕〉．で答える。〔　〕内は省略するのがふつう。

POINT

① 進行形の疑問文を作るときは，**be動詞を主語の前に出す。**

② 疑問詞で始まる進行形の疑問文は〈疑問詞＋現在進行形の疑問文〉となる。

③ **who（だれが）で始まる進行形の疑問文**は，ふつうの文（肯定文）の語順になる。

CHECK 061

解答 ➡ p.329

（　）内から適切なものを選びましょう。

☐ ⑴ (Is, Are, Am) Hiroto and Naoki playing *shogi*?

☐ ⑵ (Who, Where, What) is speaking?　— Kaori is.

＊*shogi*「将棋」

TRY! 表現力

「あなたは～をしているのですか。」とたずねてみましょう。

WORD LIST：doing, singing, playing golf, studying English, what

例　Are you playing golf? / What are you doing?

現在進行形

UNIT 1 現在進行形の意味と形

She is practicing tennis.
彼女はテニスを練習しています。

- 「(主語) は〜しています。」という意味を表すには，現在進行形を使う。
- 現在進行形は，〈be 動詞＋動詞の ing 形〉で表す。
- 現在形が日頃の習慣を表すのに対し，現在進行形は動作が今進行していることを表す。

I am listening to the radio now.
They are watching TV now.
私は今，ラジオを聞いています。

彼らは今，テレビを見ています。

- 現在進行形〈be 動詞＋動詞の ing 形〉で使う be 動詞 (am, are, is) は主語によって使い分ける。

UNIT 2 ing 形 (現在分詞) の作り方

look – looking
見ている

- 多くの動詞はそのまま ing をつける。

come – coming
来ている

- 最後が e で終わる動詞は，e をとって ing をつける。

sit – sitting
すわっている

- 短母音＋子音字で終わる動詞は，最後の文字を重ねて ing をつける。

Sachiko is listening to music.
サチコは音楽を聞いています。

- ing は，必ず動詞の原形につける。

UNIT 3　進行形にしない動詞 / 現在進行形の否定文

A girl is dancing. We know her.

1人の女の子が踊っています。私たちは彼女を知っています。

- study や run など，「動作」を表す動詞は進行形にできる。
- know や like など，「状態」を表す動詞は進行形にしない。
- see や hear など，「知覚」を表す動詞は進行形にしない。

I am not sleeping.

私は眠っていません。

- 「〜していません。」「〜しているところではありません。」という意味の現在進行形の否定文は，〈主語＋be 動詞＋not＋動詞の ing 形〉で表す。

UNIT 4　現在進行形の疑問文 / What are you doing?

Are you making a cake?
▸ Yes, I am.
▸ No, I'm not [am not].

あなたはケーキを作っているところですか。
はい，そうです。
いいえ，ちがいます。

- 「〜していますか。」「〜しているところですか。」とたずねる現在進行形の疑問文は，〈be 動詞＋主語＋動詞の ing 形?〉で表す。
- 答えるときは，〈Yes,＋主語＋be 動詞.〉か〈No,＋主語＋be 動詞＋not.〉で答える。

What are you making?
Where is Lisa studying?

あなたは何を作っているのですか。
リサはどこで勉強しているのですか。

- 疑問詞で始まる現在進行形の疑問文は，〈疑問詞＋現在進行形の疑問文〉の形になる。

Who is singing?

だれが歌っているのですか。

- who（だれが）で始まる現在進行形の疑問文は，who を主語として，ふつうの文（肯定文）の語順にする。

定期テスト対策問題

解答 ➜ p.329

問 **1** ing 形の作り方

次の動詞を ing 形にしなさい。

(1) watch _____

(2) use _____

(3) sit _____

(4) visit _____

(5) practice _____

(6) cut _____

問 **2** 現在進行形の否定文・疑問文

次の文を（　　）内の指示にしたがって書きかえなさい。

(1) Tommy is riding a horse.（疑問文に）

_____

(2) Is Jack swimming in the pool?（Yes で答える）

_____

(3) Are you cooking right now?（No で答える）

_____

(4) They are playing baseball.（否定文に）

_____

問 **3** 現在進行形の文

次の文を現在進行形の文に書きかえなさい。

(1) My sister studies math.

_____

(2) Mike doesn't write an e-mail.

_____

(3) Do you and Bob play tennis?

_____

(4) Do you speak French?

_____

疑問詞のある現在進行形の疑問文

次の文の（　　）に入る適切なものを下から選び，記号で答えなさい。

(1) （　　　　）is playing the guitar? — My grandfather is.　　　　　（　　）

(2) （　　　　）are they running? — They are running in the park.　　　（　　）

(3) （　　　　）is Ann doing? — She is swimming.　　　　　　　　　　（　　）

　　ア　What　　　イ　When　　　ウ　Who　　　エ　Where

問 **5**　**並べかえ**

日本語に合うように，（　　）内の語句を並べかえなさい。

(1) ヨウコはテレビを見ています。（ watching / Yoko / TV / is ）.

　　_____ .

(2) ジョンはソファーで寝ているのですか。（ the sofa / is / John / on / sleeping ）?

　　_____ ?

(3) 彼らは今，サッカーをしていません。（ soccer / playing / they / not / are ） now.

　　_____ now.

問 **6**　**適語補充**

日本語に合うように，____に適切な1語を入れなさい。

(1) 私は今，コンビニに行くところです。

　　I _____ _____ to the convenience store now.

(2) 私の兄は今，夕食を食べていません。

　　My brother _____ _____ dinner now.

(3) だれがポールとテニスをしているのですか。

　　_____ _____ _____ tennis with Paul?

問 **7**　**英作文**

右の絵を見て，次の問いに答えなさい。

What is the man doing now?

　_____

　_____

　_____

あるある 誤答ランキング

中学校の先生方が，「あるある！」と思ってしまう，生徒たちのよくありがちな誤答例です。「自分は大丈夫?」としっかり確認して，まちがい防止に役立ててください。

第 1 位

問題 次の日本文を英語に直しなさい。
私は剣道を練習しています。

I'm practiceing *kendo*.

あるある！

正しい英文： **I'm practicing *kendo*.**

一般動詞の ing 形を作るとき，つづりに注意するものがあります。cutting や sitting，lying など注意すべきものを洗い出してチェックしておきましょう。

第 2 位

問題 次の日本文を英語に直しなさい。
彼はちょうど今，本を読んでいます。

He reading a book right now.

あるある！

正しい英文： **He is reading a book right now.**

動詞の ing 形を作ることに気を取られてしまい，be 動詞を忘れてしまうことがよくあります。〈be 動詞＋動詞の ing 形〉を常にセットにして考えましょう。

第 3 位

問題 次の日本文を英語に直しなさい。
あなたは何をしていますか。

What do you doing?

あるある！

正しい英文： **What are you doing?**

現在進行形と現在形をしっかり区別しましょう。現在進行形の疑問文では，一般動詞の疑問文で使われる do や does は使いません。

中1
英語

18

章

一般動詞の過去形

基本例文
の音声はこちらから

024

それぞれの英語表現が,
実際の場面ではどのように使われるのかチェックしておこう!

UNIT
1

過去を表す文と動詞の過去形

Can-Do ▸ 「～しました」と，過去のできごとについて説明できる。

基本例文

A: I played tennis yesterday. How about you?
B: I studied English and math at home.

意味
A：ぼくは昨日，テニスをしたんだ。きみは？
B：私は家で英語と数学を勉強したわ。

① 動詞の過去形

　「～しました。」と過去のできごとについて言うときには，一般動詞を過去形にして使います。一般動詞の過去形には，次の表のように規則動詞と不規則動詞の２種類があります。

規則動詞　：**一般動詞の原形に ed をつけるもの**

　play‐played　　cook‐cooked　　visit‐visited　など

不規則動詞：不規則に変化するもの

　go‐went　　sit‐sat　　eat‐ate　など

② 過去を表す文の作り方

　一般動詞の過去形は，現在形のときとはちがい，主語が何であってもその形が変わることはありません。

| I
You
He
They | played | tennis | yesterday. |

用語解説

規則動詞と不規則動詞

一般動詞の原形に ed をつけて過去形を作るものを規則動詞，一般動詞の形自体が不規則に変化するものを，不規則動詞という。動詞によってどちらかは決まっているので，１つ１つ覚えよう。

注意

s はつかない！

過去を表す文を作るとき，主語が she や Hiroshi などのような３人称単数であっても，一般動詞の過去形に s をつけることはないので注意。

③ 過去を表す語句

last 〜（この前の〜，先〜，昨〜）

> last week（先週）, last Sunday（先週の日曜日に）,
> last night（昨夜）, last year（昨年） など

〜 ago（〜前に）

> five days ago（5日前に）,
> ten years ago（10年前に） など

その他

> yesterday（昨日）, then / at that time（そのとき）,
> in those days（当時） など

過去を表す語句の位置

過去を表す語句は，文の最後または最初に置くことが多い。
I cooked dinner yesterday.
（私は昨日，夕食を作りました。）
Last Sunday, my father washed his car.
（先週の日曜日に，私の父は車を洗いました。）

👆 POINT

❶ 「〜しました。」と**過去**のできごとについて表すときには，一般動詞の**過去形**を使う。

❷ 一般動詞の過去形には，**規則動詞**と**不規則動詞**の2種類がある。

❸ 一般動詞の過去形は，主語が何であってもその**形は変わらない**。

✓ CHECK 062

解答 → p.330

（　　）内から適切なものを選びましょう。

☐ (1) I (watch, watches, watched) a movie yesterday.

☐ (2) Kumiko (use, used, using) her computer last night.

友人からSNSにメッセージが届きました。「昨夜は〜をしていた。」と伝えましょう。

WORD LIST：last night, listened to, played, studied, read

> 例　I listened to music last night. / I played video games last night. / I studied math last night. など

2 規則動詞の過去形の作り方

Can-Do ▶ 規則動詞の過去形を使って，過去のできごとについて説明できる。

基本例文

A: My sister and I cleaned the living room this morning.
B: That's great. You worked hard.

意味
A：姉［妹］と私は今朝リビングを掃除したの。
B：それはすごくいいね。 一生懸命働いたんだね。

1 規則動詞の過去形

規則動詞の過去形は，原則として一般動詞の原形に ed をつけます。ただし，少し異なるものもあるので注意が必要です。

①原則 ➡ 語の終わりに ed をつける

walk（歩く）	→ walked	look（見る）	→ looked
visit（訪れる）	→ visited	help（助ける）	→ helped　など

②語の最後が e で終わる語 ➡ 語の終わりに d だけつける

use （使う）	→ used	smile（ほほえむ）	→ smiled
dance（おどる）	→ danced	like （好き）	→ liked　など

③〈子音字＋y〉で終わる語 ➡ y を i にかえて ed をつける

study（勉強する） → studied	cry（泣く） → cried　など

④〈短母音＋子音字〉で終わるもの
➡ 最後の子音字を重ねて ed をつける

stop（止まる） → stopped	plan（計画する） → planned　など

注意

「母音字＋y」

一般動詞の原形の終わりが〈子音字＋y〉ならば，y を i にかえて ed をつけるが，〈母音字＋y〉のときはそのまま ed をつける。
study → studied
play → played

もっと！

「短母音＋子音字」の語

語の終わりが〈短母音＋子音字〉で，子音字を重ねて ed をつける動詞は数が少ない。左の例以外には次のような動詞がある。
drop（落とす）
　　　　→ dropped
clap（手をたたく）
　　　　→ clapped

② ed の発音

規則動詞の過去形を作る ed の発音には 3 種類あり，原形の終わりの発音によって区別します。

①原形の終わりの発音が有声音 ➡ [d ド] と発音

> **played**[pléid プレイド]   **enjoyed**[indʒɔ́id インヂョイド]
> **used**[júːzd ユーズド]   **moved**[múːvd ムーヴド]   **など**

②原形の終わりの発音が無声音 ➡ [t ト] と発音

> **worked**[wə́ːrkt ワークト]   **watched**[wátʃt ワッチト]
> **liked**[láikt ライクト]   **helped**[hélpt ヘルプト]   **など**

③原形の終わりの発音が [t ト][d ド] ➡ [id イド] と発音

> **wanted**[wántid ワンティド]   **visited**[vízitid ヴィズィティド]
> **needed**[níːdid ニーディド]   **ended**[éndid エンディド]   **など**

用語解説

有声音と無声音

動詞の過去形を作る ed の発音のルールは，名詞の複数形の s の発音ルールと似ている。
p.95をもう一度確認し，比べてみよう。（有声音と無声音の発音については，➡p.311もチェック）

POINT

① 規則動詞の過去形の作り方は，原則として**原形に ed** をつける。

② 原形の語尾によって **ed** のつけ方は異なる。

③ 原形の語尾の発音によって **ed** の発音は異なる。

CHECK 063

解答 ➡ p.330

（   ）内から適切なものを選びましょう。

☐ ⑴ I (study, studyed, **studied**) Japanese last night.

☐ ⑵ They (**played**, plaied, play) table tennis yesterday.

**TRY!
表現力**

担任の先生から昨日何を勉強したかたずねられました。自分が勉強した教科を答えましょう。

WORD LIST：(study) math, Japanese, English, science

例   I studied Japanese. / I studied English.

不規則動詞の過去形

UNIT 3

Can-Do ▶ 不規則動詞の過去形を使って，過去のできごとについて説明できる。

基本例文

A: I went to Kamakura last weekend.
B: That's nice.

意味
A：ぼくは先週末に鎌倉へ行ったんだ。
B：それはいいね。

1 不規則動詞の過去形

　一般動詞の中には，go‐went，come‐came のように，原形の最後に ed をつけず，不規則に変化して過去形を作るものがあります。このような一般動詞を不規則動詞といいます。

　主な不規則動詞には以下のようなものがあります。

buy（買う）→ bought	**make**（作る）→ made
catch（つかまえる）→ caught	**read**（読む）→ read
come（来る）→ came	**say**（言う）→ said
eat（食べる）→ ate	**see**（見る）→ saw
find（見つける）→ found	**sit**（座る）→ sat
get（手に入れる）→ got	**stand**（立つ）→ stood
give（与える）→ gave	**take**（取る）→ took
go（行く）→ went	**teach**（教える）→ taught
have（持っている）→ had	**tell**（伝える）→ told
know（知っている）→ knew	**write**（書く）→ wrote

 注意

いろいろな不規則動詞

不規則動詞には，日常生活の中でよく使われる動作や状態を表す語が多い，過去形への変化のしかたはそれぞれ異なるので，1つ1つ覚えよう。
（➡p.312不規則動詞の変化表をチェック）

どれも重要な動詞ばかり。ここで変化形をしっかり覚えてしまおう！

② 原形と過去形が同じ形の動詞

不規則動詞の中には，cut（切る），put（置く），read（読む）など，原形と過去形が同じ形のものがあります。これらの動詞が使われた文では，現在の文か過去の文か注意する必要があります。

見分け方①　（私は昨日，この本を読みました。）

| I | read | this book | yesterday. |

⇒文末に yesterday（昨日）があるので，read は過去形。

見分け方②　（彼はかばんを机の上に置きました。）

| He | put | the bag | on the desk. |

⇒主語 He は 3 人称単数だが，動詞 put に 3 単現の s がついていないので，put は過去形。

> **注意**

read の過去形

不規則動詞 read（読む）の過去形は，つづりは原形と同じだが，発音は異なる。
原形　：read（[ríːd] リード）
過去形：read（[réd] レッド）

👉 POINT

❶ 不規則動詞の過去形は，**原形が不規則に変化したもの**である。

❷ 不規則動詞は，**日常生活の中でよく使われる動作や状態を表す語が多い。**

❸ 原形と過去形が同じ形の動詞もある。

✓ CHECK 064

解答 → p.330

（　　）内から適切なものを選びましょう。

☐ (1) I (go, want, went) to the library yesterday.

☐ (2) My brother (have, had, has) rice and miso soup this morning.

TRY!
表現力

自分が今朝，朝ごはんで食べたものについて言ってみましょう。

WORD LIST：(had[ate]) this morning, rice, miso soup, toast, a fried egg

例　I had rice and miso soup this morning. / I ate toast this morning. など

18
章

一般動詞の過去形

UNIT
4

過去の否定文

Can-Do ▶「～しませんでした」と，過去にしなかったことについて説明できる。

基本例文

A: I went shopping yesterday, but I didn't buy anything.
B: Really? Why not?

意味
A： 私は昨日，買い物に行ったんだけど，何も買わなかったんだ。
B： 本当？　なぜ？

1 過去の否定文

肯定文 （私は昨夜，テレビを見ました。）

I		watched	TV	last night.

否定文 （私は昨夜，テレビを見ませんでした。）

I	did	not	watch	TV	last night.

「～しませんでした。」という意味の過去の否定文を作るときには，一般動詞の前に **did not** を置き，後ろの動詞は**原形**にします。これは，規則動詞も不規則動詞も同じです。また，**did not** はよく **didn't** と短縮されて使われます。

肯定文 （彼は新しいカメラを買いました。）

He		bought	a new camera.

否定文 （彼は新しいカメラを買いませんでした。）

He	did	not	buy	a new camera.

注意

動詞は原形

過去の否定文を作るとき，did not [didn't] のあとに置く一般動詞を過去形のままにしてはいけない。注意しよう。

（○）I didn't clean my room yesterday.（私は昨日自分の部屋をそうじしませんでした。）

（×）I didn't cleaned my room yesterday.

② 過去の否定文ではいつも did not

　過去の否定文を作るときには，いつも did を使います。現在形では主語によって do と does を使い分けましたが，過去形では主語の人称や数にかかわらず常に did を使います。

現在の文　（私は魚を食べません。）

| I | don't | eat | fish. |

主語が 3 人称単数で現在の文　（彼は魚を食べません。）

| He | doesn't | eat | fish. |

過去の文　（彼は魚を食べませんでした。）

| He | didn't | eat | fish. |

主語がだれでも，
何人でも，
過去の否定文で
はいつも did を
使うんだね！

👆 POINT

❶ 過去の否定文を作るときには，**一般動詞の前に did not [didn't] を置く**。

❷ did not [didn't] のあとに置く一般動詞は**原形にする**。

❸ 過去の否定文では，主語の人称や数にかかわらず**常に did not [didn't] を使う**。

✓ CHECK 065

解答 → p.330

（　）内から適切なものを選びましょう。

☐ (1) Satoshi (do, does, did) not study math yesterday.

☐ (2) I didn't (goes, went, go) to school yesterday.

TRY!
表現力

自分が昨日，しなかったことについて言ってみましょう。

WORD LIST : (did not [didn't]) listen to, play, study, read, watch, yesterday

　例　I didn't listen to music yesterday. / I didn't watch TV yesterday.

UNIT
5 過去の疑問文と答え方

Can-Do ▶「～しましたか」と，過去のできごとについてたずねることができる。

基本例文

A: **Did** you **sleep** well last night?
B: **Yes**, I **did**. Thank you.

意味 | A：きみは昨夜，よく眠った？
B：うん，眠ったよ。ありがとう。

1 過去の疑問文

肯定文 （あなたは昨日，パーティーに行きました。）

	You	went	to the party	yesterday.

疑問文 （あなたは昨日，パーティーに行きましたか。）

Did	you	go	to the party	yesterday?

　「～しましたか。」という意味の過去の疑問文を作るときには，文の
はじめに **Did** を置き，一般動詞は過去形ではなく原形にします。ま
た，疑問文の作り方は規則動詞でも不規則動詞でも同じです。

2 過去の疑問文の答え方

疑問文 （あなたは昨日，両親を手伝いましたか。）

Did	you	help	your parents	yesterday?

答えの文 （はい，手伝いました。）

—	Yes,	I	did.

（いいえ，手伝いませんでした。）

	No,	I	didn't.

注意

動詞は原形

過去の疑問文を作るとき，
Did で文を始めるが，その
あとの一般動詞を過去形の
ままにしてはいけない。注
意しよう。

（○）Did you play
　　soccer yesterday?

（×）Did you played
　　soccer yesterday?

過去の疑問文 Did ～？には，did を使って Yes / No で答えます。

③ 疑問詞で始まる過去の疑問文

疑問文 （あなたは昨夜，何を勉強しましたか。）

What	did	you	study	last night?

答えの文 （私は数学を勉強しました。）

—	I	studied		math.

　what（何），where（どこ）などの疑問詞で始まる過去の疑問文を作るときは，疑問詞を文のはじめに置き，〈疑問詞＋**did**＋主語＋動詞の原形～**？**〉の形にします。

注意

Who で始まる疑問文

「だれが～しましたか」とたずねるときは，疑問詞 who が主語になり，〈Who ＋一般動詞の過去形～？〉の形になる。did は使わないので注意。
Who came to your house yesterday?
（昨日，だれがあなたの家に来ましたか。）

POINT

❶ 一般動詞の過去の疑問文は，did を文のはじめに置いて動詞を原形にし，〈**Did＋主語＋動詞の原形～？**〉の形にする。

❷ Did ～？の疑問文には，**did を使って Yes / No** で答える。

❸ 疑問詞を使うときは，疑問詞を文のはじめに置き，〈**疑問詞＋did＋主語＋動詞の原形～？**〉の形にする。

CHECK 066

解答 ➡ p.330

（　　）内から適切なものを選びましょう。

☐ (1) (Do, Does, Did) you listen to music yesterday?

☐ (2) Where did Susumu (go, went, goes) last Sunday?

TRY! 表現力

次の動詞の1つを使って，相手に昨日何をしたかたずねてみましょう。

WORD LIST：study, read, play, watch, eat

例　What did you study yesterday?

一般動詞の過去形

過去を表す文と動詞の過去形

play – played / **use** – used / **go** – went	遊んだ / 使った / 行った

- 「～しました。」と過去のできごとについて表すときには，一般動詞の過去形を使う。
- 一般動詞の過去形には，ed で終わる規則動詞と，それ以外の形の不規則動詞の2種類がある。
- 一般動詞の過去形は，主語の人称や数によってその形が変わることはない。

last week / **five days** ago / **yesterday**	先週 / 5日前 / 昨日

- 過去を表す文を作るとき，過去を表す語句がよく使われる。

規則動詞の過去形の作り方

walk – walked / **use** – used / **cry** – cried / **stop** – stopped	歩いた / 使った / 泣いた / 止まった

- 多くの動詞はそのまま ed をつける。
- 最後が e で終わる動詞は，d だけをつける。
- 子音字＋y で終わる動詞は，y を i にかえて ed をつける。
- 短母音＋子音字で終わる動詞は，最後の子音字を重ねて ed をつける。

worked[t ト] / **play**ed[d ド] / **visit**ed[id イド]	働いた / 遊んだ / 訪れた

- ed の発音には3種類あり，動詞の原形の終わりの発音によって異なる。

不規則動詞の過去形

come – came / **have** – had / **teach** – taught	来た / 持っていた / 教えた

- 一般動詞の中で，過去形を作るときに原形の最後に ed をつけず，不規則に変化するものを不規則動詞という。

> **I read this book yesterday.**
> **She read this book.**

私は昨日この本を読みました。

彼女はこの本を読みました。

- read（読む），cut（切る），put（置く）のように，原形と過去形が同じ形の動詞がある。
- 原形と過去形が同じ形の動詞は，過去を表す語句があるかどうかで見分ける。
- 原形と過去形が同じ形の動詞は，主語が3人称単数のときに，3単現の s がついているかどうかで見分ける。

UNIT 4 過去の否定文

> **I didn't [did not] buy anything**
> **yesterday.**

私は昨日何も買いませんでした。

- 「～しませんでした。」という意味の過去の否定文は，〈主語＋didn't［did not］＋一般動詞の原形～.〉で表す。
- did は主語の人称や数によってその形が変わることはない。

UNIT 5 過去の疑問文と答え方

> **Did you sleep well last night?**

あなたは昨夜よく眠りましたか。

- 「～しましたか。」という意味の過去の疑問文は，〈Did＋主語＋動詞の原形～？〉で表す。

> **Did he come to the party?**
> ▸ **Yes, he did.**
> ▸ **No, he didn't [did not].**

彼はパーティーに来ましたか。

はい，来ました。

いいえ，来ませんでした。

- 過去の疑問文 Did ～？には，did を使って Yes／No で答える。

> **What did you eat last night?**
> ▸ **I ate curry and rice.**

あなたは昨夜，何を食べましたか。

私はカレーライスを食べました。

- what，where などの疑問詞で始まる過去の疑問文を作るときは〈疑問詞＋did＋主語＋動詞の原形～？〉で表す。

18 章 一般動詞の過去形

定期テスト対策問題

解答 → p.330

問 1 規則動詞の過去形

次の動詞を過去形にしなさい。

(1) study ＿＿＿＿＿＿＿

(2) stop ＿＿＿＿＿＿＿

(3) visit ＿＿＿＿＿＿＿

(4) listen ＿＿＿＿＿＿＿

(5) stay ＿＿＿＿＿＿＿

(6) dance ＿＿＿＿＿＿＿

問 2 不規則動詞の過去形

次の動詞を過去形にしなさい。

(1) have ＿＿＿＿＿＿＿

(2) make ＿＿＿＿＿＿＿

(3) sing ＿＿＿＿＿＿＿

(4) swim ＿＿＿＿＿＿＿

(5) go ＿＿＿＿＿＿＿

(6) read ＿＿＿＿＿＿＿

問 3 過去の否定文

日本語に合うように，＿＿に適切な1語を入れなさい。

(1) 私の弟は昨夜，数学の勉強をしませんでした。

My brother ＿＿＿＿＿＿ not ＿＿＿＿＿＿ math last night.

(2) 私は昨日，夕食を作りませんでした。

I ＿＿＿＿＿＿ ＿＿＿＿＿＿ dinner yesterday.

(3) ジャックは今朝6時半に起きませんでした。

Jack ＿＿＿＿＿＿ ＿＿＿＿＿＿ up at 6:30 this morning.

問 **4** 過去の疑問文

次の文を疑問文にし，（　）内の語を使って答えなさい。

(1) You visited Okinawa last month. (Yes)

_____

(2) Mike listened to music last night. (No)

_____

(3) Sally went to the park with her friend. (Yes)

_____

(4) Becky had a big dog last year. (No)

_____

問 **5** 動詞の過去形と過去を表す語句

日本語に合うように，＿＿に適切な1語を入れなさい。

(1) 私の姉は2年前にカナダに行きました。

My sister _____ to Canada two years _____ .

(2) メグは昨日，Eメールを書きました。

Meg _____ an e-mail _____ .

(3) ローズは先週，日本の歌を歌いました。

Rose _____ a Japanese song _____ week.

(4) 彼女は昨夜，マンガを3冊読みました。

She _____ three comic books _____ night.

問 **6** 疑問詞のある過去の疑問文

対話が成り立つように，＿＿に適切な疑問詞を入れなさい。

(1) _____ did you have for lunch?

—I had two hamburgers and French fries.

(2) _____ did you buy that bag?

—I bought it in Harajuku.

(3) _____ made this apple pie?

—Mary did.

問 **7** 自己表現

次の質問に，自分の立場で答えなさい。

What time did you go to bed last night?

_____

あるある **誤答** ランキング

現役先生方に聞いた！

中学校の先生方が，「あるある！」と思ってしまう，生徒たちのよくありがちな誤答例です。「自分は大丈夫？」としっかり確認して，まちがい防止に役立ててください。

第1位 **問題** 次の日本文を英語に直しなさい。
あなたは昨日テニスをしましたか。

Did you played tennis yesterday?

あるある！

正しい英文： **Did you play tennis yesterday?**

一般動詞の過去の疑問文の始まりは Did ですね。主語のあとに続く一般動詞は原形にしなければなりませんが，過去形のままにするミスがとてもよくあります。

第2位 **問題** 次の日本文を英語に直しなさい。
私は昨夜，英語を勉強しました。

I studyed English last night.

あるある！

正しい英文： **I studied English last night.**

一般動詞の過去形を作るとき，ed をそのままつけるものは簡単ですが，そうではないパターンのものもありますね。それぞれについて改めてチェックしておきましょう。

第3位 **問題** 次の日本文を英語に直しなさい。
私は今朝，ご飯と味噌汁を食べました。

I eat rice and miso soup this morning.

あるある！

正しい英文： **I ate rice and miso soup this morning.**

過去形の文を作るつもりが，動詞を原形のままにしてしまうことがあります。過去を表す yesterday などの語句が文の中で使われていたら，動詞を過去形にします。

19

章

be動詞の過去形を使った文

基本例文
の音声はこちらから

025

それぞれの英語表現が,
実際の場面ではどのように使われるのかチェックしておこう!

UNIT 1 | be 動詞の過去形

Can-Do ▶「～でした」と，be 動詞の過去形を使って説明できる。

基本例文

A: I was very busy yesterday.
B: Oh, really?

意味　A：ぼくは昨日，とても忙しかったんだ。
　　　B：おや，そうだったの？

1 be 動詞の過去形

現在形　（私は毎朝眠いです。）

| I | am | sleepy | every morning. |

過去形　（私は今朝眠かったです。）

| I | was | sleepy | this morning. |

現在形　（彼らは今，図書館にいます。）

| They | are | in the library | now. |

過去形　（彼らは昨日，図書館にいました。）

| They | were | in the library | yesterday. |

　「～でした。」「～にいました。」と過去のことを表すには，be 動詞の過去形 was, were を使います。

2 was と were の使い分け

　be 動詞の過去形は，主語が I または 3 人称単数の場合は was，you または複数の主語の場合は were を使います。つまり，am, is の過去形が was，are の過去形が were ということになります。

用語解説

be 動詞（復習）

現在形は am, are, is，過去形は was, were だが，原形は be という形。原形が be なので be 動詞と呼ばれる。
（→p.24）

be 動詞の過去形は was か were だよ！

主語	現在形	過去形
I	am	was
3人称単数	is	
you，複数	are	were

注意

過去形は2種類

be 動詞は，現在形は3種類だが，過去形は2種類だけ。am と is の過去形はいずれも was となるので注意。

3 「〜にいました」

（**私の母と私は**台所にいました。）

My mother and I	were	in the kitchen.

「〜にいました。」という意味で be 動詞の過去形を使うときには，後ろに場所を表す語句がいっしょに使われます。

☞ POINT

❶ 「〜でした。」「〜にいました。」と言うときは，**be 動詞の過去形**を使う。

❷ am と is の過去形が **was**，are の過去形が **were** である。

❸ 「〜にいました。」と言うときには，〈**be 動詞の過去形＋場所を表す語句**〉の形を使う。

✓ CHECK 067

解答 ➡ p.331

（　　）内から適切なものを選びましょう。

☐ (1) I (was, were, am) on the train yesterday.

☐ (2) They (are, were, was) tired at that time.

TRY!
表現力

「私は昨日〜にいました。」と言ってみましょう。

WORD LIST : was, in, at, school, the library, the gym, home, the museum

────────────────────────────────

例　I was at school yesterday. / I was in the library yesterday.

be 動詞の過去形の否定文 / 疑問文

UNIT 2

Can-Do ▶ be 動詞の過去形を使って，過去の様子について否定したりたずねたりできる。

基本例文

🔊)))

A: Were you at home yesterday?
B: No, I wasn't.

意味
A：きみは昨日，家にいた？
B：いや，いなかったよ。

① be 動詞の過去形の否定文

肯定文 （私は昨日，疲れていました。）

| I | was | / | tired | yesterday. |

否定文 （私は昨日，疲れていませんでした。）

| I | was | not | tired | yesterday. |

「～ではありませんでした。」「～にいませんでした。」と過去のことを表すときには，be 動詞の過去形の否定文を使います。was, were のあとにnotを置いて，〈主語＋was[were] not～.〉の形にします。was not の短縮形は **wasn't**，were not の短縮形は **weren't** です。

② be 動詞の過去形の疑問文

肯定文 （あなたはサッカー部員でした。）

| / | You | were | a member of the soccer team. |

疑問文 （あなたはサッカー部員でしたか。）

| Were | you | / | a member of the soccer team? |

🛑 注意

主語と be 動詞の短縮形

現在形の文では，主語と be 動詞を短縮して，I am ＝I'm, you are＝you're のようにすることができたが，be 動詞の過去形は，主語と組み合わせて短縮することができない。

🛑 注意

一般動詞と be 動詞

一般動詞の過去形の疑問文と be 動詞の過去形の疑問文との区別をしっかりつけよう。一般動詞の過去形の疑問文に was, were を使うのは絶対ダメ。

(○) Did you play tennis yesterday? （あなたは昨日テニスをしましたか。）

(×) Were you play tennis yesterday?

「～でしたか［にいましたか］。」とたずねるときには，be 動詞 was, were を文のはじめに置き，〈**Was［Were］＋主語～？**〉の形にします。

3 be 動詞の過去形の疑問文の答え方

疑問文　　　（あなたは先週の日曜日，北海道にいましたか。）

Were	you	in Hokkaido	last Sunday?

答えの文　　（はい，いました。）

—	Yes,	I	was.

（いいえ，いませんでした。）

No,	I	wasn't.

　Was［Were］～？の疑問文には，was［were］を使って Yes / No で答えます。

👆 POINT

❶ be 動詞の過去形の否定文は，**was［were］の後ろに not を置く**。

❷ be 動詞の過去形の疑問文は，**was［were］を文のはじめに置く**。

❸ Was［Were］～？の疑問文には，**was［were］を使って Yes / No で答える**。

✓ CHECK 068

解答 ➡ p.331

（　　）内から適切なものを選びましょう。

☐ ⑴ I (am not, were not, was not) at school yesterday.

☐ ⑵ (Are, Were, Was) Kota and Fumio sleepy last night?

TRY!
表現力

友だちに，「あなたは～でしたか。」と過去のことをたずねてみましょう。

WORD LIST : yesterday, then, last month, two days ago, happy, tired, busy

例　Were you busy yesterday?

UNIT

3

過去進行形の意味と形

Can-Do ▶「～していました」と，過去に進行中だった動作について説明できる。

基本例文

🔊))

A: Where was Ryota then?
B: He was at school. He was practicing badminton.

意味 　A ： リョウタはそのときどこにいたの？
　　　B ： 学校にいたよ。彼はバドミントンを練習していたんだよ。

1 過去進行形の作り方

過去形　　（私は昼食を食べました。）

I			ate	lunch.

過去進行形　（私は昼食を食べていました。）

I	was	eating	lunch.

　「～していました。」と過去のあるときに動作が進行していたことを表すときには，〈be 動詞の過去形＋動詞の ing 形〉を使います。この形を「過去進行形」といいます。

2 過去進行形と現在進行形

現在進行形　（タクは今，昼食を作っています。）

Taku	is	cooking	lunch	now.

過去進行形　（タクはそのとき，昼食を作っていました。）

Taku	was	cooking	lunch	at that time.

　これまでに学習した現在進行形では be 動詞が現在形になりますが，過去進行形では be 動詞が過去形になります。

⚠ **注意**

現在進行形とのちがい

現在進行形と過去進行形の形のちがいは，be 動詞が現在形か過去形かだけ。
現在進行形は now「今」のような現在であることを表す語句といっしょに使われることがあり，過去進行形は then「そのとき」のような過去を表す語句とともに使われることがある。

3　主語の種類や数と be 動詞

過去進行形の文では，主語によって be 動詞を使い分けます。

主語	be 動詞	動詞の ing 形	
I	was		
You	were		
He / She など 3 人称単数	was	watching	TV.
We / You / They など 複数	were		

be 動詞の過去形の変化をおさえておけば，ばっちりだね。

POINT

❶ 〈主語 + be 動詞の過去形 + 動詞の ing 形〉を「過去進行形」という。

❷ 「(主語)は〜していました。」という意味で，過去のある時点で動作が進行していたことを表す。

❸ be 動詞 was, were は，主語によって**使い分ける**。

CHECK 069

解答 ➡ p.331

(　　　)内から適切なものを選びましょう。

☐ (1) Kana (is, was, were) listening to music then.

☐ (2) My parents (are, was, were) talking with their friends at that time.

TRY! 表現力

友だちに昨夜の 9 時に何をしていたかたずねられました。自分がしていたことを答えてみましょう。

WORD LIST : a book, music, math, TV, dinner

例　I was reading a book then. / I was listening to music at that time.

UNIT 4 過去進行形の否定文 / 疑問文

Can-Do 過去の動作の進行について，否定したりたずねたりできる。

基本例文

A: Were you studying English at seven last night?
B: No, I wasn't. I was eating dinner with my family then.

意味
A : きみは昨日の夜7時に英語を勉強していたの？
B : いや，してないよ。ぼくはそのとき家族と夕ご飯を食べていたんだ。

1 過去進行形の否定文

肯定文 （私は音楽を聞いていました。）

I	was		listening	to music.

否定文 （私は音楽を聞いていませんでした。）

I	was	not	listening	to music.

　「〜していませんでした。」と過去に動作が進行していなかったことを表すときには，過去進行形の否定文〈be 動詞の過去形＋not＋動詞の ing 形〜.〉を使います。

2 過去進行形の疑問文

肯定文 （あなたは英語を勉強していました。）

	You	were	studying	English.

疑問文 （あなたは英語を勉強していましたか。）

Were	you		studying	English?

　「〜していましたか。」とたずねるときには，be 動詞を文のはじめに置き，〈Was[Were]＋主語＋動詞の ing 形〜？〉の形にします。

注意

進行形にしない動詞

現在進行形と同じように，動作ではなく状態を表す一般動詞は，過去進行形にはしない。（→p.232を確認しておこう）

③ 過去進行形の疑問文の答え方

疑問文　　　（**ダイゴは歌っていましたか。**）

| Was | Daigo | singing? |

答えの文　　（**はい，歌っていました。**）

| — | Yes, | he | was. |

（**いいえ，歌っていませんでした。**）

| No, | he | wasn't. |

　過去進行形の疑問文には，was[were] を使って Yes / No で答えます。

POINT

❶ 過去進行形の否定文は，〈主語＋be 動詞の過去形＋not＋動詞の ing 形〜.〉となる。

❷ 過去進行形の疑問文は，be 動詞の過去形を文のはじめに置き，〈be 動詞の過去形＋主語＋動詞の ing 形〜?〉となる。

❸ 過去進行形の疑問文には，be 動詞の過去形を使って Yes / No で答える。

CHECK 070

解答 ➡ p.331

（　　）内から適切なものを選びましょう。

☐ (1) (Is, Was, Were) you playing video games?

☐ (2) What (are, was, were) they talking about at the time?

TRY!
表現力

昨日電話をしたのに不在だった友だちに会いました。「何をしていたの？」とたずねてみましょう。

WORD LIST：what, were, then, yesterday, doing

例　 What were you doing then?

be 動詞の過去形を使った文

UNIT **1**　be 動詞の過去形

I was **very busy yesterday.** **They** were **at home last night.**	私は昨日とても忙しかったです。 彼らは昨夜家にいました。

● 「〜でした。」「〜にいました。」と過去のことについて言うときは，be 動詞の過去形（was, were）を使う。

He was **tired last weekend.** **They** were **in the kitchen.**	彼は先週末疲れていました。 彼らは台所にいました。

● am と is の過去形が was，are の過去形が were になる。
● 「〜にいました。」という意味で was[were] を使うときは，場所を表す語句をいっしょに使う。

UNIT **2**　be 動詞の過去形の否定文 / 疑問文

I was not[wasn't] **at home** **yesterday.** **We** were not[weren't] **busy last** **week.**	私は昨日家にいませんでした。 私たちは先週忙しくありませんでした。

● 「〜ではありませんでした。」「〜にいませんでした。」は，〈主語＋was[were]＋not 〜.〉で表す。
● was not は短縮形 wasn't を，were not は短縮形 weren't を使うことがある。

Were you at school this morning? ▸ **Yes, I was.** ▸ **No, I wasn't[was not].**	あなたは今朝学校にいましたか。 はい，いました。 いいえ，いませんでした。

● 「〜でしたか。」「〜にいましたか。」は，be 動詞 was[were] を文のはじめに置き，〈Was[Were]＋主語〜 ?〉で表す。
● Was[Were] 〜 ? の疑問文には，was[were] を使って Yes / No で答える。

UNIT 3 | 過去進行形の意味と形

He was practicing badminton.
　　　　　　　　　　　　　　　　　　　彼はバドミントンを練習していました。

● 「〜していました。」と過去に進行中であった動作を表すには，〈was[were]＋動詞の ing 形〉を使う。

Emi was cooking dinner then.
　　　　　　　　　　　　　　　　　　　エミはそのとき夕食を作っていました。
Emi is cooking dinner now.
　　　　　　　　　　　　　　　　　　　エミは今夕食を作っています。

● 現在進行形と過去進行形のちがいは，be 動詞の時制が現在（am, are, is）か過去（was, were）かである。

I [He / She / Mary] was watching TV.
　　　　　　　　　　　　　　　　　　　私は [彼は，彼女は，メアリーは] テレビを見ていました。
You [We / They] were watching TV.
　　　　　　　　　　　　　　　　　　　あなた（たち）は [私たちは，彼らは] テレビを見ていました。

● 過去進行形の文では，主語によって be 動詞（was, were）を使い分ける。

UNIT 4 | 過去進行形の否定文 / 疑問文

I wasn't eating dinner at seven.
　　　　　　　　　　　　　　　　　　　私は 7 時には夕食を食べていませんでした。

● 「〜していませんでした。」と過去に進行中ではなかった動作を表すには，〈主語＋was[were]＋not＋動詞の ing 形〜.〉を使う。

Was Aya sleeping at that time?
　　　　　　　　　　　　　　　　　　　アヤはそのとき眠っていましたか。
▸ **Yes, she was.**
　　　　　　　　　　　　　　　　　　　はい，眠っていました。
▸ **No, she wasn't [was not].**
　　　　　　　　　　　　　　　　　　　いいえ，眠っていませんでした。

● 「〜していましたか。」とたずねるときは，〈Was[Were]＋主語＋動詞の ing 形〜？〉で表す。
● 過去進行形の疑問文 Was[Were] 〜？には，was[were] を使って Yes / No で答える。

定期テスト対策問題

解答 → p.331

問 1 be 動詞の過去形

次の文を過去の文にしなさい。

(1) I am a soccer fan.

_____

(2) My grandfather is a golf player.

_____

(3) It is cloudy.

_____

(4) Lucy and I are in the music room.

_____

問 2 be 動詞の過去形の否定文・疑問文

次の文を（　　）内の指示にしたがって書きかえなさい。

(1) You were happy this morning.　（疑問文に）

_____

(2) Alice was kind to you.　（疑問文に）

_____

(3) I was sleepy yesterday.　（否定文に）

_____

問 3 be 動詞の過去形の語順

日本語に合うように，（　　）内の語句を並べかえなさい。

(1) ナンシーは昨年，テニス部にいました。

Nancy (year / the / team / was / on / last / tennis).

Nancy _____ .

(2) あなたは昨日，どこにいましたか。

(were / yesterday / you / where)?

_____ ?

(3) だれが5年前，カナダにいたのですか。

(Canada / ago / was / years / who / in / five)?

_____ ?

問 4 過去進行形

次の文を（　　）内の指示にしたがって過去進行形の文に書きかえなさい。

(1) I studied English yesterday.　（yesterday を then にかえて）

_____

(2) He is watching TV now.　（now を at ten last night にかえて）

_____

(3) They didn't play rugby last week.　（last week を at two yesterday にかえて）

_____

問 5 過去進行形の疑問文

次の文を疑問文にし，（　　）内の語を使って答えなさい。

(1) You were listening to music then.　（Yes）

_____

(2) Sue was cooking at noon yesterday.　（No）

_____

(3) Yoshio was having dinner at seven last night.　（Yes）

_____

問 6 疑問詞のある過去進行形の文

下線部に注意して，____ に適切な疑問詞を入れなさい。

(1) _____ were you drinking?

　— I was drinking hot chocolate.

(2) _____ were you going then?

　— I was going to the library.

(3) _____ was singing in the music room?

　— Lucy was.

問 7 自己表現

次の質問に，自分の立場で答えなさい。

　What were you doing at eight last night?

_____

ある ある 誤答 ランキング

中学校の先生方が，「あるある！」と思ってしまう，生徒たちのよくありがちな誤答例です。「自分は大丈夫？」としっかり確認して，まちがい防止に役立ててください。

第 1 位　**問題**　次の日本文を英語に直しなさい。
久美と私はそのとき電話で話していました。

Kumi and I <u>was</u> talking on the phone then.

正しい英文：　**Kumi and I were talking on the phone then.**

主語が 2 人になるときは注意しましょう！　2 番目に来る主語にあわせてしまいがちですが A and B は複数なので，be 動詞は were です。

第 2 位　**問題**　次の日本文を英語に直しなさい。
彼らはそのとき，空腹ではありませんでした。

They <u>werent</u> hungry at that time.

正しい英文：　**They weren't hungry at that time.**

短縮形を作るときには，〈 ' 〉（アポストロフィー）を忘れずに！　were not の短縮形は weren't です。

第 3 位　**問題**　次の日本文を英語に直しなさい。
私たちは昨日忙しかったです。

We <u>are</u> busy yesterday.

正しい英文：　**We were busy yesterday.**

過去を表す「昨日」や「先週」といったことばが出てきたら，過去の話。迷わず，be 動詞を過去形にします。

KUWASHII

ENGLISH

中1
英語

20
章

未来を表す文

基本例文
の音声はこちらから

026

それぞれの英語表現が,
実際の場面ではどのよ
うに使われるのかチェ
ックしておこう!

UNIT 1 be going to を使った未来の文

Can-Do ▶ 未来の予定やすでに決めていることについて説明できる。

基本例文

A: It's your mother's birthday tomorrow.
B: I am going to cook dinner for her.

意味
A：明日はあなたのお母さんの誕生日ね。
B：ぼくはお母さんに夕飯を作ってあげる予定なんだ。

1 be going to の形と語順

現在の文 （私は毎年，沖縄を訪れます。）

| I | | visit | Okinawa | every year. |

未来の文 （私は来年，沖縄を訪れる予定です。）

| I | am going to | visit | Okinawa | next year. |

現在の文 （彼は毎日，サッカーをします。）

| He | | plays | soccer | every day. |

未来の文 （彼は明日，サッカーをする予定です。）

| He | is going to | play | soccer | tomorrow. |
└─ 動詞は原形

　未来のことを表すときには，〈主語＋be 動詞＋going to＋動詞の原形〜.〉の形で表します。be 動詞は，主語によって am，are，is を使い分けます。また，主語が何であっても to の後ろの動詞は必ず原形にします。

もっと！

未来を表す語句

未来の文によく使われる語句には，次のようなものがある。
・tomorrow（明日）
・this afternoon（今日の午後）
・this evening（今晩）
・tonight（今夜）
・soon（すぐに，まもなく）
・next 〜（次の〜）など

be going to の後ろの動詞は必ず原形だよ！

2 be going to が表す意味

A: Kumi came back to Japan yesterday.

（クミが昨日，日本に戻ってきたんだよ。）

B: I know. I'm going to call her this evening.

（知ってるよ。今晩，彼女に電話する予定なんだ。）

〈be going to＋動詞の原形〉を使うと，未来の予定を表す文になります。特に，話す時点ですでに決まっている予定を表します。

It's so cloudy. It's going to rain.

（とてもくもっているね。雨が降りそうだ。）

また，「〜する予定です。」と未来の予定を表す以外に，「〜しそうです。」と現在の状況から推測できる近い未来の予測を表すこともあります。

注意

日本語では…

日本語では未来のことを言うときも「〜します」と言うので，日本語にとらわれず，「いつのことを表しているのか」を文脈から判断しよう。

POINT

1 未来のことを表すときは，〈**be 動詞＋going to＋動詞の原形**〉の形を使う。

2 be going to は，話している時点で**すでに決まっている予定**を表す。

3 「**〜しようとしている。**」「**〜しそうだ。**」と**現在の状況から推測できる未来**を表すこともある。

CHECK 071

解答 ➡ p.332

（　　）内から適切なものを選びましょう。

☐ (1) My father is going to (cook, cooks, cooking) dinner today.

☐ (2) Julia and I (is, am, are) going to play tennis tomorrow.

TRY!
表現力

あなたの明日の予定について表現してみましょう。

WORD LIST : play soccer, go shopping, study English, visit my grandmother

例 I am going to go shopping tomorrow.

UNIT 2 | be going to の否定文

Can-Do ▶ 未来について,「〜する予定はありません」と説明できる。

基本例文

🔊))

A: Do you have any plans today?
B: The weather is bad, so I'm not going to go out.
   I'm going to read some books.

意味
A：きみは今日何か予定ある？
B：天気が悪いから，外に出るつもりはないわ。読書をする予定なの。

1 未来を表す be going to の否定文

肯定文 （私は今日，もどって来る予定です。）

| I | am | / | going to | come back | today. |

否定文 （私は今日，もどって来る予定ではありません。）

| I | am | not | going to | come back | today. |

肯定文 （今夜は雨が降るでしょう。）

| It | is | / | going to | rain | tonight. |

否定文 （今夜は雨が降らないでしょう。）

| It | is | not | going to | rain | tonight. |

be going to の否定文は，be 動詞のあとに not を入れて，〈be 動詞＋not going to＋動詞の原形〉の形で表します。to の後ろにある動詞の原形は，形も位置も変わりません。

日本語にすると，「〜する予定ではありません。」「〜しないでしょう。」となります。

注意

not を入れる位置

〈be going to＋動詞の原形〉の文を否定文にするとき，not を入れる位置は be 動詞の後ろ。動詞の原形の前に not を入れないように気をつけよう。

（○）It **is not** going to rain.

（×）It is going to not rain.

not の位置は be 動詞の後ろだよ！

② 短縮形

否定文　（彼は今日，ここに来る予定ではありません。）

He	is	not	going to	come here	today.

=	He	isn't		going to	come here	today.

=		He's	not	going to	come here	today.

be going to を使った文の否定文は be 動詞の後ろに not を入れますが，〈be 動詞＋not〉は短縮形で表す場合があります。ただし，am not には短縮形はありません。
　また，〈主語＋be 動詞〉を短縮形にすることもあります。

He isn't でも
He's not でも
いいんだね。

🖐 POINT

❶ be going to の文を否定文にするには，**be 動詞のあとに not を入れる。**

❷ 意味は，「〜する予定ではありません。」「〜しないでしょう。」となる。

❸ 〈be 動詞＋not〉の短縮形，または〈主語＋be 動詞〉の短縮形が使われることがある。

✓ CHECK 072

解答 ➡ p.332

（　　）内から適切なものを選びましょう。

☐ (1) I'm (go not to, going to not, not going to) study English today.

☐ (2) We (don't, isn't, aren't) going to play soccer.

TRY!
表現力

あなたが今日しないつもりのことについて表現してみましょう。

WORD LIST：read a book, eat sweets, play a video game, watch TV, go running in the park

例　I am not going to play a video game today.

UNIT 3 be going to の疑問文

Can-Do ▶「〜する予定ですか？」とたずねることができる。

基本例文

A: Are you going to come to the party tomorrow?
B: Of course! I'm looking forward to it.

意味
A：あなたは明日のパーティーに来る予定なの？
B：もちろん！　楽しみにしてるんだ。

1 未来を表す be going to の疑問文

肯定文 （テッドは明日，昼食を料理する予定です。）

| / | Ted | is | going to | cook | lunch | tomorrow. |

疑問文 （テッドは明日，昼食を料理する予定ですか。）

| Is | Ted | / | going to | cook | lunch | tomorrow? |

　be going to の疑問文は，be動詞を主語の前に出して，〈**be動詞＋主語＋going to＋動詞の原形〜？**〉の形で表します。日本語にすると，「〜する予定ですか。」「〜するでしょうか。」となります。

> look forward to〜は「〜を楽しみにする」という意味だね。

2 be going to の疑問文の答え方

疑問文 （あなたは今夜，テレビを見る予定ですか。）

| Are | you | going to | watch | TV | tonight? |

答えの文 （はい，その予定です。）

| — | Yes, | I | | am. |

（いいえ，その予定ではありません。）

| | No, | I | | am not. |

be going to の疑問文には，be 動詞を使って Yes / No で答えます。ふつう，going to 以下は省略します。

③ 疑問詞で始まる疑問文

疑問文　（あなたは次の日曜日に何をする予定ですか。）

What	are	you	going to	do	next Sunday?

答えの文　（私は**サッカーをする**予定です。）

—	I	am going to	play	soccer.

what（何），where（どこ）などの疑問詞を使った疑問文を作るときは，疑問詞を文のはじめに置き，そのあとはふつうの疑問文と同じ形を続けて，〈疑問詞＋be 動詞＋主語＋going to＋動詞の原形～?〉の形になります。

注意

Who で始まる疑問文

「だれが～する予定ですか。」とたずねるときは，疑問詞 who が主語になり，〈Who is going to＋動詞の原形～?〉の語順になる。
Who is going to come next?
（次にだれが来る予定ですか。）

👆 POINT

❶ be going to の文を疑問文にするには，**be 動詞を主語の前に出す。**

❷ 答えるときは，**be 動詞**を使って **Yes / No** で答える。

❸ 疑問詞で始まる疑問文は，〈**疑問詞＋be 動詞＋主語＋going to＋動詞の原形～?**〉の形になる。

✓ CHECK 073

解答 → p.332

（　　）内を正しい順に並べかえましょう。

☐ (1) (going / you / study / are / to) math this evening?

☐ (2) (to / are / going / where / you) go next summer?

TRY! 表現力

友だちの週末の予定についてたずねてみましょう。

WORD LIST : play soccer, go shopping, study English, visit your friend

例　Are you going to play soccer this weekend?

UNIT
4

will を使った未来の文

Can-Do ▶「～するつもりです」と，自分の意志などを説明できる。

基本例文

A: Shun came back to Japan yesterday.
B: Really? I will call him this evening.

意味

A：シュンが昨日，日本に戻ってきたんだよ。
B：本当？　今晩，彼に電話してみるわ。

1 形と語順

現在の文 （ビルは毎日，ここに来ます。）

Bill		comes	here	every day.

未来の文 （ビルは明日，ここに来るでしょう。）

Bill	will	come	here	tomorrow.

　未来のことを表すときには，動詞の原形の前に will を置いて〈will
＋動詞の原形〉とします。

2 will が表す意味

　will には 2 つの意味があります。どちらの意味かは文の前後関係か
ら判断します。
①**意志未来**「～するつもりだ，～します」：主語の意志を表す。
　I will call you later.　（私はあとであなたに電話します。）
②**単純未来**「～だろう」：意志とは無関係の未来のできごとや主観的
　　　　　　　　　　　　予測を表す。
　They will be busy tomorrow.
　　（彼らは明日，忙しいでしょう。）

注意

(e)s はつけない

主語が 3 人称単数の場合で
も，（×）will goes とはな
らないことに注意しよう。

用語解説

意志未来・単純未来

①「～するつもりだ」と，
話しているときに決めた意
志を含む未来を意志未来と
いう。
②「～だろう」という話し
手の推測を表す単なる未来
を単純未来と呼ぶ。
どちらになるかは，文脈や
状況による。

③ will と be going to

will も be going to もどちらも未来を表しますが，意志未来では少し意味にちがいがあります。

① will はその場で決めた意志

I **will** answer the phone.（私が電話に出ます。）

I **will** study hard from now on.

（私はこれ以後，いっしょうけんめい勉強します。）

② be going to はすでに決めている予定

I **am going to** cook dinner this evening.

（私は今晩，夕食を作る予定です。）

We **are going to** go to the zoo tomorrow.

（私たちは明日動物園に行く予定です。）

もっと！

〈主語＋will〉の短縮形

意志未来で主語が I のとき，I'll [＝I will] という短縮形になることが多い。他に，主語と will の短縮形には次のようなものがある。

- ・you'll＝ you will
- ・we'll＝ we will
- ・he'll＝ he will
- ・she'll＝ she will
- ・it'll＝ it will
- ・they'll＝they will

POINT

1 未来のことを表すときは，〈**will＋動詞の原形**〉の形を使う。

2 will には**意志未来**と**単純未来**の 2 つの意味がある。

3 意志未来を表す **will** はその場で決めた意志など，**be going to** はすでに決めている予定などを言う場合に使う。

CHECK 074

解答 → p.332

（　　）内から適切なものを選びましょう。

☐ (1) I will (go, goes, went) to the library tomorrow.

☐ (2) I (are going to, am going to) go shopping with Tom.

TRY!
表現力

あなたが明日すると決めたことについて表現してみましょう。

WORD LIST : play soccer, go shopping, study English, watch a movie

例　I will go shopping tomorrow.

UNIT 5 will の否定文

Can-Do 「〜するつもりではありません」と否定的な意向を説明できる。

基本例文

A: Mike is going to be here at three.
B: He's busy today, so he **won't come.**

意味
A：マイクが3時にここに来るよ。
B：彼は今日忙しいから，来ないよ。

1 will の否定文

肯定文 （デイヴィッドはパーティーに来るでしょう。）

| David | will | ╱ | come | to the party. |

否定文 （デイヴィッドはパーティーに来ないでしょう。）

| David | will | not | come | to the party. |

肯定文 （私たちはそのコンサートに行きます。）

| We | will | ╱ | go | to the concert. |

否定文 （私たちはそのコンサートに行きません。）

| We | will | not | go | to the concert. |

will を使った文の否定文は，will のあとに not を置いて，〈will not＋動詞の原形〉の形で表します。not の後ろにある動詞の原形は，形も位置も変わりません。

日本語にすると，「〜しないでしょう。」「〜するつもりはありません［しません］。」となります。

 もっと！

I'll not 〜

〈主語＋will〉を短縮形にしてその後ろに not を置いて否定文を作ることもできる。
We'll not go to the concert.
（私たちはコンサートには行きません。）
ただし，この形はあまり使われない。

② will not の短縮形

否定文 （私は明日，サッカーをするつもりはありません。）

I	will	not	play	soccer	tomorrow.

=	I	won't	play	soccer	tomorrow.

will を使った文の否定文は will の後ろに not を置きますが，will not は won't と短縮形で表す場合があります。

もっと！

拒絶を表す won't

will not の短縮形である won't は，「どうしても〜しようとしない」という拒絶の意味を表すことがある。
She **won't** go to the hospital.
（彼女は**どうしても**病院に行こうとしません。）
※この用法では，won't の部分を強く読む。

won't は
「どうしても〜しようとしない」という強い拒絶の意志を含むことがあるんだね。

!?

POINT

❶ will の否定文は〈**will not**＋**動詞の原形**〉の形で表す。

❷ 意味は「〜しないでしょう。」「〜するつもりはありません［しません］。」となる。

❸ will not は**短縮形 won't** が使われることがある。

CHECK 075

解答 ➡ p.332

（　）内から適切なものを選びましょう。

☐ (1) May (is, will, do) not come to this park.

☐ (2) I (am going not, don't, won't) be at home tomorrow.

TRY!
表現力

あなたが明日しないと決めたことについて表現してみましょう。

WORD LIST : play video games, go to the park, watch TV, use my smartphone

例 I won't [will not] play video games tomorrow.

UNIT
6

will の疑問文

Can-Do ▶「〜するつもりですか？」と相手の意志をたずねることができる。

基本例文

A: Will you be at home tomorrow?
B: Yes, I will. I don't have any plans.

意味 A：あなたは明日，家にいるつもりなの？
B：うん，いるつもりだよ。何の予定もないんだ。

1 will の疑問文

肯定文 （彼らは放課後，サッカーをするでしょう。）

| / | They | will | play | soccer | after school. |

疑問文 （彼らは放課後，サッカーをするでしょうか。）

| Will | they | / | play | soccer | after school? |

will を使った文の疑問文は，will を主語の前に出して，〈Will＋主語＋動詞の原形〜？〉の形で表します。日本語で言えば，「〜するでしょうか。」「〜するつもりですか。」となります。

2 will の疑問文の答え方

疑問文 （ジムは明日，ここに来るでしょうか。）

| Will | Jim | come | here | tomorrow? |

答えの文 （はい，来るでしょう。）

| — | Yes, | he | will. |

（いいえ，来ないでしょう。）

| | No, | he | will not. |

 注意

can と同じ

will の否定文や疑問文の作り方は，can の文と同じ。will も can も後ろの動詞は必ず原形であることに注意。

もっと！

Will you 〜？の疑問文

Will you 〜？は，未来のことをたずねる意味の他に，「〜しませんか」という勧誘の意味や，「〜してくれますか」という依頼の意味にもなる。
Will you go shopping with me?
（私といっしょに買い物に行きませんか。）〔勧誘〕
Will you open the window?
（窓を開けてくれませんか。）〔依頼〕

will の疑問文には，will を使って Yes, 〜 will./No, 〜 will not. の形で答えます。

（3） 疑問詞で始まる疑問文

疑問文　（メグはいつここに到着するでしょうか。）

When	will	Meg	/	arrive	here?

答えの文　（彼女は今晩到着するでしょう。）

—	/	She	will	arrive	this evening.

what（何），when（いつ）などの疑問詞を使った疑問文を作るときは，疑問詞を文のはじめに置き，そのあとはふつうの疑問文と同じ形を続けて，〈疑問詞＋will＋主語＋動詞の原形〜？〉の形にします。

注意

Who で始まる疑問文

「だれが〜するでしょうか。」とたずねるときは，疑問詞 who が主語になり，〈Who will＋動詞の原形〜？〉の語順になる。
Who will come next?
（次にだれが来るでしょうか。）

20
章

未来を表す文

POINT

❶ will の文を疑問文にするには，**will を主語の前に出す。**

❷ 答えるときは，**will を使って Yes/No で答える。**

❸ 疑問詞で始まる疑問文は，〈**疑問詞＋will＋主語＋動詞の原形〜？**〉の形になる。

CHECK 076

解答 ➡ p.332

（　　）内を正しい順に並べかえましょう。

☐ (1) (come / she / will) to the party?

☐ (2) (will / stay / where / you) in Osaka?

TRY! 表現力

友だちに，明日何かをするつもりかどうかたずねてみましょう。

WORD LIST : play video games, go to the library, study math, eat sushi

例　Will you study math tomorrow?

未来を表す文

UNIT 1 | be going to を使った未来の文

I am going to cook dinner for her.
It's going to rain.

私は彼女に夕飯を作る予定です。

雨が降りそうです。

- 「〜する予定です。」と未来のことを表すときは，〈be 動詞＋going to＋動詞の原形〉を使う。
- be going to は，話している時点ですでに決まっている予定や現在の状況から推測できる未来を表す。

UNIT 2 | be going to の否定文

He's not [He isn't] going to study math.

彼は数学を勉強する予定はありません。

- 「〜する予定はありません [しない予定です]。」「〜しないでしょう。」は，be 動詞のあとに not を置き，〈主語＋be 動詞＋not＋going to＋動詞の原形〜.〉で表す。
- 〈主語＋be 動詞〉の短縮形，または〈be 動詞＋not〉の短縮形が使われることがある。

UNIT 3 | be going to の疑問文

Are you going to play tennis tomorrow?
- ▸ **Yes, I am.**
- ▸ **No, I am not.**

あなたは明日テニスをする予定ですか。

はい，その予定です。

いいえ，その予定ではありません。

- 「〜する予定ですか。」とたずねるには，〈be 動詞＋主語＋going to＋動詞の原形〜 ?〉を使う。
- be going to の疑問文には，be 動詞を使って Yes / No で答える。going to 以下は省略する。

What are you going to do this evening?

あなたは今夜，何をする予定ですか。

- 疑問詞で始まる疑問文は，〈疑問詞＋be 動詞＋主語＋going to＋動詞の原形〜 ?〉の形になる。

UNIT 4 : will を使った未来の文

I will call him this evening.
They will be busy tomorrow.

私は今晩，彼に電話するつもりです。

彼らは明日，忙しいでしょう。

- 未来のことを表すときは，〈will＋動詞の原形〉の形を使う。
- will には意志未来「～するつもりです。」と単純未来「～でしょう。」の 2 つの意味がある。
- be going to は前から決めていた予定を表す。will はその場で決めた自分の意志を表す。

UNIT 5 : will の否定文

He will not come here.

彼はここに来ないでしょう。

- 「～しないでしょう。」「～するつもりはありません。」は，〈主語＋will＋not＋動詞の原形～.〉で表す。

We won't[We'll not] meet tomorrow.

私たちは明日会うつもりはありません。

- will not の短縮形，または we will の短縮形が使われることがある。

UNIT 6 : will の疑問文

Will Mei study abroad?
▶ **Yes, she will.**
▶ **No, she won't[will not].**

メイは海外留学するでしょうか。

はい，するでしょう。

いいえ，しないでしょう。

- will の疑問文には，will を使って Yes / No で答える。

When will Tom eat dinner?

トムはいつ夕飯を食べるでしょうか。

- 疑問詞で始まる疑問文は，〈疑問詞＋will＋主語＋動詞の原形～？〉で表す。

定期テスト対策問題

解答 → p.332

問 1 be going to を使った未来の文

次の文の（　　）内のうち適切なものを選び，〇で囲みなさい。

(1) Saki (be, is, will) going to play the piano.

(2) Taku and Lucy (is, are, will) going to play tennis together.

(3) Misa is going to (do, does, doing) her homework after dinner.

(4) My brother and I (am, are, is) going to go shopping next week.

問 2 be going to の否定文 / 疑問文

次の文を（　　）内の指示にしたがって書きかえなさい。

(1) My sister is going to listen to music this evening. （否定文に）

_____

(2) They are going to sing this song. （否定文に）

_____

(3) You're going to buy a new computer. （疑問文に）

_____

(4) We are going to eat *sukiyaki* for dinner. （下線部が答えの中心となる疑問文に）

_____

問 3 be going to の疑問文と答え方

次の会話が成り立つように，____ に適切な1語を入れなさい。

(1) A: _____ you going to study English next Sunday?

B: _____ , I'm _____ . I'm going to study math.

(2) A: _____ Shota and Ryo _____ to go to the stadium?

B: Yes, _____ _____ .

(3) A: _____ are you _____ to do tomorrow?

B: I'm _____ to visit my grandmother.

問 4 **will を使った未来の文**

次の文の文末に（　　）内の語句をつけて，**will** を使った未来の文に書きかえなさい。

(1) I listen to music.　(tomorrow)

_____

(2) Ellen doesn't go to the UK.　(next year)

_____

(3) Your mother is busy.　(this afternoon)

_____

(4) Where do they practice soccer?　(next Sunday)

_____

問 5 **will の否定文 / 疑問文**

日本語に合うように，____に適切な1語を入れなさい。

(1) あなたは新しいスマートフォンを買うつもりですか。

_____ you _____ a new smartphone?

(2) 私はその映画を見るつもりはありません。

I _____ _____ the movie.

(3) あなたは明日，どこへ行くつもりですか。

_____ _____ you _____ tomorrow?

問 6 **be going to と will**

日本語に合うように，（　　）内の語句を並べかえなさい。ただし，不要の語が1語ずつあります。

(1) まもなく雪が降りそうです。

(snow / is / to / it / will / going) soon.

_____ soon.

(2) 私は来週13歳になります。

(be / going / years old / I / thirteen / will) next week.

_____ next week.

(3) 彼らは今日，ここには来ないでしょう。

(not / they / are / come / will / here) today.

_____ today.

中学校の先生方が，「あるある！」と思ってしまう，生徒たちのよくありがちな誤答例です。「自分は大丈夫？」としっかり確認して，まちがい防止に役立ててください。

第 1 位　**問題**　次の日本文を英語に直しなさい。
ユイは明日部屋をきれいにするつもりです。

Yui is going to ~~cleans~~ her room tomorrow.

あるある！

正しい英文：　**Yui is going to clean her room tomorrow.**

〈主語＋be動詞＋going to＋動詞の原形〉が基本の形です。主語が3人称単数でも，動詞は原形のままとなります。

第 2 位　**問題**　次の日本文を英語に直しなさい。
私たちは来年フランスを訪れます。

~~We~~ going to visit France next year.

あるある！

正しい英文：　**We are going to visit France next year.**

be動詞を忘れてしまう場合があるので注意して。この文では，are が入ります。

第 3 位　**問題**　次の日本文を英語に直しなさい。
彼は今週末バスケットボールをします。

He will ~~plays~~ basketball this weekend.

あるある！

正しい英文：　**He will play basketball this weekend.**

主語が3人称単数でも，will のあとの動詞は原形。この場合では，play になります。

KUWASHII

ENGLISH

21

章

中1
英語

会話表現

英語音声
はこちらから

027

それぞれの英語表現が,
実際の場面ではどのよ
うに使われるのかチェ
ックしておこう!

音声を聞いて，発音もチェックしよう♪

028

1 あいさつをする

Can-Do ▶ 初対面の人とあいさつを交わし，基本的なやりとりをすることができる。

SCENE 1 はじめまして | タクヤの学校に，留学生のクリスがやってきた。

Hello. I'm Shimizu Takuya.
❶ Nice to meet you.

Hello, Takuya.
I'm Chris Hind.
Nice to meet you, too.

❶ Nice to meet you.

「はじめまして。」と言うときの決まり文句です。「こちらこそ」と言うときには，最後に , too をつけます。

タクヤ：こんにちは。ぼくはシミズ タクヤだよ。はじめまして。
クリス：こんにちは，タクヤ。ぼくはクリス・ハインドです。こちらこそ，はじめまして。

SCENE 2 ○年○組 | …実は，同じクラスだった。

❷ I'm in first grade,
Class 1.
How about you?

Really? Me, too.

❷ I'm in ○ grade, Class ○.

「私は○年○組です。」は，このように言います。学年を表すときは，ふつうの数字ではなく，first, second のように序数を使いましょう（➡p.168）。

 もっと！

How about you?

「あなたはどうですか。」と相手のことをいろいろ聞くときに，便利な表現です。

タクヤ：ぼくは1年1組だよ。きみは？
クリス：本当に？　ぼくもです。

SCENE 3 どちらの出身ですか｜クリスの出身国を聞いてみた。

❸ Where are you from?

I'm from Sydney, Australia.

タクヤ：どこの出身？
クリス：オーストラリアの，シドニー出身です。

❸ Where are you from?

「あなたはどこの出身ですか。」とたずねるときは，疑問詞 where（どこ）を使います。「私は〜の出身です。」は，I'm from 〜. で表します。
I'm from Saitama.
「私は埼玉出身です。」

SCENE 4 お会いできてうれしいです｜あいさつのしめくくりにも使える，定番フレーズ。

I'm glad to meet you, Chris.

Me, too, Takuya.

タクヤ：会えてうれしいよ，クリス。
クリス：ぼくもだよ，タクヤ。

 もっと！

I'm glad to meet you.

「私はあなたに会えてうれしいです。」と伝えることができます。
I'm happy to meet you.
も同じ意味です。

日常のあいさつ

●24時間いつでも使えるあいさつ

会ったとき	Hello. 「こんにちは。」
	Hi. 「やあ。」
別れるとき	Goodbye. 「さようなら。」
	See you later. 「またあとで。」
	See you. 「じゃあね。」

●時間帯で使い分けるあいさつ

朝〜午前中	Good morning. 「おはようございます。」
午後	Good afternoon. 「こんにちは。」
夕方〜夜	Good evening. 「こんばんは。」
夜，別れるときや寝るとき	Good night. 「おやすみなさい。」

UNIT
2

聞き直す

Can-Do ▶ 相手のことばが聞き取れなかったときに，きちんと聞き直すことができる。

SCENE
1 | 聞き直し1 | クリスのことばが，はやすぎて聞き取れなかった。

Hi, Takuya.
Are you ********?

❶ Sorry?

❶ **Sorry?**

「ごめん（今，何て言った
の）？」
相手の話が聞き取れなかっ
たときの決まり文句です。
語尾が上げ調子の発音にな
ります。

Pardon?

も同じ意味です。

きみは聞き
取れた？

クリス：やあ，タクヤ。きみは********なの？
タクヤ：ごめん（今，何て言ったの）？

SCENE
2 | 今〜に行くところ？ | 今度は聞き取れた…！！

Are you going to your club now?

Oh, yes.

 もっと！

**Are you going to
〜?**

「あなたは〜に向かってい
るところですか。」と相手
にたずねることができます。
現在進行形の疑問文です。

クリス：きみは今，部活動（クラブ）に行くところ？
タクヤ：ああ，そうだよ。

③ 聞き直し2 | 別の聞き方で，もう一度。

What ＊＊＊＊＊＊＊＊?

❷ **What did you say?**

❷ **What did you say?**

「あなたは何と言いましたか。」

ここでは，相手の話が聞き取れなかったので，もう一度聞き直しています。

クリス：何の＊＊＊＊＊＊＊＊＊？
タクヤ：何て言ったの？

SCENE

④ 聞き直し3 | ゆっくり言ってもらえば，聞き取れるかも？

Oh, sorry. What club ＊＊＊＊＊＊＊＊?

❸ **Excuse me?**
❹ **Speak slowly, please.**

❸ **Excuse me?**

本来「すみません。」「ごめんなさい。」という意味ですが，聞き取れなかったときの聞き直しによく使われる表現です。

❹ **Speak slowly, please.**

「ゆっくり話してください。」もう一度ゆっくり話してほしいときに使います。

クリス：ああ，ごめんね。何のクラブに＊＊＊＊＊＊＊＊＊？
タクヤ：ごめん（今，何て言ったの）？　ゆっくり話してもらえるかな。

SCENE

⑤ 聞き直し成功！ | …会話成立＆友情の予感？

Sorry, Takuya.
What club are you in?

Oh, I'm on the baseball team.
Do you want to come with me?

クリス：ごめんよ，タクヤ。何のクラブにきみは入っているの？
タクヤ：ああ，ぼくは野球部に入っているんだ。ぼくといっしょに来る？

わからなくても
聞き返せば
だいじょうぶ！

030

音声を聞いて、
発音もチェック
しよう♪

UNIT 3 場所を聞く

Can-Do 住んでいるところや行きたい場所について会話することができる。

SCENE 1 教室でのあいさつ | 新しい ALT のアオキ先生がやって来た。

> Hello, everyone. I'm Diana Aoki. I'm your new English teacher.

> Nice to meet you, Ms. Aoki. **Welcome to our class!**

アオキ先生：こんにちは，みなさん。私はダイアナ・アオキです。
みなさんの新しい英語の先生です。
クラス一同：はじめまして，アオキ先生。私たちのクラスへようこそ！

📖 **用語解説**

ALT

ALT＝Assistant Language Teacher
「外国語指導助手」

➕ **もっと！**

Welcome to ～.
「～へようこそ。」
Welcome to Japan!
「日本へようこそ！」

SCENE 2 どこに住んでいますか | 先生のお住まいをたずねてみた。

> We live in Yokohama. ❶ **Where do you live?**

> I live in Kawasaki.

タクヤ：私たちは横浜に住んでいます。先生はどちらにお住まいですか？
アオキ先生：私は，川崎に住んでいます。

❶ **Where do you live?**

「あなたはどこに住んでいますか。」という意味です。
答えるときは，
I live in ～.
「私は～に住んでいます。」
と言います。「～に」という意味の in を忘れないようにしましょう。

SCENE 3 音楽室はどこですか | アオキ先生は，まだ学校に慣れていないみたい。

❷ **Where is the music room?**

❸ **It's on the third floor.**

アオキ先生：音楽室はどこですか？
タクヤ：3階にあります。

❷ **Where is the music room?**

「音楽室はどこですか。」
会話では，Where's と短縮形がよく使われます。

❸ **It's on the third floor.**

「それは3階にあります。」
It's 〜. で「それは〜にあります。」と言えます。
in 〜（〜の中に）
on 〜（〜階に，〜の上に）
next to 〜（〜の隣に）
など，場所を表す前置詞とともに使います。

SCENE 4 どういたしまして | 場所を教えることができてよかった！

Thank you very much, Takuya.

You're welcome.

アオキ先生：本当にありがとう，タクヤ。
タクヤ：どういたしまして。

もっと！

You're welcome.

「どういたしまして。」
お礼に対する返答の決まり文句です。

道案内の表現

●道をたずねるとき

Can you tell me the way to 〜?	「〜への行き方を教えてくれますか。」
How can I get to 〜?	「〜へはどうやって行けばいいですか。」

●道を教えるとき

Turn right[left] at 〜.	「〜のところで右[左]に曲がってください。」
Go straight this way.	「この道をまっすぐ行ってください。」

UNIT 4 あいづちをうつ

Can-Do ▶ 相手の話に適切に応じ，円滑なコミュニケーションを行うことができる。

SCENE 1 私もです | アオキ先生もカレー好きだった。

I enjoyed the school lunch today.
I like curry and rice very much.

❶ **Really?**
❷ **Me, too.**

もっと！

curry and rice
「カレーライス」
日本語では「カレー」ですが，英語ではご飯つきなら curry and rice です。

❶ **Really?**
「本当ですか？」

❷ **Me, too.**
「私もです。」と，相手の言ったことに同意したり，「自分も同じ」と伝えたりすることができます。

アオキ先生：今日の給食を楽しみました。私はカレーライスがとても好きです。
タクヤ：本当ですか？　ぼくもです。

SCENE 2 驚いたとき | バナナ3本は食べすぎじゃないか…?!

I'm full now.
I had curry and rice and then,
I had three bananas.

Wow! You ate so much!

もっと！

be full
「お腹がいっぱいだ」
⇔ **be hungry**
「お腹がすいている」

Wow!
「うわぁ！」
驚き，感動，よろこびなどを表す感嘆詞。

アオキ先生：私は今，お腹がいっぱいです。
　　　　　　カレーライスを食べて，それからバナナを3本食べたんです。
タクヤ：うわぁ！　ずいぶんたくさん食べましたね！

3 感想を言う｜アオキ先生が，ハワイの自宅の写真を見せてくれた。

I love bananas.
Look! This is my house
in Hawaii.
There are many
banana trees there.

❸ That's great.

アオキ先生：私はバナナが大好きなんです。見て！　これはハワイの私の家です。
　　　　　　あそこにはバナナの木がたくさんあるんですよ。
タクヤ：すごいですね。

❸ **That's great.**

「それはすごいですね。」
That's 〜. で「それは〜で
すね。」と，相手に感想を
伝えることができます。
That's good!
「いいですね！」
That's nice.
「すてきですね。」
などもよく使われる言い回
しです。

SCENE

4 信じられない！｜アオキ先生は，カレーよりバナナのほうがもっと好きだった…。

I really love bananas.
I eat ten bananas
every day.

What?! **Seriously?**
❹ I can't believe it!

 もっと！

Seriously?

「本当に？」
相手が本気で言ったのかど
うか信じられないときなど
に使います。

❹ **I can't believe it!**

「信じられない！」と驚き
を表すときに使います。

アオキ先生：私は本当にバナナが大好きなんです。バナナを毎日10本食べるんです。
タクヤ：何?!　本当ですか？　信じられない！

相づち，つなぎことば

●相づち

I see. 「わかりました。」　　That's right. 「そのとおり。」　　That's true. 「本当にそうですね。」
I understand. 「わかりました。」　　Exactly. 「そのとおり。」　　Uh-huh. 「うんうん。」

●つなぎことば

Well ... 「ええと……」　　Let me see ... 「ええと……」　　Let's see ... 「ええと……」
I mean ... 「つまり……」　　You know ... 「ほら，あの……」

音声を聞いて，
発音もチェック
しよう♪

UNIT

5

注文をする

Can-Do → 飲食店などで，注文や支払いなどの基本的なやりとりができる。

SCENE

1 海外旅行先で ｜ 妹のサエといっしょに，ファストフード店へ行った。

❶ Hi! Can I help you?

❷ One cheeseburger, one large cola, and one small French fries, please.

❶ **Can I help you?**

「何をさしあげましょうか（いらっしゃいませ）。」直訳は「お手伝いしましょうか？」。店に来た客に店員が声をかけるときの決まり文句です。

❷ **〜, please.**

「〜をお願いします。」店で買い物をするときの決まり文句。注文したいものと数を言って，最後にplease を添えます。

店員：こんにちは！　何にいたしますか。
タクヤ：チーズバーガーを1つ，Lサイズのコーラを1つ，それからSサイズのフライドポテトを1つ，お願いします。

SCENE

2 ファストフード店での注文 ｜ 妹のサエも英語で注文できた。

Sure. **Anything else?**

Well, one hamburger and one medium apple juice, and … **That's all.**

 もっと！

Anything else?

「他に何かありますか。」

That's all.

「それでぜんぶです。」

 注意

juice や cola のように，液体なので本来は数えられない名詞も，こういった店では，カップのような容器に入っているため，数えられるものとして扱います。

店員：かしこまりました。他に何かございますか？
サエ：ええと，ハンバーガー1つとMサイズのアップルジュース1つ，それから…　以上です。

SCENE 3 店内飲食か持ち帰りか？ | 持ち帰ることにした。

❸ For here, or to go?

To go, please.

店員：こちらで召し上がりますか，それともお持ち帰りですか。
タクヤ：持ち帰りで，お願いします。

❸ For here, or to go?

「こちらで（召し上がりますか），それともお持ち帰りですか。」
ファストフード店で必ず聞かれる質問です。日本では店内で食べることを「イートイン」と言ったり，持ち帰りを「テイクアウト」と言ったりしますが，アメリカではこの言い方のほうが一般的です。

SCENE 4 お会計1 | 10ドル札で払うことにした。

Okay.
That will be $8.99.

❹ Here's ten dollars.

店員：かしこまりました。お会計は8ドル99セントになります。
タクヤ：はい，10ドルです。

🧩 **もっと！**

That will be ～.

「お会計は～です。」

❹ Here's ten dollars.

「はい，10ドルです。」
Here's ～. は，「こちらは～です。」と，お金など，相手に何かを差し出すときに使います。

SCENE 5 お会計2 | 無事におつりももらって，ミッション成功！

Here's your change. Thank you.

Thank you!

店員：おつりでございます。ありがとうございました。
タクヤ：どうもありがとう！

🧩 **もっと！**

change

「おつり」

定期テスト対策問題

解答 ➡ p.333

問 ① あいさつをする

次の文の日本語の意味に対応する英文を選び，その記号を書きなさい。

(1) 私は佐藤クミです。 (　　　)

(2) あなたはどこの出身ですか。 (　　　)

(3) 私はロンドン出身です。 (　　　)

(4) はじめまして。 (　　　)

　　ア　Nice to meet you.　　　　イ　I'm Sato Kumi.

　　ウ　I'm from London.　　　　エ　Where are you from?

問 ② 聞き直す

次のダイアナ (**Diana**) とマイの対話文の (　　) に当てはまる英文を考えて書きなさい。ただし，(　　) 内のアルファベットは書き出しの文字を，数字は完成したときに使う単語数を表します。また，英文中の @@@@@@@ は，マイが聞き取れなかったことを表します。

(1) 　　Mai: Hello, Diana.

　Diana: Hello, Mai. Are you @@@@@@@?

　　Mai: I'm sorry. (W / 4)

_____

(2) 　Diana: What @@@@@@@?

　　Mai: (E / 2) Speak slowly, please.

　Diana: Oh, sorry. What club are you in?

_____

問 ③ 場所を聞く

次のエレン (**Ellen**) とユリの対話文の日本語を英語にしなさい。

Ellen: (1)音楽室を知っていますか。

　Yuri: Yes, I do.

Ellen: (2)音楽室はどこですか。

　Yuri: It's on the second floor.

(1) _____

(2) _____

問 **4** あいづちをうつ

次の対話文の（　）にもっとも当てはまる英文をそれぞれ１つ選び，その記号を書きなさい。

(1)　A: I enjoyed the school lunch.

　　B: (　　　) I like curry and rice.　　　　　　　　　　（　　）

(2)　A: I'm very full. I had *ramen*, *gyoza* and *gyudon*.

　　B: (　　　) You ate so much!　　　　　　　　　　　（　　）

(3)　A: Look! This is my house in Hawaii.

　　B: (　　　) I can see many banana trees.　　　　　　（　　）

　　　　ア　It's pretty.　　　**イ**　I can't believe it!　　　**ウ**　Oh, me, too.

問 **5** 注文をする

次の店員 (**Clerk**) とマコの対話文の日本語を英語にしなさい。

Clerk: (1)何をさしあげましょうか。

Mako: One hamburger and a large cola, please.

Clerk: That'll be eight dollars.

Mako: (2)はい，10ドル［10ドルあります］。

(1)　_____

(2)　_____

問 **6** 道を教える

次の文の日本語の意味に対応する英文を選び，その記号を書きなさい。

(1)　横浜駅へ行く道を教えていただけませんか。　　　　　　（　　）

(2)　この道をまっすぐ行ってください。　　　　　　　　　　（　　）

(3)　そして，郵便局のところで左に曲がってください。　　　（　　）

　　　　ア　Go straight down this street.

　　　　イ　And turn left at the post office.

　　　　ウ　Could you tell me the way to Yokohama Station?

問 **7** 英作文

あなたは友人に誕生日のプレゼントを渡しました。とてもよろこんだ友人にお礼を言われたとき，どんなことばを返すのがふさわしいでしょうか。**英語で答えなさい。**

あなた：Here's a birthday present for you.

　友人：Wow, it's beautiful. I like it. Thank you very much.

あなた：_____

実力完成問題 1

制限時間：	50分	点

解答 ➡ p.334

問 1 I am 〜. / You are 〜. など　　　　　　6点×3

次の各問いに答えなさい。

(1) 次の対話文の（　　）に入る最も適当なものを**ア〜エ**から1つ選びなさい。

A: Do you know that tall boy?

B: Yes. He（ ア be　 イ am　　ウ is　　エ are ）my friend, Ken.

(2) 次の日本文の内容に合うように，（　　）内から最も適するものを1つ選びなさい。

これらは私の教科書です。

These（ ア am　 イ is　　ウ are ）my textbooks.

(3) 次の文の意味が通るように，（　　）内の語を並べかえなさい。

（ ア father　 イ busy　　ウ my　　エ is ）today.

問 2 一般動詞の現在形　　　　　　7点×3

次の各問いに答えなさい。

(1) 次の対話文について，右にある絵に合うように，（　　）に入る適当　　
な英語を書きなさい。ただし，（　　）内の文字数で書くものとします。

A: What do you do after dinner?

B: I often （　5文字　） TV.

(2) 次のようにたずねられたとき，あなたはどのように答えますか。主語と動詞を含む英文1文
で書きなさい。

How long do you usually take a bath?

(3) 次の対話文の意味が通るように，（　　）内の語句を並べかえなさい。

A: What（ ア do　 イ of　　ウ think　　エ you　　オ my ）idea?

B: It's good.

問 3 名詞の複数形，数，How many 〜 ?　　　　　　7点×3

次の各問いに答えなさい。

(1) 次の日本文の内容に合うように，（　　）に適する語を書きなさい。

あなたは日本で4つの季節を楽しめます。

You can enjoy the four（　　　　） in Japan.

(2) 次の対話文の意味が通るように，（　　）内の語句を並べかえなさい。

A: You really like music. How (get / did / you / CDs / so many)?

B: I bought most of them myself.

(3) 次の対話文の（　　）に入る最も適当なものを**ア〜エ**から1つ選びなさい。

A: We'll have a party today, right?

B: Yes. Please put these cups on that table.

A: OK. How (　　) cups do you need?

B: Eleven, please.

　　ア　much　　**イ**　many　　**ウ**　often　　**エ**　old

問 4　命令文　　　　　　　　　　　　　　　　　　　　　　　6点×2

次の各問いに答えなさい。

(1) 次の文の意味が通るように，（　　）内の語を並べかえなさい。

（**ア**　box　　**イ**　open　　**ウ**　green　　**エ**　the ）.

(2) 次の絵は，自転車が車道を通行するときのルールを示した
ものです。イラストに合うように，空所に適切な英語を入れ，
英文を完成させなさい。

Don't (　　　　　　) on the right side of the road.

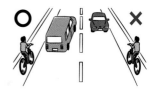

問 5　3単現　　　　　　　　　　　　　　　　　　　　　　7点×4

次の各問いに答えなさい。

(1) 次の日本文の内容に合うように，（　　）内から最も適するものを1つ選びなさい。

私の祖父はコーヒーを飲みません。

My grandfather doesn't (**ア**　drink　　**イ**　drinks　　**ウ**　drinking) coffee.

(2) 次の対話文の（　　）内の語を適する形に変えて書きなさい。

A: Who (want) to play tennis this afternoon?

B: Sam, Wendy and me!

A: OK. Don't forget your rackets. See you later.

(3) 次の文の（　　）に入る最も適当なものを**ア〜エ**から1つ選びなさい。

Our city (**ア**　have　　**イ**　has　　**ウ**　is　　**エ**　having) a summer festival
every year.

(4) 次の対話文の意味が通るように，（　　）内の語句を並べかえなさい。

A: What kind of movies does Judy like?

B: (**ア**　movies　　**イ**　she　　**ウ**　history　　**エ**　likes　　**オ**　about).

実力完成問題 ②

 1 人称代名詞　　　　　　　　　　　　　　　　　　　　　　7点×3

次の各問いに答えなさい。

(1)　次の対話文の（　　）に入る最も適当なものを**ア～エ**から1つ選びなさい。

A: What are you looking for?

B: I'm looking for my pen.

A: Please use（　**ア**　your　　**イ**　my　　**ウ**　yours　　**エ**　mine）.

B: Thank you very much.

(2)　次の文の（　　）内の語を適する形に変えて書きなさい。

We took a lot of pictures. I'll send some of (they).

(3)　次の対話文の（　　）内の語を適する形に変えて書きなさい。

A: Which is Naomi's new bicycle?

B: The red one is (she).

 2 what, who, whose, which　　　　　　　　　　　　7点×3

次の各問いに答えなさい。

(1)　次の対話文の（　　）に入る最も適切な語を書きなさい。

A:（　　　　　）is your English teacher?

B: Our English teacher is Mr. Tanaka. I really like his lessons.

(2)　次の対話文の（　　）に入る最も適当なものを**ア～エ**から1つ選びなさい。

①　A: Let's hurry. Our train will leave soon.

B: All right, but which one?

A:（　　　）

B: I see. Oh, we can see it there!

　　ア　It's on track seven.　　　　**イ**　It's one of the stations.

　　ウ　It's just three thirty.　　　　**エ**　It's the train.

②　A: Tomorrow is my sister's birthday. I want to give a nice birthday present to her.

B:（　　　）

A: She likes cooking. She often cooks dinner for us.

B: How about a cook book? She will be happy.

　　ア　How old is she?　　　　　　**イ**　Where do you buy it?

　　ウ　How much is the present?　　**エ**　What is her favorite thing?

次の各問いに答えなさい。

(1) 次の文の (　　) に入る最も適当なものを**ア〜エ**から1つ選びなさい。

① There are (**ア** ten　**イ** seven　**ウ** seventeen　**エ** eleven) days in a week.

② The sun comes up in the (**ア** evening　**イ** morning　**ウ** night　**エ** noon).

(2) 次の対話文の意味が通るように, (　　) 内の語句を並べかえなさい。

① A: It is getting dark. (**ア** is　**イ** what　**ウ** it　**エ** time) now?
　　B: It will be six o'clock soon.

② A: (**ア** of　**イ** the month　**ウ** it　**エ** what　**オ** is　**カ** day) today?
　　B: It is September 16.

(3) 次の対話文の (　　) に入る適切な英文1文を書きなさい。

Emma: Taro, we had a lot of homework yesterday. Did you do it?

Taro:　Yes, but I didn't finish it yesterday. So I did it this morning.

Emma: (　　　　　　)

Taro:　I got up at five. I'm very sleepy now.

次の各問いに答えなさい。

(1) 次の日本文の内容に合うように, (　　) 内から最も適するものを1つ選びなさい。

その博物館はどこにありますか。

(**ア** Where　**イ** Which　**ウ** Why) is the museum?

(2) 次の対話文の (　　) に入る最も適当なものを**ア〜エ**から1つ選びなさい。

A: I went to my piano teacher's house yesterday.

B: How long did it take from your house?

A: (　　　　)

　ア It took many students.　　**イ** I took a walk there.

　ウ It took twenty minutes.　　**エ** I took a bath there.

(3) 次の対話文の意味が通るように, (　　) 内の語句を並べかえなさい。

A: Hi, I'm Nancy. I live in Higashi-machi.

B: That's a long way from here! (do / come / you / how / to) school?

A: By bus.

実力完成問題 ❸

制限時間： 50分 　　　点

解答 ➡ p.336

問 ❶ can, いろいろな形の文　　　　　　　　　　　　　　　　　　　6点×3

次の各問いに答えなさい。

(1)　次の対話文の（　　）に入る最も適当なものを**ア〜エ**から1つ選びなさい。

A: What are you doing, Akira?

B: I'm writing an e-mail to my friend in America, but it is difficult.

A: (　　　　)

B: Thank you.

　　ア Can you help me?　　　　　　**イ** I'm not helping you.

　　ウ Can I help you?　　　　　　　**エ** I can't help you.

(2)　次の日本文を英文にしなさい。

どうすれば私はその試合を見ることができますか。

(3)　次の文の（　　）に入る最も適当なものを**ア〜エ**から1つ選びなさい。

There are four (**ア** parts　**イ** groups　**ウ** seasons　**エ** festivals) in Japan. I like spring the best.

問 ❷ 現在進行形　　　　　　　　　　　　　　　　　　　　　　　　7点×2

次の各問いに答えなさい。

(1)　次の文の（　　）内の語を最も適する形にかえて書きなさい。

She looks happy because she is (smile).

(2)　次の対話文について，右にある絵に合うように，（　　）に入る適当な英語を書きなさい。ただし，（　　）内の文字数で書くものとします。

A: What is the boy doing now?

B: He is (　6文字　) a bike.

問 ❸ 一般動詞の過去形，be 動詞の過去形　　　　　　　　　　　6点×6

次の各問いに答えなさい。

(1)　次の文の（　　）に入る最も適当なものを**ア〜エ**から1つ選びなさい。

　① He (**ア** came　**イ** went　**ウ** visited　**エ** arrived) Japan last summer and stayed at my house for two weeks.

② Yesterday I (ア make　イ made　ウ to make　エ making) a speech in front of my class in English.

③ I (ア finish　イ finished　ウ am finishing　エ have finished) my homework last night.

④ A: Who (ア teach　イ teaches　ウ teaching　エ taught) you English last year?

　　B: Mr. Suzuki did.

(2) 次の文の意味が通るように，(　　) 内の語を並べかえなさい。

　(ア this　イ it　ウ raining　エ morning　オ was).

(3) 次の対話文の (　　) 内の語を適する形に変えて書きなさい。

　A: Who read this book?

　B: Takeshi (do).

問 ④ 未来を表す文　　　　　　　　　　　　　　　6点×3

次の各問いに答えなさい。

(1) 次の文の意味が通るように，(　　) 内の語を並べかえなさい。

　I (ア am　イ to　ウ play　エ tennis　オ next　カ going　キ Saturday).

(2) 次の日本文を英文にしなさい。

　明日は晴れるでしょう。

(3) 次の絵を見て，質問に英語で答えなさい。

　Look at this boy with a camera. What is he going to do?

問 ⑤ 会話表現　　　　　　　　　　　　　　　　7点×2

次の各問いに答えなさい。

(1) 次の文の (　　) に入る最も適当なものを**ア〜エ**から１つ選びなさい。

　Hi, everyone. How are you (ア did　イ do　ウ does　エ doing)?

(2) 次の対話文の (　　) に入る最も適当なものを**ア〜エ**から１つ選びなさい。

　A: Excuse me. I want a hamburger and orange juice, please.

　B: OK. Anything else?

　A: (　　)

　　ア Yes, I was.　　　　　　　イ Yes, they are.

　　ウ No, it's not.　　　　　　エ No, that's all.

発音の仕方

英語の発音の仕方

　英語の音は，母音と子音の2つに大きく分けられます。母音は日本語の「あいうえお」にあたる音で，それ以外の音が子音です。日本語の母音は5つですが，英語にはそのおよそ3倍の母音があります。英語の子音には，[θ] や [f] など，日本語にない音があります。

　また，単語のアクセント・文の強勢・抑揚（音の上げ下げ）の点でも，日本語と英語は大きく異なります。下の一覧表中の「音の仕方」に，実際に発音するときの"コツ"が書いてありますので，日本語とのちがいに注意しつつ，まずは英語のネイティブスピーカーの発音をしっかりと聞いて，自分でも声を出しながら，まねして練習してみましょう。

母音と子音

　母音は，舌や歯，くちびるなどにじゃまされずに発音され，舌の位置やくちびるの形によって区別される音です。短母音・長母音・二重母音があります。

　子音は，舌，歯，くちびるなどで息がさまたげられたり，これらの器官との摩擦などによって生じる音です。（→母音字・子音字については p.124 参照）

母音

❶ 短母音〔短い母音〕

発音記号	発音の仕方	その発音を含む単語
[æ]	[エ] を発音するときの口を少したてに大きく開け，[ア] の音を出す。	**apple** [ǽpl アプル] 名りんご **bat** [bǽt バット] 名バット
[ə]	口をあまり開けず，こもるように軽く [ア] と発音する。	**album** [ǽlbəm アルバム] 名アルバム **ribbon** [ríbən リボン] 名リボン
[ʌ]	日本語の [ア] に似ている。少しのどの奥から出す。	**lunch** [lʌ́ntʃ ランチ] 名昼食 **bus** [bʌ́s バス] 名バス
[ɑ]	日本語の [ア] より口を大きく開け，口の奥から音を出す。	**doll** [dɑ́l ダル] 名人形 → [dɔ́l ドル] と発音することもある。
[i]	歯の間に指が入るくらい開け，軽く [イ] と発音する。[エ] にも近い音。	**ink** [íŋk インク] 名インク **sister** [sístər スィスタァ] 名妹〔姉〕

[u]	日本語の [ウ] よりくちびるを丸め，のどの奥から音を出す。	**book** [búk ブック] 名本 **good** [gúd グッド] 形よい
[e]	日本語の [エ] とほとんど同じ音。	**head** [héd ヘッド] 名頭 **pen** [pén ペン] 名ペン
[ɔ]	[ア] の口の形で [オ] と発音する。おもにイギリス発音で使う。	**watch** [wɔ́tʃ ウォッチ] 名腕時計 ➡ アメリカ英語では [wátʃ ワッチ] と発音。

❷ 長母音

※発音記号の [ː] はその前の音を長くのばして発音することを表します。

[ɑː]	日本語の [ア] より口を大きく開けて [アー] と発音する。	**car** [káːr カー] 名車 **farm** [fáːrm ファーム] 名農場
[əː]	口をあまり開けずに [アー] と発音する。	**girl** [gə́ːrl ガール] 名少女 **bird** [bə́ːrd バード] 名鳥
[iː]	くちびるを横に広げるようにして [イー] と発音する。	**tree** [tríː ツリー] 名木 **green** [gríːn グリーン] 名緑色
[uː]	くちびるを丸くつき出すようにして発音する。	**two** [túː トゥー] 名2 **moon** [múːn ムーン] 名月
[ɔː]	[ア] の口のまま [オー] と発音する。	**ball** [bɔ́ːl ボール] 名ボール **tall** [tɔ́ːl トール] 形高い

❸ 二重母音

1つの母音が他の母音へすべるように移行していく音のこと。

[ai]	日本語の [ア] より口を開き，[ア] に軽く [イ] をそえる。	**nine** [náin ナイン] 名9 **like** [láik ライク] 動〜が好きである
[au]	日本語の [ア] より口を開き，[ア] に軽く [ウ] をそえる。	**brown** [bráun ブラウン] 名茶色 **mouse** [máus マウス] 名ねずみ
[iər]	[イ] に軽く [ア] をそえ，舌を巻くようにする。	**ear** [íər イア] 名耳 **tear** [tíər ティア] 名涙
[uər]	日本語の [ウ] より口を丸めるようにつきだし，軽く [ア] をそえる。	**poor** [púər プア] 形貧乏な **tour** [túər トゥア] 名旅行
[eər]	[エ] に軽く [ア] をそえて，舌を巻くようにする。	**chair** [tʃéər チェア] 名いす **bear** [béər ベア] 名くま

[ei]	[エ] を強く発音し，軽く [イ] をそえる。	**table** [téibl テイブル] 名 テーブル **rain** [réin レイン] 名 雨
[ɔi]	[ア] のように口を大きく開けて，[オ] と発音し，軽く [イ] をそえる。	**oil** [ɔ́il オイル] 名 油 **boy** [bɔ́i ボイ] 名 少年
[ou]	金魚がえさを飲み込むように [オゥ] と発音する。	**boat** [bóut ボウト] 名 船 **go** [góu ゴウ] 動 行く

子音

[p]	くちびるではさんだつまようじを遠くに飛ばすように発音する。	**park** [pá:rk パーク] 名 公園 **picnic** [píknik ピクニク] 名 ピクニック
[b]	両くちびるを閉じて，吹き出すように発音する。	**bed** [béd ベッド] 名 ベッド **bench** [béntʃ ベンチ] 名 ベンチ
[t]	舌の先を上の歯ぐきの裏側につけて，はき出すように発音する。	**cat** [kǽt キャット] 名 ネコ **tree** [trí: ツリー] 名 木
[d]	機関銃の〔「ドドド〔ダダダ〕…」〕のように発音する。	**friend** [frénd フレンド] 名 友人 **door** [dɔ́:r ドー（ァ）] 名 ドア
[f]	上の歯で下くちびるに軽くふれながら，空気を抜くように発音する。	**four** [fɔ́:r フォー（ァ）] 名 4 **wife** [wáif ワイフ] 名 妻
[v]	[f フ] と同じように発音する。[v ヴ] は [f フ] に摩擦が加わった音。	**vase** [véis ヴェイス] 名 花びん **very** [véri ヴェリィ] 副 とても
[s]	タイヤから空気が抜けるときのような音。	**star** [stá:r スター] 名 星 **sun** [sʌ́n サン] 名 太陽
[z]	舌の先を上の歯ぐきの裏に向けてもち上げるように発音する。	**zoo** [zú: ズー] 名 動物園 **rose** [róuz ロウズ] 名 バラ
[θ]	舌の先を上下の歯で軽くはさんで，息を出すように発音する。	**mouth** [máuθ マウス] 名 口 **three** [θrí: スリー] 名 3
[ð]	上の [θ ス] のにごった音。	**this** [ðis ズィス] 代 これは〔が〕 **father** [fá:ðər ファーザァ] 名 父
[ʃ]	蒸気機関車の出す音をまねた「シュッ，シュッ」の「シュ」の音。	**dish** [díʃ ディッシ] 名 皿 **ship** [ʃíp シップ] 名 船

[ʒ]	てんぷらなどを油で揚げるときの「ジュー，ジュー」の「ジュ」の音。	**television** [téləviʒən テレヴィジョン] 名テレビ
[tʃ]	小鳥の声の「チュッ，チュッ」の「チ」の音。	**peach** [píːtʃ ピーチ] 名もも **teacher** [tíːtʃər ティーチァ] 名先生
[dʒ]	アブラゼミの鳴き声の始まりの音の[ヂ]。	**bridge** [brídʒ ブリッジ] 名橋 **July** [dʒulái ヂュライ] 名7月
[k]	のどに魚の骨がつかえたとき，はき出すつもりで「クッ」の[ク]。	**desk** [désk デスク] 名机 **cook** [kúk クック] 動料理する
[g]	舌の奥をもち上げて，のどをふさいで[グ]と音を出す。	**guitar** [gitáːr ギター] 名ギター **egg** [ég エッグ] 名卵
[j]	子どものケンカで「イー，だ」というときの口を左右に広げる[イ]。	**yes** [jés イェス] 副はい **you** [júː ユー] 代あなたは〔が〕
[h]	冬に息を手に吹きかけたり，ため息をつくときのような「ハーッ」の[ハ]。	**hat** [hét ハット] 名（ふちのある）帽子 **home** [hóum ホウム] 名家
[l]	舌の先を上の歯ぐきの裏側につけたまま，舌の両側から声を出す。	**clock** [klák クラック] 名時計 **look** [lúk ルック] 動見る
[m]	くちびるを閉じて，鼻から声を出すようにする。	**moon** [múːn ムーン] 名月 **camp** [kémp キャンプ] 名キャンプ場
[n]	日本語の「ハンタイ（反対），アンナイ（案内）」の[ン]。	**name** [néim ネイム] 名名前 **nurse** [náːrs ナース] 名看護師
[ŋ]	[ン]の音のあとに，鼻から抜ける[グ]を軽く発音して[ング]。	**king** [kíŋ キング] 名王 **song** [sɔ́(ː)ŋ ソ（ー）ング] 名歌
[r]	舌先を奥の歯ぐきに向けてそりぎみにし，すきまから音を出す。	**red** [réd レッド] 名赤 **room** [rúːm ル（ー）ム] 名部屋
[w]	口ぶえを吹くように口先をつき出して[ウ]と発音する。	**window** [wíndou ウィンドウ] 名窓 **week** [wíːk ウィーク] 名週

有声音と無声音　　英語の音は，有声音と無声音に分けられます。有声音は，発音するときに声帯がふるえる音，無声音は声帯がふるえず息だけで発音する音です。子音の表で■になっているのが有声音，■が無声音です。のどに手をあてて発声すると，有声音では振動を感じ，無声音では振動を感じないのがわかります。

動詞の変化表（不規則動詞）

おもな不規則動詞の原形・3単現の形・過去形・ing形を覚えよう！

原形		3単現	過去形	ing形
break	こわす	breaks	broke	breaking
buy	買う	buys	bought	buying
catch	つかまえる	catches	caught	catching
come	来る	comes	came	coming
cut	切る	cuts	cut	cutting
drink	飲む	drinks	drank	drinking
eat	食べる	eats	ate	eating
find	見つける	finds	found	finding
give	与える	gives	gave	giving
go	行く	goes	went	going
hear	聞く	hears	heard	hearing
keep	保つ	keeps	kept	keeping
leave	出発する	leaves	left	leaving
make	作る	makes	made	making
meet	会う	meets	met	meeting
put	置く	puts	put	putting
read [ríːd リード]	読む	reads	read [réd レッド]	reading
run	走る	runs	ran	running
say	言う	says	said	saying
see	見える	sees	saw	seeing
sing	歌う	sings	sang	singing
sit	座る	sits	sat	sitting
sleep	眠る	sleeps	slept	sleeping
speak	話す	speaks	spoke	speaking
take	取る	takes	took	taking
teach	教える	teaches	taught	teaching
tell	話す	tells	told	telling
think	考える	thinks	thought	thinking
throw	投げる	throws	threw	throwing

解答と解説

くわしい 中1英語

KUWASHII
ENGLISH

2章 I am ～. / You are ～.

1 I am ～. / You are ～. CHECK 001

(1) am　(2) are

2 I am not ～. / You are not ～. CHECK 002

(1) am not　(2) are not

3 Are you ～? CHECK 003

(1) Are you　(2) Yes, I am

定期テスト対策問題

1 (1) are　(2) am　(3) Are　(4) am

(解説) 主語が I のときには be 動詞は am を使い，主語が you のときには be 動詞は are を使う。

2 (1) Are you a tennis fan?
(2) I am [I'm] not a high school student.
(3) I am [I'm] Japanese.

(解説) (1) You are ～. の文を疑問文にするときには，be 動詞の are を主語の前に出す。文を書くときには，大文字で書き始めるので注意すること。
(2)(3) I am ～. の文を否定文にするときには，be 動詞のあとに not を入れる。

3 (1) I am from Canada.
(2) Are you a high school student?
(3) I am not a baseball fan.

(解説) (1)「私は～です。」の文は，I am ～. で表す。

出身を言うときには，from を使って表す。
(2)相手に「あなたは～ですか。」と質問する疑問文は，Are you ～? で表す。be 動詞を主語の前に出すことに注意する。
(3)「私は～ではありません。」という否定文は，be 動詞のあとに not を入れて，I am not ～. で表す。

4 (1) Yes, I am.
(2) No, I am [I'm] not.
(3) No, I am [I'm] not.

(解説) Are you ～? の疑問文には，「はい」と答える場合は Yes, I am. となり，「いいえ」と答える場合は No, I am [I'm] not. と答える。

5 (1) I am [I'm] from Yokohama.
(2) I am [I'm] a junior high school student.
(3) I am [I'm] a soccer player. [I am [I'm] a soccer fan.]

(解説) (1)自分の出身を言うときには，I am from ～. で表す。
(2)「私は～です。」という文は，I am ～. で表す。
(3)「サッカー選手」と言う場合は a soccer player となり，「サッカーのファン」と言う場合は a soccer fan となる。サッカーの絵を見て作る自己紹介の文には，いくつかの解答例が考えられる。いろいろな文を作れるようにするとよい。

3章 This is 〜. / That is 〜.

1 This is 〜. / That is 〜.
CHECK 004

(1) **This**　(2) **That**

2 This is not 〜. / That is not 〜.
CHECK 005

(1) **This is not**　(2) **That is not**

3 Is this 〜? / Is that 〜?
CHECK 006

(1) **Is this**　(2) **Is that**

4 What is this? / What is that?
CHECK 007

(1) **What is this**

(2) **What is that animal**

 定期テスト対策問題

❶ (1) **are**　(2) **is**　(3) **Is**　(4) **is**

(解説) 主語と be 動詞の正しい組み合わせをしっかりと身につけることが大切。

(1)主語が you のときは, be 動詞は are を使う。

(2)(3)(4)主語が this や that のときは, be 動詞は is を使う。

❷ (1) **Is this your bag?**

(2) **That is not [isn't] my brother.**

(3) **What is [What's] that?**

(解説) (1) This is 〜. の疑問文は, be 動詞の is を主語の前に出して, Is this 〜? となる。

(2) That is 〜. の文を「あれは〜ではない。」という否定文にするときは, be 動詞 is のあとに not を入れて, That is not 〜. という形にする。

(3)「何か」をたずねる疑問文は what を使う。

❸ (1) **This is my grandfather.**

(2) **What is this?**

(3) **Is that an art museum?**

(4) **What is that?**

(解説) (1)「こちらは〜です。」は, This is 〜. で表す。

(2)(4)「これ [あれ] は何ですか。」と質問する文は, what を使って表す。What は文頭に置く。

(3)「あれは〜ですか。」と質問する文は Is that 〜? と表す。

❹ (1) **What, apple**　(2) **What's, It's**

(3) **that [it], It's**

(解説) (1)「何か」をたずねているのでwhatを使う。

(2)What's 〜? の疑問文には, It's 〜. と答える。

(3)前のやりとりを受けて, 「じゃあ, あれ [それ] は何?」という質問になるので that [it] が入る。答えは It's 〜. となる。

❺ (1) **Is this a computer?**

(2) **This is not [isn't] my bike.**

(3) **Yes, it is.**

(4) **What is [What's] this?**

(5) **That is [That's] my bike.**

(解説) (1) This is 〜. の疑問文は Is this 〜? となる。

(2) This is 〜. の否定文は This is not 〜. となる。

(3) Is that 〜? の質問には, 「はい」なら Yes, it is.「いいえ」なら No, it is not. と答える。

(4)「何か」をたずねる疑問文は, 文頭に What を置く。

(5)「あれは〜です。」と離れた場所にあるものについて言うときは That is 〜. を使う。

4章 a, an, the と形容詞

1 a, an   CHECK 008

(1) an   (2) a

2 the   CHECK 009

(1) the   (2) the

3 形容詞の用法   CHECK 010

(1) 2   (2) 2

定期テスト対策問題

❶ (1) ×   (2) a   (3) a, the   (4) the
(5) ×   (6) The, ×   (7) an   (8) an

(解説) (1) my の前には a や the は入らない。
(3) 一度話題に出たものには the を使う。
(4)「(楽器を)ひく」という場合,楽器の前に the を置く。
(6) 地球や月などの天体には the をつける。形容詞だけの場合は a や the はつけない。
(7)(8) 母音から始まる名詞には a ではなく an をつける。

❷ (1) a, the   (2) a, an   (3) the

(解説) (1) 一度話題に出たものには the を使う。
(2) 名詞の最初の音が母音の場合は,a ではなく an を使う。
(3) in the morning は「午前中に」という決まった言い方。

❸ (1) short   (2) hot   (3) large [big]
(4) new   (5) old

(解説) (1) short「短い」
(2) hot「熱い,暑い」
(3) large「大きい,広い」,big「大きい」
(4) new「新しい」
(5) old「年をとっている」には「古い」の意味もある。

❹ (1) an, old   (2) an, English
(3) a, new

(解説) (1)「古い都市」は old city。冠詞は形容詞 old の前につくので,a ではなく an を使う。
(2) English の前につくので,an を使う。
(3) 冠詞は形容詞の前につくので a new umbrella となる。

❺ (1) is a big city
(2) I like that white cat
(3) That girl is kind
(4) the library in the afternoon
(5) Is your bike new
(6) Is that tall boy your brother

(解説) (1) a big city (冠詞＋形容詞＋名詞) という順になる。
(2) that white cat (that [this] ＋形容詞＋名詞) という順になる。
(3) that girl (that [this] ＋名詞) という順になる。
(4) in the afternoon は「午後に」という決まった言い方。
(6) that tall boy (that ＋形容詞＋名詞) でひとつの意味のまとまりになっている。

5章 | He[She] is 〜. / We[They] are 〜.

1 He is 〜. / She is 〜.

CHECK 011

(1) **She**　(2) **He**

2 We are 〜. / They are 〜.

CHECK 012

(1) **are**　(2) **are**

3 He[She] is not 〜. /
We[They] are not 〜.

CHECK 013

(1) **She is not**　(2) **They are not**

4 Is he[she] 〜? / Are they 〜?

CHECK 014

(1) **Is, he**　(2) **Are, they aren't**

5 Who is he[she]?

CHECK 015

(1) **Who, He**　(2) **Who, She**

定期テスト対策問題

❶ (1) **are**　(2) **is**　(3) **are**　(4) **are**　(5) **is**

(解説) 主語と be 動詞の組み合わせをしっかりと身につけることが大切。
(1)主語が They なので are を使う。
(2)主語が She なので is を使う。
(3)主語が We なので are を使う。
(4)主語が Tom and I と複数なので are を使う。
(5)主語が He なので is を使う。

❷ (1) **She**　(2) **We**　(3) **He**　(4) **They**

(解説) (1)My sister は単数で女性なので She となる。
(2)Ken and I は「私たち」となるので We を使う。

(3)My brother は単数で男性なので He を使う。
(4)My dog and cat は「それら」となるので They を使う。

❸ (1)〔否定文〕She is not [isn't] a math teacher.
　　〔疑問文〕Is she a math teacher?
(2)〔否定文〕They are not [aren't] baseball fans.
　　〔疑問文〕Are they baseball fans?
(3)〔否定文〕David is not [isn't] a college student.
　　〔疑問文〕Is David a college student?

(解説) 否定文は be 動詞の後ろに not を入れる。Yes または No で答える疑問文は，be 動詞を主語の前に出す。

❹ (1) No, he is not [isn't].
(2) Yes, she is.
(3) He is [He's] Mary's father.

(解説) Is he 〜? や Is she 〜? の質問に Yes で答える時は，Yes, he[she] is. となる。No で答える時は，No, he[she] is not[isn't]. となる。

❺ (1) We are on the tennis team
(2) John and Tom are good friends
(3) He is very kind
(4) Who is that tall man
(5) Are they junior high school students

(解説) (4)Who を使った疑問文は，Who を文の先頭に置き，そのあとに〈be 動詞＋主語〉の順で文をつなげる。(5)Yes / No で答える疑問文は，be 動詞を文の先頭に置く。

6章 I play 〜. など（一般動詞の現在形）

1 一般動詞とは　CHECK 016

(1) **play**　(2) **like**

2 一般動詞の種類　CHECK 017

(1) **speak**　(2) **have**

3 I don't 〜.　CHECK 018

(1) **do**　(2) **do**

4 Do you 〜 ?　CHECK 019

(1) **Do, do**　(2) **Do, do not**

定期テスト対策問題

1 (1) **use**　(2) **write**　(3) **like**　(4) **have**

2 (1) **Do, speak, do**
(2) **Do, go, to, don't**
(3) **Do, clean, do**

(解説) 相手に「〜しますか。」とふだんすること
について質問するときは，**Do you 〜 ?** を使う。
答えは **Yes, I do.** または **No, I don't.** で答える。
(1)「(〜語を) 話す」は speak。
(2)「〜に行く」は go to 〜。
(3)「そうじする」は clean。

3 (1) **We don't [do not] go to school on Saturday.**
(2) **You don't [do not] speak Chinese.**
(3) **I don't [do not] like baseball.**

(解説)「〜しません。」という否定文は，動詞の前
に **don't** または **do not** を置く。

4 (1) **run**　(2) **read**　(3) **play**

(解説) (1)「私は毎朝，公園を走ります。」
(2)「私は毎朝，新聞を読みます。」
(3)「私は毎日，ピアノを弾きます。」

5 (1) **Do, do not**　(2) **Are, am**
(3) **Do, do**

(解説) 相手の動作について「〜しますか。」と質
問するときには **Do you 〜 ?** を使い，相手の状
態などについて「〜ですか。」と質問するときには
Are you 〜 ? を使う。答え方も質問の形によっ
て変わる。

6 (1) **We play tennis after school**
(2) **Do you eat breakfast every day**
(3) **They go to the library every Sunday**
(4) **I don't have cats at home**

(解説) (1)「〜します。」という文なので，〈主語＋
動詞〜〉という語順にする。
(2)「〜しますか。」という疑問文なので，〈Do you
＋動詞〜 ?〉の語順にする。
(4)「〜しません。」という否定文なので，動詞の前
に don't を置く。

7章 名詞の複数形, 数, How many 〜？

1 名詞の種類と複数形　CHECK 020

(1) three, dogs　(2) some, pens

2 複数形の作り方と発音　CHECK 021

(1) two, watches　(2) three, children

3 数を表す言い方　CHECK 022

(1) three, six, seven　(2) eleven, fifty

4 How many ＋複数形〜？　CHECK 023

(1) How many books
(2) How many apples

5 some と any　CHECK 024

(1) some　(2) any

定期テスト対策問題

1 (1) cats　(2) leaves　(3) children
(4) cities　(5) buses

解説 (2)語尾が f なので, f を v にかえて es をつける。
(3)不規則に変化する語。
(4)〈子音字＋y〉で終わる語なので, y を i にかえて es をつける。子音字とは, b や c など, a, e, i, o, u 以外の文字。
(5)語尾が s なので, es をつける。

2 (1) dogs　(2) rain　(3) men, women

解説 (1) three とあるので複数形の dogs にする。

(2) rain（雨）は数えられない名詞なので,「たくさんの（量の）雨」でも複数形にはしない。
(3) man / woman は複数形が不規則な形になる。women は発音にも注意する。

3 (1) How, many, cats, two, cats
(2) How, many, birds, three
(3) How, many, balls, One

解説 数をたずねる疑問文は〈How many ＋複数名詞〜？〉で表す。(1)〜(3)の〔　〕内の語を複数形にする。答えの中心は数を表す語句になる。(2)(3)のように数だけで答えることもできる。

4 (1) some　(2) any　(3) some　(4) any

解説 (1)「いくらかの」を表す some。
(2)「これは何ですか。あなたには何かお考えがありますか。」という文。「何か」を表す any が入る。
(3)「〜はいかがですか。」という文では疑問文でも some を使う。
(4) not 〜 any ... で「まったく〜ない」という意味を表す。

5 (1) How many books do you have in your bag
(2) Would you like some tea
(3) I eat any food
(4) I don't have any pets at home

解説 (1)「何冊」と数をたずねているので,〈How many ＋複数名詞〜？〉の形にする。
(2) Would you like some 〜？で「〜はいかがですか」とものをすすめる言い方。
(3) any は「どんな〜でも」という意味を表すことがある。

8章 命令文

1 命令文 / be を使った命令文　CHECK 025

(1) **Open**　(2) **be**

2 否定の命令文 Don't ～.　CHECK 026

(1) **Don't**　(2) **Don't**

3 Let's ～.　CHECK 027

(1) **Let's**　(2) **let's**

 定期テスト対策問題

1 (1) Sit down.
　(2) Sing a song.
　(3) Do your best.
　(4) Write your name in English.

解説 いずれも主語の You をとって，動詞の原形で文を始める。

2 (1) Be quiet
　(2) Be a good girl
　(3) Be kind to everyone

解説 いずれも be 動詞の原形 be で文を始める。
(1) do が不要。
(2)女の子に対する命令文なので girl を使う。boy が不要。
(3) kind「親切な」の後ろは to ～「～に対して」と続ける。with が不要。

3 (1) Don't close the door, Ben.
　(2) Don't play video games, Lucy.
　(3) Don't listen to rock music, Nancy.
　(4) Don't play the guitar, Tom.

解説 名前は，呼びかけの語として文末に置くが，前にコンマをつけるのを忘れないこと。

4 (1) Let's make lunch for Sally.
　(2) Let's clean the room.
　(3) Let's go to the movies.
　(4) Let's play soccer at the park.

解説 もとの文が動詞の原形で始まる命令文なので，その前に Let's を置いて〈Let's＋動詞の原形〉で始める形にする。一般動詞の頭文字は小文字にするのを忘れないこと。

5 (1) let's　(2) Sorry, tired

解説 「～しよう」と誘われて断る場合，ふつう(2)の応答文のように「ごめん」と言ったあとに理由をそえる。

6 (1) Let's go to New York
　(2) Don't touch the kettle

解説 (1)「～しましょう。」と相手を誘う文は〈Let's＋動詞の原形～.〉の形。「～に行く」は go to ～。
(2)「～してはいけない。」は否定の命令文で，〈Don't＋動詞の原形～.〉の形。

7 (1) Don't play badminton here.
　(2) Let's start at eight (o'clock).

解説 (1)「～してはいけない。」なので否定の命令文〈Don't＋動詞の原形～.〉を使う。「ここで」は here で，文末に置く。
(2)「～しましょう。」と相手を誘うので，〈Let's＋動詞の原形～.〉を使う。「8時に」は at eight。

9章 He plays 〜. など（3単現）

1 3人称単数とは
CHECK 028

(1) your brother　(2) his bag

2 主語による動詞の形
CHECK 029

(1) go　(2) has

3 s, es のつけ方と発音
CHECK 030

(1) My sister studies English every day.
(2) Ken watches TV after dinner.

4 主語が3人称単数の否定文
CHECK 031

(1) Jane doesn't [does not] cook lunch every Sunday.
(2) She doesn't [does not] have a watch.

5 主語が3人称単数の疑問文
CHECK 032

(1) Does Ms. Brown have a baby?
(2) Does my mother play the flute?

定期テスト対策問題

1 (1) comes　(2) studies　(3) watches

(解説)(2)語尾が〈子音字＋y〉なので，y を i にかえて es をつける。
(3)語尾が ch なので，es をつける。

2 (1) She　(2) It　(3) He

(解説) 直後が(1) wants，(2) has，(3) doesn't な

ので，いずれも主語は3人称単数のものを選ぶ。

3 (1) The bird doesn't [does not] fly high in the sky.
(2) Your sister doesn't [does not] get home at about five o'clock.
(3) Mr. Smith doesn't [does not] work very hard.
(4) Jane doesn't [does not] cook lunch every Sunday.

(解説)〈主語＋doesn't [does not]＋動詞の原形 ....〉の形。動詞は原形にすることに注意。

4 (1) Does, have, doesn't
(2) Do, like, do
(3) Does, go, does

(解説)(2)主語は複数（Tom and Jiro）なので，Does ではなく Do で文を始める。

5 (1) cooks　(2) doesn't　(3) lives

(解説) いずれも主語は3人称単数。

6 (1) collects stamps
(2) bird sings well
(3) father often watches

(解説)(2)ここでの sing は「（小鳥・虫などが）鳴く，さえずる」という意味。
(3) often「よく」は，ふつう主語と一般動詞の間に置く。

7 (1)彼は英語で日記をつけます。
(2)その店は午前10時に開きます。
(3)私の父はたばこを吸いません。
(4)彼女は毎日，親友に電話します。

(解説)(1) keep a diary＝「日記をつける」
(3) smoke だけで「たばこを吸う」の意味。
(4) phone＝「〜に電話する」，best friend＝「親友」

10章 代名詞

1 代名詞の主格と目的格 `CHECK 033`

(1) **They** (2) **him**

2 代名詞の所有格と所有代名詞 `CHECK 034`

(1) **mine** (2) **your**

定期テスト対策問題

1 (1) **We** (2) **They** (3) **He** (4) **You and I**

(解説) (1)(2)(4) be 動詞が are なので，主語は **You** もしくは複数のものを選ぶ。
(3) be 動詞が is なので，主語は 3 人称単数のものを選ぶ。

2 (1) **them** (2) **him** (3) **it** (4) **them**

(解説) (1) Bob and Jack を受けて「彼らを」なので，them。
(2) Tom's uncle を受けて「彼を」なので him。
(3) that car を受けて「それを」なので，it。
(4) Emma and Anna を受けて「彼女らを」なので，them。

3 (1) **Look at <u>me</u>**
(2) **I play the piano <u>with him</u>**
(3) **Mrs. Jones is kind <u>to them</u>**

(解説) (1)「私を」の me を加える。
(2)「～といっしょに」の with を加える。
(3)「彼らに」の them を加える。

4 (1) **our** (2) **yours** (3) **Their**

(解説) (1)「あなたは私たちの先生を知っています。」
(2)「これらの本はあなた（たち）のものです。」
(3)「私は 2 匹のネコを飼っています。それらの名前はタマとチロです。」

5 (1) **mine** (2) **hers**

(解説) いずれも「～の」は「～のもの」という意味で使われていることに注意。

6 (1) **Are they Ken's**
(2) **this their classroom**

(解説) (1)「ケンの兄弟」は Ken's brothers。
(2)「彼らの教室」は their classroom。

7 (1)この新しい自転車はジェーンのものです。
(2)私は毎日彼女といっしょに学校へ行きます。

(解説) (1) Jane's は，ここでは「ジェーンのもの」という意味。
(2) with her は「彼女といっしょに」という意味。

8 (1) **Are these dolls hers?**
— No, they aren't [are not].
(2) **Is this camera Tom's or Bob's?**
— It's [It is] Tom's.

(解説) いずれも，疑問文は〈be 動詞＋主語＋「～のもの」?〉の形で表す。
(1)答えの文の主語は，「これらの人形」を受けて they「それらは」を使う。
(2)「トムのものですか，それともボブのものですか」は or を使って Tom's or Bob's と表す。

11章 What, Who, Whose, Which ～？

1 What do you ～？ / What is ～？ CHECK 035
(1) **is this** (2) **do you**

2 Who plays ～？ / Who is ～？ CHECK 036
(1) **Who, He** (2) **Who, does**

3 Which is ～？ / Which do you ～？ CHECK 037
(1) **Which** (2) **Which**

4 Which ～, A or B? CHECK 038
(1) **is** (2) **or**

5 What [Which, Whose] ＋名詞～？ CHECK 039
(1) **song do you sing**
(2) **birthday is it today**
(3) **bike is his**

 定期テスト対策問題

1 (1) **What is this**
(2) **What do you do**
(3) **What does your father do on Sundays**

解説 いずれも What を文頭に置き，そのあとに疑問文の語順を続ける。(2)は職業をたずねるときの言い方。

2 (1) **Who, girl, She's**
(2) **Who, plays, does**
(3) **Who, wants, does**

解説 (1)答えの文は，She is の短縮形 She's を入れる。
(2)(3)答えの文は，一般動詞の代わりに does を使い，〈名前＋does.〉の形にする。

3 (1) **Which** (2) **Which** (3) **Which**

解説 (1)「どちらがあなたのペンですか。」―「こちらのです。」
(2)「どの教科があなたにとって難しいですか。」―「国語です。」
(3)「あなたは牛乳とジュースのどちらがほしいですか。」―「私はジュースがほしいです。」

4 (1) **What flower** (2) **Whose pen**
(3) **Which team**

解説 (1)「これは何の花ですか。」
(2)「あれはだれのペンですか。」
(3)「あなたはどちらのチームが好きですか。」

5 (1) **Who** (2) **What** (3) **Which**

6 (1) **Who is in** (2) **What do you**

7 (1)あなた（たち）は犬とネコのどちらを飼っていますか。
(2)机の上には何がありますか。

8 (1) **Who teaches math?**
— **Ms. Tanaka does.**
(2) **Which is your bike?**
— **This one [bike] (is).**

解説 (2)答えの文では，ふつう bike の代わりに代名詞 one を使う。

12章 時刻・曜日・日付

1 What time is it?（時刻の表し方）
CHECK 040

(1) **What time is it in London**
(2) **What time is it by your watch**

2 What time do you ～？ / 頻度を表す副詞
CHECK 041

What, time, do

3 曜日・日付のたずね方
CHECK 042

(1) **What, day**　(2) **It, Sunday**

4 順番を表す言い方
CHECK 043

(1) **twenty-second**　(2) **eighty-fifth**

 定期テスト対策問題

1 (1) It's six o'clock.
(2) It's ten o'clock.
(3) It's twelve o'clock.
(4) It's three in the afternoon.

解説 (4)「午後 3:00 」は，3[3:00] p.m. と表すこともできる。

2 (1) It's [It is] eight (o'clock).
(2) It's [It is] four fifteen.
(3) It's [It is] six thirty.

解説 「分」があるときは，「時」と「分」の数字を表す語を並べる。

3 (1) What day　(2) What　(3) When

解説 (1)「今日は何曜日ですか。」—「水曜日です。」
(2)「今日は何月何日ですか。」—「8 月 1 日です。」
(3)「あなたの誕生日はいつですか。」—「10月 6 日です。」

4 (1) usually　(2) often　(3) always
(4) sometimes

解説 (1)「私はふつう 6 時に起きます。」
(2)「ビルはよくお母さんを手伝います。」
(3)「私たちはいつも放課後にテニスをします。」
(4)「キャシーはときどき学校に遅刻します。」

5 (1) tenth　(2) seventh
(3) twelfth　(4) fourth

解説 (1)「10月は 1 年の10番目の月です。」
(2)「土曜日は週の 7 番目の日です。」
(3)「 1 年の12番目の月は12月です。」
(4)「週の 4 番目の日は水曜日です。」
日曜日が週の始まりと考えると土曜日は 7 番目で水曜日は 4 番目となる。

6 (1) What time do you
(2) day comes before

解説 (1)時刻をたずねるので What time が文頭。
(2)曜日をたずねるので What day が文頭。

7 (1) It's [It is] Tuesday today.
(2) It's [It is] December thirteenth.

解説 曜日や日付を伝えるときは，主語を It にした文で表す。

13章 Where, When, Why 〜?

1 Where 〜?　CHECK 044

(1) **Where is your car**
(2) **Where are your parents**

2 When 〜?　CHECK 045

(1) **When**　(2) **When**

3 Why 〜? — Because 〜.　CHECK 046

(1) **Why**　(2) **Because**

定期テスト対策問題

❶ (1) **Where, is**
(2) **Where, are, are**
(3) **Where, does, kitchen**

(解説) いずれも Where「どこに［で］」が文頭。
(2) be 動詞の文。主語は your brothers「あなたのお兄さんたち」と複数なので，be 動詞は are。
(3) 一般動詞の文。主語が your mother「あなたのお母さん」と 3 人称単数なので，does を使う。

❷ (1) **When is your**
(2) **When does she**
(3) **When does your father come**

(解説) (1) when「いつ」を使い，whose が不要。
(2) when「いつ」を使い，which が不要。
(3) 主語が your father「あなたのお父さん」と 3 人称単数なので does を使い，do が不要。

❸ (1) **Why is Ben sad?**
(2) **Why does Tom know her?**
(3) **Why does Nancy study English?**
(4) **Why does Lucy play tennis well?**

(解説) 文頭に Why を置き，そのあとは疑問文の語順にする。
(2)(3)(4) does を使うので，動詞は原形（もとの形）にすることに注意。

❹ (1) **When do you visit Kyoto every year?**
(2) **Where is your brother now?**

(解説) (1) in October「10月に」が答えの中心なので，「いつ」と時をたずねる。
(2) in Okinawa「沖縄に」が答えの中心なので，「どこに」と場所をたずねる。

❺ (1) **Why, is**　(2) **Because, is**

(解説) (2) Why 〜?「なぜ〜」に対して「〜だから」と理由を答えるときは，Because で文を始める。

❻ (1) **Why do you need**
(2) **When does Taku read**
(3) **Where is my breakfast**

(解説) (1) Why「なぜ」で文を始めて，そのあとは一般動詞の疑問文の語順にする。
(2) When「いつ」で文を始めて，そのあとは主語が 3 人称単数の一般動詞の疑問文の語順にする。
(3) Where「どこ」で文を始めて，そのあとは be 動詞の疑問文の語順にする。

❼ (1) **Why are you hungry?**
(2) **Where do they practice soccer?**

(解説) (1)「なぜ」とたずねるので Why で始める。hungry は動詞ではないので，be 動詞を使う。
(2)「どこで」とたずねるので Where で始める。主語は they「彼らは」と複数なので，一般動詞の疑問文では do を使う。

14章 How 〜 ?

1 How 〜 ?（様子・状態・手段・方法をたずねる）　CHECK 047

(1) How　(2) by

2 How old 〜 ? / How much 〜 ?　CHECK 048

(1) old　(2) much

3 How long 〜 ? / How far 〜 ?　CHECK 049

(1) long　(2) far

4 How tall 〜 ? / How about 〜 ?　CHECK 050

(1) tall　(2) about

定期テスト対策問題

1 (1) old　(2) much　(3) far　(4) How
(5) about

(解説) (1)「あなたの姉［妹］は何歳ですか。」
(2)「このかばんはいくらですか。」
(3)「図書館はどのくらいの距離ですか。」
(4)「あなたはどのように学校に来ますか。」
(5)「和食はどうですか。」

2 (1)ウ　(2)エ　(3)ア　(4)イ　(5)オ

(解説) (1) How much →値段をたずねている。
(2) How tall →背の高さをたずねている。
(3) How long →期間の長さをたずねている。
(4) How →交通手段をたずねている。
(5) How far →距離をたずねている。

3 (1) How old is this building
(2) How high is that mountain
(3) How much is that clock
(4) How about next Saturday
(5) How far is it from here to the station

(解説) (4)「〜はどうですか。」と提案する表現。

4 (1) How old is Brian?
(2) How long does Jenny study Korean every day?
(3) How is the weather today?
(4) How high is Tokyo Skytree?
(5) How much is this shirt?

(解説) (1)下線部は「17歳」→年齢をたずねる。
(2)下線部は「2時間」→時間の長さをたずねる。
(3)下線部は「雨降りの」→天気（様子）をたずねる。
(4)下線部は「高さ634m」→高さをたずねる。
(5)下線部は「3,000円」→値段をたずねる。

5 (1) How old is your brother?
(2) How long is that bridge?
(3) How about red?
(4) How much is this notebook?
(5) How tall are you?

(解説) (1)「何歳」→ How old
(2)「どのくらいの長さ」→ How long
(3)「〜はどうですか」→ How about
(4)「いくら」→ How much
(5)「どのくらいの身長」→ How tall

6 (1) (例) I'm thirteen years old.
(2) (例) I'm one hundred and fifty centimeters tall.

(解説) 自分の(1)年齢，(2)身長を英語で答える。

15章 can

1 can の意味と形 　CHECK 051

(1) play 　(2) use

2 can の否定文 　CHECK 052

(1) eat 　(2) swim

3 can の疑問文 　CHECK 053

(1) play 　(2) eat

4 Can you 〜? (依頼) / Can I 〜? (許可) 　CHECK 054

(1) Can 　(2) Can

定期テスト対策問題

1
(1) 私の父は中国語を話すことができます。
(2) あなた (たち) はゴルフをすることができますか。
(3) 私の姉 [妹] は車を運転することができません。
(4) 私のためにこの本を読んでくれますか。

(解説) (4) この Can you 〜? は「〜してくれますか」と相手に依頼する意味。

2
(1) Can your brother read English books?
(2) My teacher cannot [can't] sing old songs.
(3) Can Jane speak Japanese?
(4) I cannot [can't] ski.

(解説) (1)(3) 疑問文は can を文頭に出す。

---

(2)(4) 否定文は can のあとに not をつけて cannot にする。短縮形 can't でもよい。

3 (1) イ 　(2) エ 　(3) ウ 　(4) ア

(解説) (1)「窓を開けてもいいですか。」
(2)「あなたは自転車に乗ることができますか。」
(3)「あなたの兄 [弟] はスキーができますか, それともゴルフができますか。」
(4)「だれが速く泳ぐことができますか。」

4 (1) Where, can 　(2) Who, can
　　(3) What, sport(s), can

(解説) (1)「どこで」とあるので Where が文頭。
(2)「だれが」とあるので Who が文頭。
(3)「何のスポーツ」とあるので What sport(s) が文頭。

5 (1) ウ 　(2) ア 　(3) エ

(解説) (1)「だれが速く泳ぐことができますか。」
―「コウスケです。」
(2)「あなたは何のスポーツをすることができますか。」―「私はサッカーをすることができます。」
(3)「どこで料理できますか。」―「台所で料理できます。」

6
(1) My father can play tennis well
(2) Can you swim two kilometers
(3) I can't drink black coffee
(4) Can I use your pen

(解説) (1) 肯定文→〈主語＋can＋動詞の原形 〜.〉
(2) 疑問文→〈Can＋主語＋動詞の原形 〜 ?〉
(3) 否定文→〈主語＋can't＋動詞の原形 〜.〉
(4)「〜してもいいですか。」と相手に許可を求める文は Can I 〜? の形。

7 (例) I can cook curry and rice.

(解説) I can cook のあとに, pasta (パスタ), miso soup (みそ汁) など, 自分が料理できるものを続ける。

16 章　いろいろな形の文

1　There is [are] 〜. の文　CHECK 055

(1) is　(2) are

2　There is [are] 〜. の否定文 / 疑問文　CHECK 056

(1) There is not　(2) there

3　〈look ＋形容詞〉の文　CHECK 057

(1) busy　(2) at me

定期テスト対策問題

1 (1) is　(2) are　(3) is　(4) are

(解説) be 動詞の後ろの名詞が単数なら be 動詞は is，複数なら are を使う。
(3) be 動詞の後ろが数えられない名詞（ここでは some water）のときは，be 動詞は is を使う。

2 (1) There isn't [is not] a station near my house.
(2) There aren't [are not] any boys in the room.
(3) Is there a cat under the table?
(4) Are there any students in the library?

(解説) 否定文は be 動詞のあとに not を入れる。疑問文は be 動詞を there の前に出す。
(2)(4)否定文・疑問文では，ふつう some が any になることに注意。

3 (1) look　(2) look at　(3) looks
(4) feel　(5) sounds

(解説) (1)「〜に見える」は〈look ＋形容詞〉。
(2)「〜を見る」は〈look at ＋名詞〉。「〜に見える」と混同しないこと。
(3)「幸せそうだ」は「幸せに見える」と考える。主語 Your sister は 3 人称単数なので，動詞 look には s がつく。
(4)「気分がよい」は「気分がよいと感じる」と考える。「〜に感じる」は〈feel ＋形容詞〉。
(5)「よさそう」は「よく聞こえる」と考える。「〜に聞こえる」は〈sound ＋形容詞〉。

4 (1) ウ　(2) イ　(3) エ

(解説) Is [Are] there 〜？の疑問文に対しては，答えるときも there を使う。

5 (1) is a big stadium in our city
(2) Is there a post office near your house
(3) There are not any children in this park
(4) I feel very tired
(5) The movie sounds interesting
(6) Your sister looks young

(解説) (1) There is で始まる文になるので，動詞 has が不要。
(2)疑問文なので Is [Are] there で始めるが，あとに続く名詞が a post office と単数なので，be 動詞は is を使う。are が不要。
(3)否定文なので There is [are] not で始めるが，あとに続く名詞が any children と複数なので，be 動詞は are を使う。is が不要。
(4)「〜と感じる」は〈feel ＋形容詞〉。「とても疲れた」なので，feel のあとには very tired と続ける。to が不要。
(5)「おもしろそう」は「おもしろく聞こえる」と考え，sounds interesting の形にする。is が不要。
(6)「〜に見える」は〈look ＋形容詞〉。at が不要。

17章 現在進行形

1 現在進行形の意味と形
CHECK 058

(1) is (2) helping

2 ing 形（現在分詞）の作り方
CHECK 059

(1) writing (2) swimming

3 進行形にしない動詞 / 現在進行形の否定文
CHECK 060

(1) likes (2) isn't

4 現在進行形の疑問文 / What are you doing?
CHECK 061

(1) Are (2) Who

定期テスト対策問題

1 (1) watching (2) using (3) sitting
(4) visiting (5) practicing (6) cutting

(解説) (2)(5)つづりの最後が e で終わる語は，e をとって ing をつける。
(3)(6)〈短母音＋子音字〉で終わる語は，最後の子音字を重ねて ing をつける。

2 (1) Is Tommy riding a horse?
(2) Yes, he is.
(3) No, I'm [I am] not.
(4) They aren't [are not] playing baseball.

(解説) (1)疑問文は，be 動詞を主語の前に出す。
(2)(3) be 動詞を使って答える。
(4)否定文は，be 動詞のあとに not を置く。

3 (1) My sister is studying math.
(2) Mike isn't [is not] writing an e-mail.
(3) Are you and Bob playing tennis?
(4) Are you speaking French?

(解説) (1)動詞 studies は原形の study に ing をつけることに注意。
(2) write は e をとって ing をつける。
(3)主語が you and Bob と複数なので，be 動詞は are を使う。

4 (1)ウ (2)エ (3)ア

(解説) (1)「だれがギターをひいていますか。」―「私の祖父です。」
(2)「彼らはどこで走っていますか。」―「彼らは公園で走っています。」
(3)「アンは何をしていますか。」―「彼女は泳いでいます。」

5 (1) Yoko is watching TV
(2) Is John sleeping on the sofa
(3) They are not playing soccer

(解説) (2)疑問文なので，〈be 動詞＋主語＋動詞の ing 形～？〉の語順。
(3)否定文なので，〈主語＋be 動詞＋not＋動詞の ing 形～.〉の語順。

6 (1) am, going
(2) isn't, eating [having]
(3) Who, is, playing

(解説) (1)「行くところ」は「向かっている」と考えて going を使う。
(2)空所の数から，短縮形の isn't を使う。
(3)「だれが」とあるので Who が文頭。

7 (例) He is reading a book.

(解説) 「男性は今，何をしていますか。」という疑問文に対する答えの文を書く。

18章 一般動詞の過去形

1 過去を表す文と動詞の過去形　　CHECK 062
(1) watched　(2) used

2 規則動詞の過去形の作り方　　CHECK 063
(1) studied　(2) played

3 不規則動詞の過去形　　CHECK 064
(1) went　(2) had

4 過去の否定文　　CHECK 065
(1) did　(2) go

5 過去の疑問文と答え方　　CHECK 066
(1) Did　(2) go

定期テスト対策問題

1 (1) studied　(2) stopped　(3) visited
(4) listened　(5) stayed　(6) danced

(解説) (1)〈子音字＋y〉で終わる語は，y を i にかえて ed をつける。
(2)〈短母音＋子音字〉で終わる語は，最後の子音字を重ねて ed をつける。
(5) y で終わっているが，直前が母音字なので，そのまま ed をつける。
(6) e で終わる語は，d だけをつける。

2 (1) had　(2) made　(3) sang
(4) swam　(5) went　(6) read

(解説) (6)原形とつづりは同じだが，発音が異な

る。過去形は [réd レッド] と発音する。

3 (1) did, study　(2) didn't, cook[make]
(3) didn't, get

(解説) 一般動詞の過去形の否定文は，〈主語＋didn't[did not]＋動詞の原形～.〉の形。動詞は原形になることに注意。

4 (1) Did you visit Okinawa last month?
　— Yes, I[we] did.
(2) Did Mike listen to music last night? — No, he didn't[did not].
(3) Did Sally go to the park with her friend? — Yes, she did.
(4) Did Becky have a big dog last year? — No, she didn't[did not].

(解説) 一般動詞の過去形の疑問文は，〈Did＋主語＋動詞の原形～?〉の形。動詞は原形になることに注意。答えるときも did を使う。

5 (1) went, ago　(2) wrote, yesterday
(3) sang, last　(4) read, last

(解説) いずれも不規則動詞の過去形を使った文。
(1)「～前」＝～ ago　(2)「昨日」＝yesterday
(3)「先週」＝last week　(4)「昨夜」＝last night

6 (1) What　(2) Where　(3) Who

(解説) (1)「あなたは昼食に何を食べましたか。」
—「私はハンバーガー 2 つとフライドポテトを食べました。」
(2)「あなたはどこであのかばんを買いましたか。」
—「私は原宿でそれを買いました。」
(3)「だれがこのアップルパイを作りましたか。」—「メアリーです。」

7 (例) I went to bed at eleven thirty.

(解説) at 以下に自分が寝た時刻を書く。

19章 be 動詞の過去形を使った文

1 be 動詞の過去形 CHECK 067

(1) was　(2) were

2 be 動詞の過去形の否定文 / 疑問文 CHECK 068

(1) was not　(2) Were

3 過去進行形の意味と形 CHECK 069

(1) was　(2) were

4 過去進行形の否定文 / 疑問文 CHECK 070

(1) Were　(2) were

定期テスト対策問題

❶ (1) I was a soccer fan.
(2) My grandfather was a golf player.
(3) It was cloudy.
(4) Lucy and I were in the music room.

(解説) いずれも be 動詞現在形を使った文なので，be 動詞を過去形にすればよい。am, is の過去形は was, are の過去形は were。

❷ (1) Were you happy this morning?
(2) Was Alice kind to you?
(3) I wasn't [was not] sleepy yesterday.

(解説) be 動詞の否定文・疑問文は，現在形も過去形も作り方は同じ。否定文は be 動詞のあとに not を置く。疑問文は be 動詞を主語の前に出す。

❸ (1) was on the tennis team last year
(2) Where were you yesterday
(3) Who was in Canada five years ago

❹ (1) I was studying English then.
(2) He was watching TV at ten last night.
(3) They weren't [were not] playing rugby at two yesterday.

(解説) (1)(2)過去進行形は，〈主語＋be 動詞の過去形＋動詞の ing 形〜.〉の形。
(3)過去進行形の否定文は，〈主語＋be 動詞の過去形＋not＋動詞の ing 形〜.〉の形。

❺ (1) Were you listening to music then?
— Yes, I was [we were].
(2) Was Sue cooking at noon yesterday?
— No, she wasn't [was not].
(3) Was Yoshio having dinner at seven last night?　— Yes, he was.

(解説) 過去進行形の疑問文は，〈be 動詞の過去形＋主語＋動詞の ing 形〜 ?〉の形。答えるときも be 動詞の過去形を使う。

❻ (1) What　(2) Where　(3) Who

(解説) (1)「あなたは何を飲んでいたのですか。」—「私はホットチョコレートを飲んでいました。」
(2)「あなたはそのときどこに向かっていましたか。」—「私は図書館に向かっていました。」
(3)「だれが音楽室で歌っていたのですか。」—「ルーシーです。」

❼ (例) I was having dinner then.

(解説) 過去進行形を使って「私はそのとき〜していました。」と答える。I was taking a bath then. / I was studying then. など。

20章 未来を表す文

1 be going to を使った未来の文 CHECK 071

(1) cook (2) are

2 be going to の否定文 CHECK 072

(1) not going to (2) aren't

3 be going to の疑問文 CHECK 073

(1) Are you going to study
(2) Where are you going to

4 will を使った未来の文 CHECK 074

(1) go (2) am going to

5 will の否定文 CHECK 075

(1) will (2) won't

6 will の疑問文 CHECK 076

(1) Will she come
(2) Where will you stay

定期テスト対策問題

1 (1) is (2) are (3) do (4) are

(解説) (3) be going to の後ろは必ず動詞の原形。(4)主語 My brother and I は複数なので be 動詞は are。直前に I があるが am にするのはまちがい。

2 (1) My sister isn't [is not] going to listen to music this evening.
(2) They aren't [are not] going to sing this song.
(3) Are you going to buy a new computer?
(4) What are you going to eat for dinner?

(解説) be going to の否定文・疑問文は，be 動詞の文と作り方は同じ。否定文は be 動詞のあとに not を置く。疑問文は be 動詞を主語の前に出す。

3 (1) Are, No, not
(2) Are, going, they, are
(3) What, going, going

(解説) (2) be going to の疑問文には，be 動詞を使って答える。

4 (1) I will [I'll] listen to music tomorrow.
(2) Ellen won't [will not] go to the UK next year.
(3) Your mother will be busy this afternoon.
(4) Where will they practice soccer next Sunday?

(解説) (3) be 動詞の前に will を置き，be 動詞は原形の be にする。

5 (1) Will, buy (2) won't, watch [see]
(3) Where, will, go

6 (1) It is going to snow
(2) I will be thirteen years old
(3) They will not come here

(解説) (1) will が不要。(2) going が不要。(3) are が不要。

21章 会話表現

1 (1)**イ** (2)**エ** (3)**ウ** (4)**ア**

(解説) (2)(3) from ～ で出身を表す。

2 (1) **What did you say?**
(2) **Excuse me?**

(解説) (1)(2)聞き取れなかったときの聞き直しに
よく使われる表現。

3 (1) **Do you know the music room?**
(2) **Where is [Where's] the music
room?**

(解説) (2) Where is ～ ? を使って場所をたずねる。
on the second floor は「2階に」の意味。

4 (1)**ウ** (2)**イ** (3)**ア**

(解説) (1) A「ぼくは給食を楽しんだよ。」B「あら,
私も。私はカレーライスが好きなの。」
(2) A「もう満腹。ぼくはラーメンと餃子と牛丼を
食べたんだ。」B「信じられない! あなたはずい
ぶんたくさん食べましたね!」
(3) A「見て! これがハワイの私の家よ。」B「きれ
いだね。バナナの木がたくさん見えるね。」

5 (1) **Can I help you?**
(2) **Here's ten dollars.**

(解説) (1)来店した客に店員が声をかけるときの
決まり文句。
(2) Here's ～. は,相手に何かを差し出すときに
使う。

6 (1)**ウ** (2)**ア** (3)**イ**

(解説) (1) Could you tell me the way to ～ ?
は,ていねいに道をたずねる言い方。
(2) down this street で「この通りに沿って」の
意味を表す。

7 (例) **You're welcome.**

(解説) 「きみへの誕生日プレゼントだよ。」「まあ,
すばらしい。気に入ったわ。本当にありがとう。」
「どういたしまして。」

ANSWERS

実力完成問題

1

1 (1)ウ　(2)ウ　(3)ウアエイ

(解説) (1)主語が he なので be 動詞は is。
A：あの背が高い男の子を知っていますか。
B：はい。彼は私の友だちのケンです。
(2)these は複数を表す語なので be 動詞は are。
(3)My father is busy today.「私の父は今日忙しいです。」

2 (1) watch
(2)(例) I usually take a bath for thirty minutes.
(3)アエウイオ

(解説) (1)A は「あなたは夕食のあとに何をしますか。」とたずねている。「（テレビを）見る」は watch。
(2)「あなたはふつうどれくらいの間入浴しますか。」という質問。〈for＋時間の長さを表す語句〉で答える。
(3)A：あなたは私の考えをどう思いますか。
B：よいです。

3 (1) seasons
(2) did you get so many CDs
(3)イ

(解説) (1)「季節」は season。複数なので seasons とする。
(2)A：あなたは本当に音楽が好きですね。どうやってそんなに多くの CD を手に入れたのですか。
B：それらのほとんどを自分で買いました。
(3)B が「11個お願いします。」と答えているので，

数をたずねていると考える。「いくつの〜」と数をたずねるときは How many 〜？で表す。

4 (1)イエウア
(2)(例) ride

(解説) (1)「緑色の箱を空けなさい。」という命令文にすればよい。命令文は，動詞の原形で始める。
(2)絵では道路の右側を走っている人に×がついているので，「道路の右側を走らない」という内容にする。「ルール」なので，命令文で表すとよい。否定の命令文は Don't のあとに動詞の原形を続ける。

5 (1)ア　(2) wants
(3)イ　(4)イエアオウ

(解説) (1)My grandfather は 3 人称単数だが，否定文では doesn't のあとは動詞の原形。
(2)「だれ」という疑問詞 who が主語になるときは 3 人称単数扱いなので，want には s をつける。
A：だれが今日の午後テニスをしたいのですか。
B：サム，ウェンディと私です！
A：わかりました。あなたたちのラケットを忘れないで。またあとで。
(3)「私たちの市は毎年夏まつりがあります。」という文。主語は 3 人称単数。
(4)A：ジュディーはどんな種類の映画が好きですか。
B：彼女は歴史についての映画が好きです。

2

1 (1)エ　(2) them　(3) hers

解説 (1)「私のもの」は mine と言う。
A：あなたは何を探しているのですか。
B：私は自分のペンを探しています。
A：私のものを使ってください。
B：どうもありがとう。
(2)「私たちはたくさんの写真をとりました。それらの何枚かを送ります。」という文。of は前置詞。前置詞の目的語になるので，「～を［に］」という**目的格**の形にする。
(3)「彼女のもの」という形にする。
A：どちらがナオミの新しい自転車ですか。
B：赤いほうが彼女のものです。

2 (1) Who　(2)① ア　② エ

解説 (1) B は人について答えているので，「だれですか」とたずねる文にする。「だれ」とたずねるときは who を使う。
(2)① A：急ぎましょう。私たちの電車はもうすぐ出発します。
B：わかりました，でもどの電車ですか。
A：7番線にあります。
B：わかりました。ああ，そこに見えますね！
② A：明日は私の姉［妹］の誕生日です。私は彼女にすてきな誕生日プレゼントをあげたいのです。
B：彼女が大好きなものは何ですか。
A：彼女は料理が好きです。よく私たちのために夕食を作ってくれます。
A：料理の本はどうですか。彼女は喜ぶでしょう。

3 (1)① イ　② イ
(2)① イエアウ　② エカアイオウ
(3) What time did you get up (this morning)?

解説 (1)①「1週間には…日あります。」という文。

②「太陽は…に上がってきます。」という文。
(2)① B は時刻を答えているので，時刻をたずねる文にする。**What time ～？** で時刻をたずねることができる。
② B は日付を答えているので，日付をたずねる文にする。
(3)エマ：タロウ，私たちは昨日たくさんの宿題がありましたね。あなたは宿題をしましたか。
タロウ：はい，でも昨日は終わりませんでした。それで今朝やりました。
エマ　：何時に起きたのですか。
タロウ：5時に起きました。今とても眠いです。

4 (1)ア　(2)ウ
(3) How do you come to

解説 (1)「どこに」と場所をたずねるときは where を使う。
(2) **How long ～？** は時間の長さをたずねるときに使う。
A：私は昨日私のピアノの先生の家へ行きました。
B：あなたの家からどれくらいかかりましたか。
A：20分かかりました。
(3) A が「バスで」と答えているので，交通手段をたずねる文を考える。**交通手段は How ～？** でたずねる。
A：こんにちは，私はナンシーです。私は東町に住んでいます。
B：それはここから遠いですね！　あなたはどうやって学校に来るのですか。
A：バスでです。

３

1 (1) ウ
   (2) How can I see [watch] the game?
   (3) ウ

(解説) (1) Can I ～ ? は「～してもよいですか。」「～しましょうか。」という意味を表す。
A：何をしているのですか，アキラ。
B：私はアメリカの友達にEメールを書いているのですが，それは難しいです。
A：私が手伝いましょうか。
B：ありがとう。
(2)「どうすれば」は how でたずねる。「～できますか」は can の疑問文〈can ＋主語＋動詞の原形～ ?〉で表す。
(3)「日本には４つの季節があります。私は春がいちばん好きです。」という文。

2 (1) smiling　(2) riding

(解説) (1) is のあとなので動詞の ing 形にするとよい。〈be 動詞＋動詞の ing 形〉で「～しています」という現在進行形になる。
(2)質問文は「男の子は今何をしていますか。」という意味。絵では男の子は自転車に乗っているので，「乗る」ride を用いて現在進行形で表す。ride の ing 形は e を取って ing をつけることに注意。

3 (1)① ウ　② イ　③ イ　④ エ
   (2) イオウアエ
   (3) did

(解説) (1)①「彼はこの前の夏に日本に…そして２週間私の家に滞在しました。」という文。visited 以外の語は直接目的語を取ることができない動詞。ふつう come to, go to, arrived in [at] という形で使う。
②Yesterday があるので過去の文。選択肢はすべて make の変化した形なので，過去形の made を選ぶ。
③last night があるので過去の文。finish の過

去形 finished を選ぶ。
④last year があるので過去の文。teach の過去形 taught を選ぶ。
(2) It was raining this morning. という文になる。過去進行形〈主語＋be 動詞の過去形＋動詞の ing 形〉の形。
(3)「だれ」とたずねる who が主語になるときは３人称単数扱い。A の read には s はついていないので，過去形とわかる。過去の文なので，B の応答文の動詞も過去形にする。

4 (1) アカイウエオキ
   (2) It will [It'll] be sunny tomorrow.
   (3) He is [He's] going to take pictures [a picture].

(解説) (1) be going to ～ は「～するつもりだ」という未来の意味を表す。「私は次の土曜日にテニスをするつもりです。」という文。
(2)「～でしょう」は will で表す。天候を述べる文の主語は it。It will は It'll と短縮できる。
(3)「カメラを持っているこの男の子を見てください。彼は何をするつもりですか。」という質問。be going to ～ の文で答える。

5 (1) エ　(2) エ

(解説) (1) How are you doing? は相手の調子をたずねる会話表現。
(2)ファストフード店などでの注文の会話。
A：すみません。ハンバーガーとオレンジジュースをください。
B：かしこまりました。ほかに何かございますか？
A：いいえ，それで全部です。

さくいん

INDEX

☞ 青字の項目は，特に重要なものであることを示す。**太字**のページは，その項目の主な説明のあるページを示す。

日本語（アイウエオ順）

英語（アルファベット順）

編著者紹介

金谷　憲

かなたに・けん

東京学芸大学名誉教授。
東京大学大学院人文科学研究科修士課程，教育学研究科博士課程及び米国スタンフォード大学博士課程を経て（単位取得退学），32年間，東京学芸大学で教鞭を執る。現在，フリーの英語教育コンサルタントとして，学校，都道府県その他の機関に対してサポートを行っている。専門は英語教育学。研究テーマは，中学生の句把握の経年変化，高校英語授業モデル開発など。全国英語教育学会会長，中教審の外国語専門部会委員などを歴任。1986年より3年間NHK「テレビ英語会話I」講師，1994年から2年間NHKラジオ「基礎英語2」監修者。著書に，『英語授業改善のための処方箋』(2002，大修館書店)，『和訳先渡し授業の試み』(2004，三省堂)，『英語教育熱』(2008，研究社)，『教科書だけで大学入試は突破できる』(2009，大修館)，『高校英語授業を変える！』(2011，アルク)，『高校英語教科書を2度使う！』(2012，アルク)，『中学英語いつ卒業？』(2015，三省堂)，『高校生は中学英語を使いこなせているか？』(2017)，『高校英語授業における文法指導を考える』(2020)など。

- □ 執筆者　贄田悠　秋谷秀典　田村岳充
- □ 編集協力　㈱ダブルウイング　㈱カルチャー・プロ　今居美月　鹿島由紀子　木村由香　加藤咲恵
- □ 英文校閲　ドルファス絵理香　Alyxandra Mazerov
- □ アートディレクション　北田進吾
- □ 本文デザイン　堀由佳里　山田香織　畠中脩大　川邉美唯
- □ イラスト　加納徳博　小林孝文（AZZURRO）
- □ 録音　高速録音㈱
- □ ナレーション　Ananda Jacobs　Greg Dale

シグマベスト
くわしい 中1英語

編著者　金谷　憲
発行者　益井英郎
印刷所　中村印刷株式会社
発行所　株式会社文英堂
〒601-8121　京都市南区上鳥羽大物町28
〒162-0832　東京都新宿区岩戸町17
（代表）03-3269-4231

●落丁・乱丁はおとりかえします。